THE CASE
AGAINST EDUCATION

教育的浪费

[美]布莱恩·卡普兰(Bryan Caplan)◎著

蔡维◎译

图书在版编目（CIP）数据

教育的浪费 /（美）布莱恩·卡普兰著；蔡维译. -- 北京：中译出版社，2023.3
书名原文：The Case against Education
ISBN 978-7-5001-7111-9

Ⅰ.①教… Ⅱ.①布… ②蔡… Ⅲ.①教育研究—美国 Ⅳ.① G571.2

中国国家版本馆 CIP 数据核字（2023）第 042078 号

Copyright © 2018 by Princeton University Press
All rights reserved. No part of this book may be
reproduced or transmitted in any form or by any means,
electronic or mechanical, including photocopying,
recording or by any information storage and retrieval
system, without permission in writing from the Publisher.
Simplified Chinese translation copyright 2023 by China Translation & Publishing House
著作权合同登记号：图字 01-2022-6512

教育的浪费
JIAOYU DE LANGFEI

著　　者：[美]布莱恩·卡普兰		译　　者：蔡维	
策划编辑：范　伟　费可心		责任编辑：张若琳	
营销编辑：白雪圆　喻林芳		版权支持：马燕琦　王立萌	
封面设计：仙境设计		排　　版：聚贤阁	

出版发行：中译出版社
地　　址：北京市西城区新街口外大街 28 号 102 号楼 4 层
电　　话：（010）68002494（编辑部）
邮　　编：100088
电子邮箱：book@ctph.com.cn
网　　址：http://www.ctph.com.cn

印　　刷：北京盛通印刷股份有限公司
经　　销：新华书店
规　　格：710 mm × 1000 mm　1/16
印　　张：28
字　　数：435 千字
版　　次：2023 年 3 月第 1 版
印　　次：2023 年 3 月第 1 次印刷

ISBN 978-7-5001-7111-9　　　　　定价：78.00 元

版权所有　侵权必究
中译出版社

谨以此书献给我的两位爱子——艾丹和特里斯坦

他俩没有去学校上学,而是在家接受教育,兄弟两人用实际行动诠释了何谓真正的高效教育。

推荐序

一直以来，我国都十分重视对下一代的教育，力争培养出更多、更好、更适应新时代高速发展的年轻人。党的二十大报告中全面且详细地阐述了以习近平总书记为核心的党中央高度重视教育的核心思想，其中特别指出了教育是我国的国之大计、党之大计，教育事关国家发展、事关民族未来。今天，没有哪一项事业像教育这样影响甚至决定着国家的长治久安，决定着民族的复兴和国家的崛起。

对教育者来说，究竟怎样才能培养出全面发展的栋梁之才则是一生需要思考的命题。我国的高等教育发展至今已经走向了大众化教育时代，高中的入学率已经达到了91.4%，高等教育的普及率更是已经达到了50%之多。但同时，我们也应该清楚地认识到，学历并不等同于学力，仅仅凭借考试的成绩和学历的高低并不能代表教育的成功或者失败。当下，我们迫切需要一个从学历社会走向学力社会的新的发展时期，而教育改革和发展是一个全球性的问题。

今年初，我读了一本由乔治梅森大学的经济学教授布莱恩·卡普兰所著的英文版新书。这本书的书名有点耸人听闻——《反对教育的理由：为什么说我们的教育是在浪费时间和金钱？》，书中的观点也有一些夸大其词、吸引眼球的论述，甚至有不少偏执之处。虽然作者是对于美国教育的批评，但对我们的教育来讲是有启发的。卡普兰认为，当下美国教育投入资本过高，而收益——可以创造出社会价值的人才数量却不理想。卡普兰怀揣对教育制度的疑问，以六年的调查研究、大量的实例，以及统计学数据向读者证明了当代美国教育制度中诸如教育过度导致的社会成本增加、教育溢价、学历通胀，以及质疑了大量的时间及金钱花费在当下的教育中是否合理等社会问题。

书中提到一份关于《中学生参与度调查》的报告称，66%的高中生认为每天上课都很无聊，17%的学生认为每节课都很无聊，只有2%的学生认为上课并不会感到无聊。究其原因，82%的学生认为教材无趣，41%的学生认为教材上的知识与自己无关。一份关于大学生时间分配的调查显示：大学生每周花费13个小时学习，12个小时进行社交，11个小时用于娱乐以及6个小时看电视，另外其他时间用于锻炼等其他项目。而如果对我国当代的大学生进行调查又会有怎样的结果呢？教育的价值究竟是什么呢？究竟是什么让我们在拿到了好的文凭后就对知识不再感兴趣了呢？这些问题值得我们深思。

卡普兰认为，教育其实有两个价值：一是教育的工具价值，即"功能性教育"。这种教育只需在课堂上传授给学生知识便可以实现，而且随着教育资源的泛在化，这种教育也不一定完全在学校完成。二是教育的内在价值，是指除了获取高等学历外，我们接受教育的真正意义。卡普兰提出想要体现教育的内在价值，需要三个要素：1. 富含价值的内容。用有趣的内容吸引学生产生学习兴趣，让学生主动探索学习，感受学习带来的快乐。2. 娴熟的教学方法。这需要我们的教育者不断更新自己的教学方法，跟上时代步伐，让学生有新鲜感。3. 主动学习的学生。只有学生对获取知识产生渴望，产生兴趣才能更有效地提高学习效率。卡普兰认为当代学生们不仅需要学历，更需要学力，这点我非常认同。同样，我们的教育者也不能只停留在教授知识这个层面上，而是要注重教育的内在价值和教育的活力。

感谢中译出版社及时把这本书引进出版。"奇文共欣赏，疑义相与析"，多听听不同的声音还是有好处的，我国的教育一直不断在改革推新，我们的教育工作者也在不断尝试新的教育方法。2021年7月24日，两办印发《关于进一步减轻义务教育阶段学生作业负担和校外培训负担的意见》，要求各地区各部门结合实际认真贯彻落实。规定很具体，自落实以来，已经初见成效。但是，我们的考试评价制定与文凭学历制定依然没有实质性的变化，要完全落实双减，还有很长的路要走。

一百前年，陶行知先生就提出了"生活即教育"，他要求实现"六大解放"：解放孩子的头脑，让他们慢慢去想；解放孩子的眼睛，让他们慢慢去看；解放孩子的双手，让孩子慢慢去干；解放孩子的嘴巴，让他们能谈；解放孩子的空间，让他们去接触大自然；解放孩子的时间，让他们学自己渴望学的东西。而这些，今天也还有很大的空间。而且，我认为，仅靠"双减"落地还是不够的，还有很多问题要思考。

在推进教育改革的路上，我们也在思考如何才能应对高速的社会变化，培养出更符合当下社会多元化人才。发展职业教育，更有针对性地为社会发展培养专业性人才是当下社会所必须的改革道路。为了推进职业教育的前进，我们也做了很多工作，比如我们联合地方机构，大力组织"中央教育扶贫国家工程"，通过职业学校给学位和企业岗位，通过财政综合保障"三管齐下"来吸引学生，鼓励多种教育主体提供培训服务并提倡放宽产业发达地区、用工紧缺地区、中职教育发达地区等招生限制，以此来鼓励我们的学生选择更适合自己未来的学习，职业道路。书中关于发展职业教育的一些思考，也可以对我们有所借鉴。

总之，我们的教育正处在大变革的前夜，如何建设一个适合这个国情的社会主义现代化教育强国，如何培养出适应多元化社会、多变化世界的人才，仍然是摆在我们面前的大问题。他山之石可以攻玉，这本书用经济学家的眼光看教育，对于帮助我们更加深入地认识到学历文凭、教育投入、职业教育、学习动力等关键性问题，是很有裨益的。

朱永新

2022.12

为何人人都有大脑？大脑的作用之大，无须在此赘述，但它并不是人类特有的器官。就算是最胆小的陆地爬行动物，抑或是在海底淤泥中蠕行的生物，都长有大脑。人类社会中，我们设有大学这一机构（也称高等学府），人们上大学，希望在此成长为非凡的思考者，而毕业之际，他们学会了如何用大脑进行深层次思考——和你我一样，他们都只有一个大脑，同时，他们还收获了一样并非人人都拥有的东西——大学文凭。

——《绿野仙踪》(*The Wizard of Oz*)

序 言

　　提笔撰写本书之初，我便深知，迎接我的将是堆积如山的专业文献资料。但随着阅读和写作的深入，我越发发现，"教育"涉及的世界之浩瀚，大大出乎我的意料。教育无疑是当今社会的一个主要行业，但它更是教育领域的学者孜孜不倦开展研究的动力之源——毕竟，教育是他们的术业所在。不过，很少有人同时从教育学、心理学、社会学和经济学的角度来探索教育。作为教育这一学科的"门外汉"（我的专业是经济学），我在上述四个领域开展了广泛而深入的研究，以寻找教育与其他学科的某种契合之处。诚然，以这种"合四为一"的跨学科研究视角来审视教育的真谛，看似有些"离经叛道"，但是，翻开此书您便会发现，其中的观点绝非臆测，而是基于确凿的研究成果，并与教育学、心理学、社会学和经济学等研究成果融为一体，共同指向了当前教育体系的核心问题。

　　教育领域的研究成果颇丰，但是某些研究的结论难免有失偏颇。因此，在引用前人的研究作为论据时，我尽量从多方考虑，做出谨慎选择，旨在最大限度反映客观事实，希望读者在阅读本书时亦能获得深切的体会，做出理性的判断。比如，本书中引用的数据多为传统统计方法获得，而非当下盛行的高科技统计方法。当相关的实验证据较少或不存在时（这种情况时有发生），我使用控制变量，采取"普通最小二乘法"这种数学优化技术，以减少统计误差。而当某一研究结论存在模棱两可之嫌时，我会搜寻更为丰富的数据作为佐证。诚然，这种传统统计方法并非完美，但是它容易被理解、方便进行比较，并且不易被人为操控。高科技统计方法确实能改进传统的统计方法，但代价也很大：引入高科技方法旨在解决研究中的已知问题，但在使用它们的过程中，经常会冒出一些新的未知问题。

从社会学的角度来说，本书抨击了现行的教育系统，认为其浪费了大量的时间和金钱。仅就我个人而言，在乔治梅森大学（George Mason University）里完成这部"吹哨之作"，足足花了我六年的时间，但这一切的付出都是值得的。通常，敢于揭发行业顽疾的"吹哨人"往往会遭受排挤，为广大业内人士所不齿。但幸运的是，我所在的学术圈似乎欢迎有人提出诤言——或者至少愿闻其详。在我供职的乔治梅森大学中，虽有部分同事并不赞同我的观点，但我享受这种百家争鸣的学术氛围。而当我与其他大学和其他领域的学者交流时，他们不仅对我的观点表现出了强烈的好奇，亦无比慷慨地提出宝贵意见。正因如此，我深感庆幸，庆幸自己身处"象牙塔"之内，能自由地抒发观点；我更深怀感激，感激所有向我提供专业见解的人士，包括教育体系内的研究者和学生，以及教育体系之外的自学成才者。

前　言

回首过往，我在学校已经待了40年有余，从最早上幼儿园和学前班，然后按部就班地读小学、初中和高中。随后，我去加州大学伯克利分校（the University of California, Berkeley）攻读了4年制学士学位。毕业后，我又去了普林斯顿大学，花了4年时间念完博士。毕业后，我依旧没有走出校园，开始在乔治梅森大学担任经济学教授，这算是我第一份"真正意义上的工作"吧。20年后，我依旧在这所大学任教。时光飞逝，到今年秋天，我便要开启在校园的第41年生活了。

可以说，美国的教育系统待我不薄，甚至可以说，非常好。我拥有一份梦幻般的工作：每年我只需要教30周的课，每周只教5个小时。我热爱教学，这一点也许与一些教授不同。不过，即使我讨厌教学，一年仅150个小时的教学工作量也算不上什么重任吧。其余的时间，我尽情思考，广泛阅读，孜孜不倦地写作——按大学里的术语，这些活动统称为"研究"。仅就获得的薪水来看，我绝非富人。但是，就算让我和富可敌国的比尔·盖茨交换身份，我也不干，我追求的可不是巨额的财富。我敢打赌，即便在退休之际，比尔·盖茨也无法拥有像我这样平和的心态。

照理说，就我个人而言，我断然不该"吃饭砸锅"，抨击现行的教育系统。但是，事与愿违。当我回首半生的教育经历，整理过往足足25年的阅读反思之时，我的心中萌生出了一个坚定的想法：我们的教育系统浪费了大量的时间和金钱。几乎每个政治家都会信誓旦旦地保证，要加大教育投入。可每每听到如此辞令，作为业内人士的我总是倒吸一口凉气，"什么？你还想浪费更多的时间和金钱吗？"

针对教育系统的批评并不少见，但大多聚焦在两个方面：其一，大量的教育投入并没有用在正确的地方；其二，有些教师只会站在三尺讲台上说教，没能正确引领美国的新一代走向光明的未来。在一定程度上，我亦赞同这些批判之言。不过，这些批评者忽视了教育系统的症结所在：过度教育。对于大多数学生而言，他们耗费数千小时学习无用的科目，那些科目既不能提高他们的生产力，也不能为他们的生活增色添彩。可悲的是，所有的浪费还是在专家（即教师）的教导下完成的。

不可否认，学校会教授一些实用技能，尤其是读写能力和计算能力。高中通常开设一些职业选修课，比如汽车维修、计算机编程、木工等。大多数大学开设一些以职业为导向的专业，比如工程、计算机科学、医学预科等。但是，除了上述几门课程和几个专业，整个教育系统的情况如何呢？

想一想，漫漫求学路上，你修读过哪些课程？其中又有多少课程根本没教实用技能呢？从幼儿园开始，你就被塞进各种无用的课程中。小学除了教阅读、写作和计算，还教历史、社会研究、音乐、艺术和体育。初中和高中增加了高等数学、经典文学和外语——这些课程对于一小撮人（未来的科学家、作家和翻译家）来说，无疑是至关重要的，但对绝大多数人来说，绝对是浪费时间。而在大学这座象牙塔中，大多数的专业甚至堂而皇之地规避了工作技能。依照他们的逻辑，大学教的内容本来就和工作技能没有多大关联，如果工作中需要用到古罗马历史、莎士比亚、（数学）实分析或精神哲学方面的知识，你的工作一定不一般。

有人可能从人文的角度为这种"无用的"教育辩解。教师经常说："教育能丰富学生的生活，拓宽他们的视野。"作为一名教授，我亦深以为然，甚至可以这么说，这也符合我一直恪守的信念：人类伟大的思想丰富了我的灵魂，而我将借此启迪学生的智慧，从而塑造出一个又一个美丽而深邃的灵魂。然而，那只是理想中的人文教育，并无太大的实际说服力。从务实的角度，我们需要问的是：老师是否成功地拓宽了学生的视野？在多大程度上拓宽了学生的视野？从实证数据来看，答案是令人沮丧的：凤毛麟角的伟大老师可以将学生引导成为莎士比亚的爱好者、美国内战研究者、前卫艺术家和小提琴家。当然，这并非由于教育者渎职，究其根本原因，大多数年轻人自身对高雅文化无感——即便成年后，也大抵不变。

综上所述，在当前的教育系统下，学习不一定有用，也不一定能启发智慧。我们不禁发问，若学习既无用处，又无启发性，除了称其为浪费，还有何种定义？

信号：为什么教育无用，市场却愿意买单

当我向"神圣"的教育系统抛出这个问题时，反驳之声不绝于耳。但出乎意料的是，反应最大的居然是一些同为经济学家的大学同事，他们认为：当代教育的经济回报屡创新高，你居然敢说教育是浪费？你看看数据，大学文凭的收入溢价已飙升至 70% 以上，即便只有高中文凭，收入溢价也高达 30%。如果教育不能提高工作者的生产力，为何雇主乐意把大把的钱砸在受过教育的劳动力身上呢？

首先，教育的溢价被严重高估了，在后面的相关章节中，我将做出具体解释。目前，我们姑且尊重这些数据。既然回报如此丰厚，为什么说教育投入是浪费呢？答案很简单，只有两个字——信号，我希望所有读者都记住这两个字。即使学生在学校学到的东西完全没用，但是，只要他学业成绩优秀，这便向外界发出一种信号：他的生产力强。雇主自然乐意为他支付额外费用。假设一家律师事务所要招一名暑期助理，现在有一位毕业于斯坦福大学法学专业的哲学博士提交了简历。他的文凭释放出了什么信号

呢？他天资聪颖，学习勤奋，且能忍受工作中的烦琐之事。如果你正在寻找这样的员工（试问，哪个雇主会拒绝这样的员工呢？）——你当然会选择他，并且欣然奉上丰厚的薪水。而且，在做录用决定时，你完全不必犹豫，虽然你知道，这位哲学博士在斯坦福大学学的东西在工作中根本用不上，但这又何妨呢。

从一个人的教育背景，便能很快推论出他是什么样的人——这一理由相当充分，因为教育背景是一种信号，充分展现了学生的能力与品格。当你听到有人仅用3年时间就获得麻省理工学院的学士学位时，你的脑袋中会马上冒出两个字：天才。当你听到有人在过去10年里一直拿不到学士学位，仅是因为少修了1门课，你会觉得此人"懒惰"。当你听到有人从高中辍学时，你会断定他"不太聪明"。当你听到有人高中辍学，但是那个人随即在GED（美国高中同等学力考试）考试中名列前茅，你会认为他"很聪明，但非常懒惰，或者总惹麻烦"。

由此，我们得到的启发是：即使学位确实将你的工资提高了70%，也很难证明是你接受的教育"成就了今天的你"。也许当你第一次进入教室时，就已然是今天的你了。看一看你以前的成绩单，想一想你现在所取得的成就和上面列出的课程有多大的关联。你会发现，就算当时你逃避了大堆的课程作业，也不会对你当前的工作能力有任何影响。然而，不幸的是，如果当时你胆敢略过学校教育，直接跳到你的第一份工作，无论你如何坚称"我有能力毕业，我只是选择不读了"，雇主也绝不会相信你。因为任何人都可以宣称"我有能力毕业，我只是选择不读了"，而雇主也不傻，不会随便就给出70%的工资溢价。

为避免我的观点被误解，我想在此强调一下，某些形式的教育确实会教授有用的技能，或者按经济学家的说法，这类教育能形成"人力资本"（Human Capital）。比如，人们在学校学习基本的读写和计算，而大多数现代工作都需要此类技能。拿我本人来说，研究生阶段我上过统计学课程，现在做研究时也用得上一些相关的知识。虽然本书对把教育视为一种人力资本投资的种种论调持批评态度，但并不反对在学校形成一些人力资本的观点。本书真正反对的是"唯人力资本论"（Human Capital Purism）——即认为几乎所有形式的教育都会教授有用的工作技能，而这些工作技能是教育在劳动力市场上获得回报的唯一原因。

同样，本书虽赞同用信号理论解读教育价值，但并非鼓吹教育的全部价值只是发信号。本书想表达的是——教育有很大一部分价值就是向外界发信号。"很大一部分"究竟是多大呢？第一，在学生的教育经历中，1/3 的时间耗费在发送信号上；第二，在学生享受的经济回报中，至少有 1/3 是信号带来的价值。

依鄙人之见，信号价值在教育价值中的真实比例应该在 50%—80%，这个百分比可能更准确。这一结论可从本书的相关论述中得以印证。不过，随着本书的逐渐深入，我们会惊讶地发现，即使信号价值占教育价值的份额低至 1/3，大量的时间和金钱也会被白白浪费。阅读本书时，请将书中的观点和你自己的教育经历、工作经历联系起来。你会发现，信号作用至少占了教育价值的 1/3，这一比例是合乎情理的。

说实话，很少有人光明正大地自称"唯人力资本论者"。人力资本主义只是一些人默认的立场，在教育行业中，选择这种立场，意味着你碰到的阻力最小。比如，政治家或权威人士将教育投入称为"对人的投资"，却只字不提教育的其他方面，这便是唯人力资本论在作祟。又如，在衡量教育对收入的影响时，社会科学家混淆概念，把教育对收入的影响称为"教育对技能的影响"，这也是唯人力资本论在捣乱。再如，在学校的宣讲会上，教师或家长总是以这样一句话结尾，"学校教的知识要好好学，以后迟早用得上"，这其实就是唯人力资本论的表现。

此时，有人可能会跳出来反驳，"虽然学校里教的实用技能很少，但教育几乎不会造成浪费。谁都不会否认，教育具有一项重要的功能：为劳动力贴上认证标签——发文凭。单凭这一点，教育就是大有用处的，难道不是吗？"此话不假，然而，对于教育的拥护者来说，这种论调颇为危险。如果教育的作用仅局限于证明劳动力质量，那么，削减教育，社会反倒会变得更好。试想：当下，如果把人群按照受教育程度分成高、中、低3类，大学毕业生应被归类为受教育程度"高"的人群，而如果某位雇主想要雇佣这一类人，大学文凭便成了工作准入条件。假设所有人的教育经历都减少一些，那么，在这个世界上，高中毕业生便被归类为受教育程度"高"的人群，自然而然，工作的准入条件降为高中文凭。上述两种情况中，文凭发挥着同样的功能：认证劳动力的素质——只不过，第二种情况下，若教育减少一些，每人平均可以节省4年的大学教育成本。

教育：个人获利，社会资源浪费

在当前的教育体系下，学到的东西不多，本人撰写此书的初衷何在？建议大家尽可能少上学？绝对不是。按照信号模型的说法，即便学校教的东西和工作无关，只要你顺利毕业，拿到文凭，雇主便乐意为你奉上高薪。如果个人单方面减少自己的教育经历，就等于自愿加入低层次工作者的行列，就业市场也会为你打上"劣质劳动力"的烙印。

对个人而言，教育是有回报的，"教育即培养技能"（Education as Skill Creation）与"教育即信号"（Education as Signaling）这两大理论在这一点上不谋而合。然而，就平均受教育水平下降带来的结果，这些理论却做出了不同的预测。如果教育的根本宗旨是培养劳动者的技能，那么平均受教育水平的下降则会削弱我们的技能，从而使社会陷入贫困中。但如果教育的功能只是发出信号，那么，即使平均受教育水平下降，我们的技能——以及世界的财富——将依旧保持不变。事实上，削减教育投入可以节省宝贵的时间和资源，反倒令社会更为富足。

如果你同意平均受教育水平下降令社会受益的说法，那么思考一下，这可能发生吗？美国政府对于教育的投入之巨，令人瞠目结舌。仅2011年，美国联邦政府、州政府和地方政府在教育上的总投入就高达近1万亿美元。那么，削减教育的最简单方法就是削减政府投入。当然，此举并不会消除教育的信号效应，但至少不会助长过度教育之风。

听到削减教育这4个字，大多数人一定会倍感恐惧。每个人都认为："教育给我们带来了太多的回报。"我觉得，他们恐惧的源头就是逻辑学家口中的"组合谬误"（Fallacy of Composition）——任何东西，只要部分正确，从整体上也必定正确。举一个经典案例：听音乐会时，大家端坐在观众席上欣赏音乐演奏，此时，如果有人想获得更好的视野，有什么好办法呢？从座位上站起来就行。对个人而言，站起身，视野必然更为开阔。但是，若大家都效仿你的做法，会出现什么情况呢？人人都站起来，所有人都能获得更好的视野吗？答案无疑是否定的。

大众对于教育补贴的支持基于同样的谬误。大众的看法是：一个人接受的教育越多，得到的工作就会越好——教育确有回报，这显而易见。然而，这并不意味着任何人只要接受更多的教育，就一定会得到更好的工作。依照信号模型原理，若为所有人都提供教育补贴，寄希望他们毕业后都能找到更好的工作，这并不明智。同理，音乐会上，如果坐在台下的所有观众都站起身来，寄希望获得更好的视野，此举同样徒劳无功。上述两种做法，本质上是相同的，"对个体来说，乃聪明之举，但若全体盲从，无疑愚蠢至极"。

坦率地说，如果我们负担不起教育，生活反倒会过得更好。设想一下，一旦政府大幅削减教育补贴，许多人的教育规划就会夭折，因为他们根本负担不起那些"昂贵"的梦想。如果这一设想在某天不幸成为事实，也请不必过于恐慌。正因为我们付得起当前的教育成本，劳动力市场才期望我们无休止地追求更高的教育经历。而如果政府不再提供补贴，我们干脆就不用考虑那些奢侈的"额外"教育。

归根结底，我认为最好的教育政策是废除所有教育政策，换句话说，就是把学校和国家分离开来。也许我的说法有些极端，听起来很疯狂，你大可不必举双手赞成，但是，请尝试按照我的逻辑推理一下。比如，我前面提到了，向外界发送信号是教育的价值之一，如果你认同我的说法，但仍然赞成政府应对教育提供资助，这当然没问题。不过，如果你发现信号作用占教育价值的 1/3，你肯定会支持政府减少部分的教育投入。当然，也许有人会更激进一些。像我一样，如果你认为教育的价值中，高达 80% 的价值在于发送信号，那么，政府应该考虑停止教育投入。如果你再考虑一下教育的其他价值，比如，是否能很好地培养学生的人文素养（我坚信人文教育回报甚微，大多只是一厢情愿），如果不能，政府更应立即停止对教育的投入。

我几乎可以肯定，本书的读者在学校待的时间应该不短，至少不少于 10 年。你亲身经历过教育的各个方面，对这一行业拥有足够的认知，而本书的观点将积极调用你的个人经验。因此，阅读本书时，请结合个人的教育经历，检验甚至挑战书中关于教育本质的种种论述。

当然，我并非要提出一些偏执的小众之见。本书并无意改变你对教育行业中种种残酷事实的看法，而是希望提供一种较为理性的方式，来解读你所熟知的事实。请你尝试以我的视角冷静回顾你所经历的教育，我敢打赌，你会承认我的观点不无道理。

教育是一个奇怪的行业，不过，我们早已习惯了教育界的业态，从不曾仔细审视其中的怪象。我在此呼吁各位，怀着质疑的态度与我一同探讨教育的本质问题。想一想，高中阶段学生一般都学习哪些课程呢？

英语是国际通用的商务语言，但美国高中生要花数年时间学习外语，比如西班牙语，甚至法语。高等数学知识在工作中几乎用不上，但是，超过80%的高中毕业生都得上几何课，去应付那些令人绞尽脑汁的数学题。学生还得耗费几年的光阴学习历史，但是，除了教历史的教师，鲜有工作会用得上历史知识。再看看学校布置的作业吧，你一定不敢相信自己的眼睛——那些作业根本就不能培养学生真正需要具备的技能。

如此奇怪的课程设置，在我们眼中居然是"正常"的。部分原因在于，从小到大，每个人经历的教育莫不如此，我们早已见怪不怪。然而，更深层次的原因是，我们打心里接受了现行的教育系统，因为它颇具"效能"。所谓的效能，简单一点说就是，学上得越多，成绩越好，毕业后雇主给的工资越高。难道不是吗？

因此，如果你心里只盘算着如何通过教育获得最大化的个人回报，那么，去学校上学吧！这准没错，努力取得好成绩，毕业后能赚更多的钱。不过，对社会来说，当下的教育系统是否真正有效呢？如果你有兴趣探索这个问题（或者仅出于好奇），作为线索，以下两个问题供你参考：学生为何要学习那些"奇怪"的课程呢？他们毕业后，雇主为何还愿意主动奉上丰厚的薪水呢？按照传统的看法，学生上学能获得有用的技能，但是，学校提供的种种奇怪课程根本不能培养有用的技能，这个悖论正是当今社会忽视的一大谜题，而本书将利用教育的信号模型来探索这一谜题，并尝试提出解决方案。

目　录

第一章　　　教育的神奇之处..................................001

第二章　　　无用的教育无处不在..........................037

第三章　　　无用的教育带来丰厚的回报..............091

第四章　　　信号模型：答疑解惑..........................129

第五章　　　教育的个人回报..................................169

第六章　　　教育的社会回报..................................227

第七章　　　我们需要更少的教育..........................269

第八章　　　我们需要更多的职业教育..................313

第九章　　　童工的问题何在？..............................323

第十章　　　教育与灵魂的关系..............................337

第十一章　　五谈教育与启蒙..................................373

技术附录　　毕业率和学生能力..............................417

第一章

教育的神奇之处

别在熟人面前说大话,更别当着行家夸海口。

——马克·吐温

我虽为一名经济学教授，但兴趣颇为广泛。除经济学外，我还广泛学习了其他一些学科的内容，包括哲学、政治学、历史学、心理学和教育学。但是，说到教育的本质，我又参悟了几何？

老实说，不多。初高中阶段，我在《洛杉矶时报》（*Los Angeles Times*）做兼职，每周会花上数小时做手工排版的工作。1990年，我给一家房屋建筑商打暑期工，负责数据录入。从那以后，我便再没有从事真正意义上的"工作"了。现在，我在大学校园里，靠授课、写作和科学研究赚取收入（这些几乎是我所有的谋生技能了）。当然，像我这样的大学教授还有不少。人们普遍认为，大学教授这份工作，无非就是埋头研究一些虚无缥缈的东西——听起来很有趣，却又无比真实。

置身于大学这座象牙塔中的教授和学生，常常会忽略现实世界发生的事情。不过奇怪的是，世间的普罗大众却很看重象牙塔中发生的一切。雇主非常尊重教授的意见（当然，并非他们对于深奥的哲学认识论的看法，也不是他们对于复杂的移民问题的意见）。在经济领域，雇主在面试某位学生、决定是否录用他，以及界定薪水高低时，总会咨询老师对于该学生的评价。因此，毕业于名牌大学的全优学生无疑是雇主争相追逐的目标。相反,若某位学生的必修课程中有一门"挂科",他便无法毕业,这也意味着大多数的高薪工作对他关上了大门。

时不时有人冒出来对教育行业横加指责,断然否认教育带来的经济利益。当然,他们没法拿数据佐证自己的看法(因为统计数据所指向的事实与他们的看法截然相反)。于是,他们只能大谈特谈一些道听途说之事。"我认识 1 个女孩,4 年前就拿到了学士学位,现在却还在星巴克当服务员。""我儿子拥有博士学位,但现在靠开出租车谋生。""我读的是木偶剧艺术硕士,根本找不到工作。"诚然,世界之大,类似的事情时有发生。问题的关键是,在教育上耗费大量的时间和金钱,确实可能会血本无归,但这是极其罕见的情况,并非大概率事件。

统计数据给出了确凿的答案:通常来说,教育是有回报的。高中毕业生的收入高于高中辍学生的收入,大学毕业生的收入高于高中毕业生的收入,总之,学位越高,收入越高。平均而言,多上 1 年学,你的职业生涯中就会多一次加薪的机会。而加薪的比例是多少呢?一般来说,约为 10%。对于受过良好教育的工作者来说,他们获得的非现金福利更为丰厚,生活质量更高,失业率也更低。请注意,我们看到的数据未能充分地反映教育带来的丰厚回报,因为这些数据在统计修正时难免出现误差。关于这一点,我们稍后会讨论。不过,无论我们看到的数据是通过何种统计修正的方式获得的,有一点毋庸置疑:在劳动力市场中,教育总能带来回报。

与现实脱节的教育

学生毕业后会找一份入门级的工作,就任某一初级职位。而他们的工作实操能力,大多是通过在职培训这种不同于传统校园教育的方式所获得的。

——莱斯特·瑟罗

《教育与经济平等》

问题的关键是，为何雇主如此看重学生在校的成绩和文凭呢？社会上有一个通俗易懂的说法：学校教给学生实用工作技能。如果1个学生成绩差，未能获得文凭，那么他习得的技能必然很少。这种说法并非绝对错误。的确，学校传授的读写能力和计算能力在大多数职业中都起着至关重要的作用。不过，"教育旨在培养工作技能"这一说法（社会科学家称之为"人力资本理论"）却回避了一些令人费解的问题。

首要的问题是：从幼儿园开始，学生花费数千小时的时间来学习各种科目，但是这些科目与现代劳动力市场并不相关。为什么会这样？为什么英语课把重点放在文学和诗歌上，而不是侧重于工作实践的商务与科技写作上？为什么高等数学课上要费心研究几乎没有学生能听懂的证明题？对于普通的学生来说，他们何时才能用得上学校教的历史知识、三角学知识、艺术知识、音乐知识、物理知识，甚至体育知识以及学校教的外语呢？比如西班牙语、法语，还有拉丁语（信不信由你，高中阶段的学校仍然在教拉丁语）。班上的捣蛋鬼总是喋喋不休地嘲讽道："学校教的这些东西与现实生活能有什么关系呢？"的确，这就是问题所在。

关于学校课程与职场脱节的问题，有一个俗套的解释：老师只教自己会的东西——而且，大多数老师从未有过真实的职场经历（我就是其中之一）。但是，这种陈词滥调只会徒增更多的疑惑：如果学校希望通过教授实用工作技能帮助学生增加未来的收入，那为何要雇用与现实世界严重脱节的教师呢？如果教师自身不具备实用工作技能，又如何培养学生的技能呢？

学校教授的技能和职场所需要的技能大相径庭，这绝非夸大其词。如若不信，请看看我个人的教育经历吧。我的高中母校是格拉纳达山高中（Granada Hills High School），现在叫格拉纳达山特许高中（Granada Hills Charter High School）。我们研究了一下现在这所学校的毕业要求，学生必须完成以下必修课的学习：（1）4年课程：英语课；（2）2年课程：代数、1门外语、体育；（3）1年课程：几何、生物学、物理科学、世界历史、美国历史、政府经济学、艺术（视觉艺术或表演艺术）。此外，学生还得上10—14门选修课。上述所有课程中，只要有超过2门课挂科，学生就无法毕业。

顺利修完所有这些课程，意味着大学的大门已经向你敞开了，因为格拉纳达山特许高中的毕业要求几乎完美地匹配加州大学（the University of California）和加州州立大学（California State University）的入学要求。但除此之外，这些课程还有什么实际用处呢？老实说，对于即将上大学的学生来说，用处"不大"，因为大学毕业后，高等数学、外语、历史或艺术这些知识很少能用在工作上。而对于不准备上大学的学生来说，这些课程的用处更是"几乎为零"。可以肯定地说，如果你不上大学，你的工作几乎不需要任何几何学知识、法语知识、世界历史知识或戏剧知识。

再看一看我的大学母校，我在加州大学伯克利分校获得学士学位。这所大学的毕业要求同样近乎严苛。假设你是这所学校文理学院的一名大学生，若想顺利毕业，你得修满120个学分——大约每学期学4门课程，一直持续4年。你必须通过所谓的"广度要求"，也就是在以下五花八门的领域中各选修1门课程：艺术与文学、生物科学、历史研究、国际研究、哲学与价值观、物理科学，以及社会与行为科学。当然，你还得顺利完成所有专业课程的学习。再假设你主修的是经济学——这门被普遍认为"实用的""与现实接轨"的学科。你需要修完以下课程方能毕业：经济学入门、统计学、中级微观经济学、中级宏观经济学、计量经济学五门高级课程。对了，你还得学整整1年的微积分。客观地说，这些课程的设置能为学生毕业后攻读研究生奠定一定的基础，但是，绝大多数学生并不会选择继续深造，而且，如果他们毕业后从事非学术类的工作，可能只有统计学和计量经济学这两门课程的知识能派上用场，但又能派上多大用场呢？务实一点说，就算是在一流的大学，统计学和计量经济学课程重点在于偏理论的数学证明，而不是基于工作技能的统计实操训练。

象牙塔的常住民（我指的是从未有过任何现实职场经历的大学教授）经常暗自庆幸，自己又帮助某某学生拓宽了视野。然而，大多数情况下，拓宽并非好事，因为拓宽实际上意味着让学生又接触到一个"新"的学科，而在现实生活中，他可能永远不会用到这门学科。让我们再做一个有趣的假设。假设你是一位火星上的社会学家，全然不知地球上的情况。现在，给你一个任务：请根据我们的大学课程表，对地球上的经济社会状况做出合理猜测。大学课程的育人机制应该是符合社会生产需求的，基于此，你开启了合理的逆向推理。扫视一下课程表，你发现阅读、写作和数学这3门课是必修课，因此，你推断出：地球上的现代经济社会中需要识字和算术。正确！到目前为止，你干得还不赖。

不过接下来，你这位火星社会学家可能就不会那么幸运了。课程表上显示，学生花费数年时间学习外语，因此，你推断出，人类社会上应该有很多翻译家。错！课表上有不少古典文学和诗歌类的课程，按正常的逻辑推断，人类的文学批评界应该是一派欣欣向荣的景象。错！继续往下推断，因为每个学生都必须学代数和几何这两门课，那么人类社会上，即便是普通的工作，也需要时不时用到高阶的数学知识，比如求解二次方程，检查三角形是否全等。错！总之，你按照课程表推断出的芸芸众生相，与我们这里的真实情况大相径庭。

如果教育希望通过提高学生的技能来增加未来收入，为什么学生必须学习那些不切实际的科目呢？同样令人疑惑的是，为什么学校不开设一些实用性强的科目呢？为什么教育工作者不告诉学生普通职业的薪酬情况和工作满意度呢？为什么不教他们怎么进入各种不同的行业呢？为什么不传授前沿的知识和技能，助他们在瞬息万变的职场中谋得一席之地呢？为何不花上一年时间，指导他们写出漂亮的简历，或培养他们乐观进取的工作态度呢？如此疏忽，实在不该。

既然学校课程与就业市场的关联不大，那么，为什么学业优异的学生大多能在就业市场上大放异彩呢？着实令人费解。教育系统培养学生成为职场上的工作者，整个过程就像魔法一样，颇为"神奇"。政府将巨大的教育权力下放给大学这座象牙塔中的教师，教师按照要求，行使教育权力：学生必须学习教师所钟爱的科目。然后，教师根据学生对学习材料的掌握程度，对他们进行成绩排名。学生很快就会忘记所学的大部分内容，因为"他们再也用不上那些知识"。虽然没人强迫雇主们在招聘毕业生时必须参考（或者多大程度参考）象牙塔对学生的"裁决"——学习成绩，但是，雇主们却纷纷自发地把成绩单当作决定雇用对象和判定薪酬等级时的黄金标准。

既然说教育的过程像魔法一样令人费解，那么假如你是象牙塔中的一位魔法师（即大学教师），你肯定知道真相吧？不，你只会更加难以理解，现在的教育为何是这番模样？我是一名经济学教授，假如在上课时，我和学生讨论我个人的种种另类兴趣，从婚姻市场聊到黑手党经济学，再探讨到选民利己主义。学期结束时，我会测试学生对于这些知识掌握的程度。我深知，自己教的所有内容中，唯一在市场上有用的技能是向学生展示了"如何成为一名经济学教授"。然而，雇主们的看法却不同。

不仅是雇主们，绝大多数人都会认为，我在课堂上说的每一句话都是有市场价值的。但是，事实真是如此吗？学生难道需要深谙婚姻市场、黑手党经济学或选民利己主义的知识，才能成为称职的经理、银行家或推销员吗？答案当然是否定的。作为教师，选择教什么内容纯属个人行为，即使有些主题和市场没有任何联系，只要我认为值得教的东西，我就会教。但是，要是有一位学生没掌握我讲的内容，导致最后挂科，雇主们会有什么反应呢？他们会毫不犹豫地拒绝招聘这位学生，甚至连面试机会都不会给。

我们前面把教育的过程比作令人费解的魔法。但是教育的魔法与一般的魔术不同：对一般的魔术来说，速度一旦放慢，会立马露馅，观众马上就能明白背后的真相。但是现在，我们以慢动作回顾教育的全过程，看完后还是一头雾水。

第1步，我讲授自认为能引发学生思考的话题；

第2步，学生对相关话题有一定的理解；

第3步，到了见证神奇魔法的时刻！但是，为何不见任何魔法的迹象呢？

第4步，学生在管理、银行、销售等领域的就业前景并未获得神奇的提升。

我培养博士生，引领他们成长为经济学教授，整个过程很简单，根本没有什么神奇的魔法发生。他们想和我一样，毕业后当一名经济学教授，而我只需要向他们展示一个经济学教授的日常工作形态即可。但是，绝大多数学生的最终归宿不是象牙塔，不会去担任经济学教授或其他学科的教授。那么，我的课程如何让学生获得更强的就业能力？我教不了陌生的职场知识，而说到大多数学生毕业后从事的工作，我更是一窍不通。象牙塔里绝大多数的教授亦是如此。

魔法的回报

现在看来，教师不是魔法师，教育也不是魔法，毫无神奇可言。但是，学业优秀的学生为何在现实世界也能获得成功？合乎逻辑的解释就是：尽管学习的内容与未来的工作之间存在巨大的鸿沟，只要学业表现优异，无疑是向外界发出一种信号——我有很强的生产力。因此，劳动力市场会为你奉上职位，并非因为你上过一些无用的课程，而是看重你在学习这些课程中所展现出来的能力。

怎么发现这些能力呢？非常容易，尽管我终生隐居在象牙塔中，但我知道如何去做。怎么做呢？像所有教授一样，做好日常工作即可。上课时，我讲一些自己感兴趣甚至痴迷的话题，下课后，让学生做做作业，最后，用考试检验他们的理解程度。学期结束时，再根据他们对学习材料的掌握程度给成绩。不出意料的话，学生在工作中永远不会用到我上课时讲的另类知识，比如，黑手党经济学。但是，具体学什么无关紧要，重要的是，如果取得高分所需要的品质和取得优秀工作表现所需要的品质一致，雇主定会做出明智无比的选择——选择优等生，无视挂科生。

接下来，我想探讨一下这个问题，教师对学生职场生涯的影响有多大呢？不知道读者中有没有教师同行，你们对这个问题的看法如何？通常，学生需要上各种课程，他们在单一课程上得分的高低，对成绩单上的 GPA（平均成绩点）影响甚微，通常只会带来小数位上的变化。但是，所有的课程成绩加起来，细微的变化也能带来巨大的影响。这些年来，我教过成千上万的学生。有些学生对我给的成绩颇有微词，有些甚至倍加谴责。假如某位学生在我的课程上挂科，这可能影响到他是否能够顺利毕业；就算他顺利毕业了，雇主如果看到成绩单上有挂科记录，也可能会直接把他的简历扔到垃圾桶。因此，雄心勃勃、企图在职场一展身手的学生，在上课时总是竭尽全力展现他们的才华和勤奋，希望给教师留下深刻印象，从而获得一个好分数。或者，至少表现得不那么愚蠢和懒惰，避免给教师留下坏印象。不过实际上，成绩单上分数的高低并无实质性区别，反正你不会在工作中用到那些课程知识，比如，如何赏析莎士比亚作品。但是，如果因为课程表现差而未能顺利获得毕业证，你梦想中的工作将对你永远关上大门。

信号模型基础

信号模型（Signaling Models）并非什么边缘理论。诺贝尔经济学奖获得者迈克尔·斯彭斯、肯尼斯·阿罗、约瑟夫·斯蒂格利茨、托马斯·谢林和埃德蒙·菲尔普斯，都在这个领域做出了开创性的贡献。迈克尔·斯彭斯因提出信号理论被授予诺贝尔经济学奖。诺贝尔委员会在授奖时称赞了他的非凡贡献，并补充道：

> （信号理论的）一个重要的例子就是教育，教育在劳动力市场被视为一种信号：一个人教育层次越高，标志着他的生产能力越强。教育不一定要具有内在价值，对教育的投入本身就反映出卓越的个人能力。

信号模型具有 3 个基本要素。首先，不同类型的人。这些人在智力、责任心、服从力等方面可能具有差异。其次，个体应具有不明显性。比如，你不能凭一眼就识别某人真实的职业道德如何。当然，你也不可能询问，"你的职业道德有多好？"更别指望得到真实的答案。最后，平均情况下，个体必须具备显性差异，用专业术语来说，就是"能发送不同的信号"。偏离平均值是被允许的。信号具有不确定性，或大或小，但总归存在。

鉴于上述 3 个基本要素，如果我们采访雇主一个问题，"哪位员工最适合这份工作？"坦率的回答一定是，"这可难倒我了"。的确，仅按照手上掌握的员工信息，雇主根本无法回答这个问题。如果我们接下来问一个更简单的问题："哪位员工发出最佳的信号呢？"雇主可以给出明确的答案。比如说，雇主在判断员工的服从力时，往往缺乏一套简单直接的方法。但普遍而言，留平头发型的员工比留莫西干发型①的员工更具服从力。倘若事实真是如此，谨慎的雇主会把发型视为服从力的信号。虽然任何事情都有例外，比如，有些叛逆的人也会梳短发，也有嬉皮士会循规蹈矩，但那样的人终归是极少数。因此，总的来说，比起抛硬币这种"听天由命"的方式，按照发型来招聘员工可能更为靠谱。

如果雇主只奖励生产力信号，那么，准员工就会主动去调试他们发出的信号，换句话说就是调整行为方式，给雇主留下好印象。此举目的何在呢？当然是为获得丰厚的回报。如果服从力强的员工待遇更高，而且大都留着平头，那么你也去剪平头吧，这会带来回报的。即使你的内心无比叛逆，只要你模仿了那些服从力强的员工，剪了个平头，雇主也会乐意付更多的钱。

---

① 莫西干发型：源于英式英语中的 Mohican Hairstyle。莫西干是北美地区的印第安民族，2002 年世界杯时，贝克汉姆的莫西干发型引起了新的莫西干发型热。——编者注

看到这里，你也许会说，追求所谓的信号效应，实则投机取巧，终将弄巧成拙。既然剪平头能给雇主留下好印象并得到回报，按理说，每个员工都应该留着平头，那为什么真实情况并非如此呢？信号模型提供了一个简单的答案：想要追求更高质量的信号，付出的成本必然也越高。这里所说的成本，既可能是巨额的资金，也可能是大量的时间，当然，还可能只是情感上的极力妥协——如果叛逆者极度憎恨那种"两鬓铲短，头顶推平"的平头发型，不愿妥协；而服从力强的人却愿意妥协，那么发型本身就是一个极好的服从力信号。万一每个员工都剪了平头，你也可以寻找一种新的方式"增强"服从力信号，比如，穿上一套干净利落的灰色法兰绒西装。叛逆者可能会模仿服从力强的人的言行举止，但终有一天他将不堪忍受，进而停止模仿，做回自己，此时，激烈的"信号"竞争才会平缓下来。

"平均值"这一限定词至关重要。假设职场中只有 10% 的优秀员工买不起西装。那么你在面试时如果没有穿西装（无论出于何种原因），雇主便会将你归入连一套西装都买不起的差劲员工。然而，如果越来越多的优秀员工买不起西装，那么，即便你不穿西装参加面试，也不会对你的形象造成多大的负面影响，雇主也不怎么会关注应聘者的衣着。简言之，信号越清晰，接受者的心中产生的刻板印象越强烈，反之，信号越模糊，刻板印象则越不显著。

总有人时不时跳出来，抨击教育的信号模型，称其荒诞、不具可信度。但是，该模型只是经济学家所谓的"统计歧视"（Statistical Discrimination）的一个特例而已。统计歧视基于平均情况下成立的刻板印象，目的是节省时间和金钱。在社会生活中，统计歧视无处不在，比如，老年人支付的人寿保险费较高，因为老年人身体更容易出现情况。出租车司机更愿意载穿西装的年轻人，而不是身着某某帮派服装的另类少年，因为后者更有可能在途中抢劫他。统计歧视可能会因违背公平原则而遭受抨击，但它绝非怪胎，更非不具可信度。试问，职场中哪一个雇主没有文凭歧视、学历歧视？这难道不也是一种统计歧视吗？

何谓"教育信号"（Education Signal）？

> 在大多数教师的眼中（从幼儿园直到大学本科阶段的教师），理想的学生应行为端正、品性温和、持之以恒、一丝不苟、善解人意。学生如有上述表现，最能获得教师的青睐。
>
> ——理查德·波斯纳
> 《教育中的新性别差异》

越是高明的道理，往往越平淡无奇，信号模型理论莫不如此。然而，几乎所有经济学家都承认，斯宾塞、阿罗、斯蒂格利茨、谢林和菲尔普斯这些学者在信号模型领域做出了卓绝贡献——因为他们为信号模型下了清晰的定义。虽然经济学家伸出双手欢迎这一理论，但在实际研究时，仅把其用于研究经济领域内的问题。当然，理论学家专注于自身领域，这无可厚非。但是，从实证的角度来看，要是用信号模型来解读现实世界的诸多问题，或许能派上大用场。本书的目标便是将信号模型从经济领域"解放"出来，用这一理论来解释学校教育和职场之间的格格不入。

找工作时，面试者会发出一系列信号：发型、衣服、是否准时到场、对面试官表现出的幽默是否报以礼貌的微笑。然而，在现代劳动力市场中，在一个特殊信号的光芒下，所有其他的信号都黯然失色。如果你没有令人印象深刻的教育经历，许多雇主甚至都不愿翻开你的简历——虽然大家都知道,书本知识在工作中派不上什么用场。

为什么教育信号如此之重要?社会上流传着这样一个说法,乍一听似乎很有道理——好的工作对智力的要求更高,而教育就是智力信号。这种唯智力论看似站得住脚,在信息爆炸的时代,智力出众的人的确总能大显身手。教育确实是一种强烈的智力信号。当今世界上,几乎所有赚大钱的行当都需要很高的认知能力(当然,电视上那些"无脑"真人秀除外)。然而,如果我们仔细审视这种唯智力论,马上就能发现破绽。请看看下面这则小故事:

> 16岁的马克和史蒂夫在"美国学业能力倾向测验(SAT)"中双双获得高分,20年后马克获得了麻省理工学院(MIT)博士学位,但史蒂夫只有高中学历。

如果你不认识马克和史蒂夫,只看他们的学历,你会得出结论,马克显然聪明得多。而若是告诉你他俩的SAT分数,你会立刻改口:不对!其实两人一样聪明,只是马克更为勤奋罢了。再仔细看看史蒂夫的考试成绩,你必然心中纳闷,此人如此聪明,为何没读大学呢?他要么是懒得无可救药,要么是自由散漫至极吧。参加工作面试时,史蒂夫会谎称自己本性勤奋,没上大学是因为一些客观原因,或者,他会有意把话题转到自己的优势上。但是,一想到他的教育经历,正常情况下,雇主都不会心安理得地雇用他。

那么,除了智力之外,教育还会发出什么信号呢?答案很明了。马克和史蒂夫的小故事表明,教育不仅是智力的信号,还是责任心的信号,这里说的责任心,包括自律、职业道德、对品质的追求等。

教育仅是智力和责任心的信号吗?不,我们似乎还忽略了一个关键因素。再来看看另一则小故事：

> 珍和凯伦在 SAT 考试中的分数处于上游位置，排在所有学生中前 25%。高中毕业后，两人都从事了全职工作。然而，白天上完班后，两人利用晚上的时间追求各自的兴趣。珍每周花 20 小时去大学上课，凯伦每周花 20 小时来研究怎么制作出世界上最大的毛线球。高中毕业 5 年后，珍获得了大学学位，而凯伦终于如愿制作出了那个无霸毛线球。

从智力上看，珍和凯伦同样聪明。此外，两人的责任心也都很强，因为两人都坚持在业余时间完成颇具挑战性的任务。然而，珍的付出似乎能让她在职场中处于更有利的位置，因为她通过努力，拿到了那张社会认可的大学文凭。相比之下，凯伦则把时间花在孜孜不倦地追求"不正经"的个人爱好上。珍的学位表明她能顺从社会期望，且具有团队意识和大局意识。可想而知，如果老板让她往东走，她一定不会往西走。凯伦制作出创世界纪录的大毛线球，这充其量只能发出一个好坏参半的信号——当她专注于做自己感兴趣的事时，她会努力工作。但是，她会为了取悦老板而去做自己不感兴趣的事情吗？这则小故事告诉我们：教育也是另一种特质的信号，这种特质就是我们刚才说的服从力，即工作者对社会期望的理解和服从。

上述故事并未就社会期待进行充分的描述。实际上，当今社会中，教育成就已然是一种全社会的期望。对模范工作者来说，拥有一纸文凭仿佛是一件天经地义的事情——高中文凭是普通工作的敲门砖，而大学文凭是好工作的敲门砖。如果你未能满足这种期望，会被视为另类；而如果你胆敢公然违抗这种期望，会被视为十足的怪咖。所以，即使没有文凭,你也千万不要愚蠢到公然抨击"唯文凭论",谦虚一点,闭上嘴巴。不去公然违抗社会期待,也算是一种较为稳妥的生存之道吧。

需要明确指出的是,在职场中,这种服从力不只是嘴上说说而已。人类学家强调,几乎人人都会在某些方面表现出服从。比如,如果你想当一名嬉皮士,你会努力让自己的外表、言语和举止符合这一群体的特征。比如说,蓄蓬乱的头发,穿颜色鲜艳的扎染衬衫,当然,如果有员工表现出这种另类的服从,雇主必然会皱起眉头,因为他们寻找的是符合当今工作场所规范的人——外表、言语和举止行为都像模范员工的人。

那么,模范员工到底是什么样的呢?他们擅长团队合作;对上级非常恭顺,但绝不卑屈;他们待同事友好,但原则性强;对他们来说,生意永远排在第一位;他们穿着打扮比较保守,从不公然讨论种族主义或性别歧视,也绝不会让自己陷入可能被控告"性骚扰"的窘境。但也许最重要的是,他们深知社会对他们的期待,并借此规范自己的行为。即便社会规范较为抽象笼统,难以名状,但模范员工深谙其道,无须雇主告诉他们什么行为可被社会接受,什么行为不被社会接受。

现在,我们已经总结出了教育发出的3大信号:智力、责任心和服从力。当然,教育还能释放出许多其他信号。比如,通过一个人的教育背景可以看出他的家庭是否富裕,他是否具备国际化视野,甚至他是否有酷爱国外电影之类的兴趣。然而,对于一个追求利润最大化的雇主来说,这些信号反倒是一种干扰。学业成功的道路是由智力、责任心和服从力这3者共同铺就的。你的学业成绩越强,雇主会越发相信,你具备以上3大特质。

为什么雇主要寻找具有这3大特质的员工呢?原因很简单,学业成功需要这3大特质，工作成功亦是如此。聪明的员工学习速度快，并能开展深度探究。责任心强的员工在工作上总是做到尽善尽美；服从力强的员工能严格遵从上级的命令，并与队友展开有效合作。如果你缺乏这3大支撑学业成功的特质，大概率你在工作上也不会成功。

不过，凡事皆有例外。职场上，有一些员工在工作上表现优异，但是受教育程度不高，究其原因，大概有三，有些员工是因为家庭贫困，有些不愿为了读书背负巨额债务，还有一些人仅仅只是不愿在学校再多耗几年光阴，迫不及待想在职场大展身手。因此，在承认教育具有巨大的信号效应的同时，我们也应该承认特例的确存在。招聘时，雇主可不愿意为这些"特例"赌上一把，相反，他们会慎之又慎，就像在做商业决定时一样。

闭锁综合征（Locked-In Syndrome）

要想向雇主展示你具备在工作中取得成功的素质，接受教育显然是一个好方法。然而奇怪的是，对于许多工作来说，教育几乎是通往成功的唯一途径。在接受教育的过程中，你的智力、责任心和服从力将展露无遗。比如，课余时间你可以写一写富有神秘色彩的科幻小说博文，向外界发出自己"智商高"的信号。你也可以用手一个字一个字地抄字典，向外界发出自己"对学习负责"的信号。再比如，你也可以坚持犹太人洁食的法规（Kosher），不吃一些违背犹太教义的食物，从而向外界发出"服从"的信号，证明你可以遵守复杂的规则要求（就算你自己不是犹太人也没关系）。不过，找工作时，这些信号将毫无价值。为何雇主只觉得文凭更有吸引力呢？

教育能反映出学生身上是否具备社会所期望的优秀品质。在学校里，尖子生通常具备3项优秀品质：高智力、责任心强、服从力强，他们当然是雇主争相追逐的对象。不过，尖子生总归只占少数，中等学生虽然聪明程度、认真程度、顺从程度非为顶级，但足以支撑他们获得学位，从而赢得雇主的关注。但是请注意，中等生的上述3项品质并非一定都高于平均水平。不过，只要他们能最终顺利毕业，这至少能证明，他们的3项品质相对稳定。虽可能仅在单项上表现优异，但至少无任何一项处于垫底水平。

当然，并非只有教育能发出上述3大信号，教育之外的活动或行为也能发出相同的信号。只不过，这些"非常规"信号只会抵消教育信号的作用。假设你在SAT考试上取得了好成绩，但从未上过大学，雇主自然会相信你很聪明。但是，既然你如此聪明，为什么又没有上大学呢？照理说，只要你的责任心和服从力处于正常范围之内，完成大学学业应该是一件轻而易举的事情。因此，看到你的SAT成绩后，雇主会很快得出结论：你的责任心和服从力应低于平均水平。这种情况下，你的考试分数越高，雇主便会越发质疑，为何你未获得文凭呢？

再看个例子，道理就更显而易见了。比如，你想通过写科幻小说博客来展示你的聪明才智。但是，既然你有能力写出像当代美国著名小说家艾萨克·阿西莫夫风格的作品，照理说，你在学校一定会表现优异。若非如此，可能你就是一个问题少年，各种"问题"干扰了你的学业。

责任心的信号亦是如此，通过非教育方式发出的责任心信号反倒会带来负面影响。如果你富有责任心，甚至愿意手抄字典，那么完成大学学业对你来说应是轻而易举之事。除非你的思维迟钝，或者不善与人相处。因此，如果你没上大学，而希望通过各种另类的方式展示自己的责任心，雇主会倍加怀疑：既然你有责任心，为什么不对自己的学习负责，苦读4年拿到文凭呢？他们会如此推断，也许是因为你的智力或社交能力处于极低水平，就算你全身心地投入学业，也没法顺利完成学业。

说到服从力信号，如果你想通过非教育方式向外界发出服从的信号，这纯属自相矛盾。因为选择非教育的方式本身，就反映了你拒绝服从人人应上学受教育的社会期待。当下，获得学士学位被视为个人服从社会期待的标准信号，"教育之外"的其他信号根本不具说服力，甚至会带来反作用。当你告诉雇主"我自学成才"，或"我毕业于一所创办不久的互联网大学"，这类言辞只会让雇主对你投以异样的目光。注意，如果你想通过一些行为发出服从力信号，一定要注意，这些行为是否和教育相关。服从力信号与教育的关联性越小，带来的反噬作用可能会越大。如果你胆敢如此告诉雇主，"我不是犹太人，但我保持犹太人洁食的饮食习惯，这能证明我可以服从复杂的规则要求"。他们一定会视你为怪胎。难怪人们经常说，把时间花在教育上比起做其他任何事情更有回报。学生接受教育，顺利毕业乃是天经地义之事。如果有谁违背这种期待，雇主会心生疑虑，担心此人有严重的缺陷。

教育之外的顺从信号带来如此大的反作用，以至于人们说话行事时相当谨慎，时常刻意隐瞒一些良好的信号，以免被误认为在自我吹嘘。社会上对于自我吹嘘的行为是这样规范的：别吹嘘自己的长处，即使你说的东西是真的。因此，如果你自吹自擂，发出的信号可就不妙了。即便你真如自己吹嘘的那般才华横溢，因为这种行为本身违背了社会期待，你也会被视为蠢蛋。

就业市场上有一个典型的例子：虽然雇主很少要求申请人提供标准化考试成绩，但申请人仍然可以在简历中提供这些分数。不过，很少有人这样做，为什么呢？有什么忌惮的吗？坊间流传着这样一句话：把高分写在简历上，表明你的确很聪明，但同时凸显了你在社交方面的无能。分数已是过往，工作还在前方，把分数放在简历中有何意义呢？我曾经听到一位同行教授如此斥责一位研究生："别把你的GRE（美国研究生入学考试）成绩写在简历上！这会让你看起来像个学生。大学希望聘请的是前途无量的助理教授，不是在考试中得高分的优秀学生。"

然而，教育最特别的地方在于，社会中几乎每个人都过度神化了教育的作用。当下在美国，品行优良的孩子都会问一个问题："我怎样才能在学校得第一名呢？"却没人发出这种质疑，"难道去学校只是为了得第一名吗？"教育成功和职业成功之间的确存在一种天然的紧密联系，究其原因在于，完成两项挑战都需要相似的品质。但是社会规范就像一双无形的推手，极大地增强了这种联系，使之变得异常紧密。此外，要注意的是，这种联系在被外部社会规范强化的同时，其自身也在不断自我强化：

第1步，雇主注意到学业成功与工作成就之间存在联系，便开始将教育视为工作的敲门砖。如果在优秀的工作者中，未获文凭的人数极少，雇主干脆就无视这类人的存在。

第2步，才华横溢、积极进取的人意识到教育极其重要，是未来就业的敲门砖，于是，他们开始致力于取得教育成功，以便日后实现职业抱负。

第3步，在才华横溢、积极进取的人中，教育背景差的人数比例越来越小，这进一步加强了学业成功与工作成功之间的联系。

第4步，再返回第1步。

其实，当今社会上已经涌现了许多不同于传统教育的新型教育模式，但是，这些教育模式并不颁发标准的教育文凭，因而向雇主传达了一种错误的信息。在雇主的心目中，如果有人主动放弃传统教育，转而采用"替代方案",这样的人必然能力平庸,在实际工作中的表现也不会有多么出色。因此,如果你选择教育的替代方案,雇主会自然而然地把你归为那一类人。要是你本身具备获得传统教育文凭的能力,试问,你会选择接受众望所归的传统教育,还是选择备受雇主歧视的替代方案?2009年上映的一部叫《名媛教育》的电影中,一对父女的谈话呈现了戏剧性的一幕:

珍妮:既然这么说,那我可以退出青年管弦乐队了吧?

爸爸:不,不,不。参加青年管弦乐队多好啊,能证明你多才多艺。

珍妮:呃,是的。我已经加入了,这也算证明过了吧,所以,现在可以退出了吗?

爸爸:不,不。退出就糟糕了,你连这点道理都不明白?绝对不能退出,要是退出了,别人会觉得你很叛逆。牛津大学肯定不收你。

珍妮:不会吧,我有点自己的主见不行吗?

爸爸:不行,他们只喜欢听话的学生。

如果你希望职场认可你的能力,并且大多数与你能力相当的人都持有文凭,那么,你最好也要获得一纸文凭。否则雇主很难慎重考虑你,你的就业机会会很渺茫。职场上,任何一个头脑精明的雇主都会说:虽然教育与职场的关联度极低,但是"教育就是一切"。简言之,我们的教育系统染上了一种怪疾,叫闭锁综合征——似乎人人都意识到了教育的症结所在,但又无力改变些什么。

"毫无意义"的信号

很少有人批评教育信号模型脱离实际，因为实际上，几乎人人都耗费多年时间，接受与劳动力市场要求无关的教育。相反，批评意见集中在这一点之上：教育信号模型不符合逻辑。教育信号模型提出，学生年复一年学习无用的科目，毕业后雇主却心甘情愿为此买单。许多批评者看到这里，立刻跳出来质疑：职场上的雇主有这么愚蠢吗？这完全说不通！进而得到结论，信号模型只是徒有其表：看上去很美，实则不合逻辑。

但是，若仔细审视这些批评，我们会发现，它们的出发点存在一个共同的问题：批评者似乎用过于简单化的视角解读教育信号模型，然后马上给它盖棺定论——不合逻辑。不过，他们的批评并非坏事，反倒颇具建设性，激励我们进一步丰富教育信号模型的深度和广度。

"信号 = 100% 的信号"。有些批评者如此解读教育信号模型：教育要么不发出信号，要么发出的就是 100% 的信号，即教育的全部价值只是发送信号而已。多么令人震惊的偷换概念啊！基于这一解读，他们随后"反驳"，学校里教阅读、写作和算术这些知识，如果教育的全部价值只是发信号，与实际工作没有任何关联，为何这些知识在未来工作中能派上用场呢？看，多么"有力"的抨击！但是，他们所抨击的信号模型根本就不是真正的信号模型。早在 1973 年，诺贝尔奖得主肯尼斯·阿罗就曾预料到这一点，当时，他就否认了所谓"100% 的信号"的存在：

> 或许我应该说得清楚一些。我个人认为，高等教育不只起到筛选人才的作用。显然，职业院校传授了市场所重视的真正技能，理科类的本科课程也是如此。但是，就大部分文科课程而言，情况就

不那么明了了。

据我所知，信号模型的拥护者中，无人质疑过阿罗的说法。当然，学校课程会包含一些有用的科目。学生学习这些科目，毕业后在劳动力市场获得回报。如此显而易见的道理，教育信号模型从未否认。教育信号模型的宗旨在于化解当前的教育谜题——为什么学校课程中会涵盖如此之多看似无用的科目？为什么学生学完这些无用科目后，能在劳动力市场上获得回报呢？

"信号＝纯粹的智力信号"。还有其他一些批评者如此解读教育信号——教育仅能发出智力信号，基于这一前提，他们对教育信号模型提出质疑：文凭的确能发出智力信号，但文凭并非证明智力水平的唯一方式，智商测试也能做到。既然耗时仅3个小时的智商测试就能测出一个人的智力水平，为什么雇主还要坚持以4年制的本科学位作为智力判断的信号呢？智商测试的效率显然更高，如果雇主摒弃这种方式，转而以文凭判断准员工的智力，这未免过于低效，因为学生需要整整4年的苦读才能拿到文凭。

我的回应是：这种质疑与信号模型本身对错无关，重点是教育仅发出智力信号才是问题所在。事实上，教育不只发出智力信号，还能发出其他信号。许多信号模型的拥趸早已认识到这一点。比如，肯尼斯·阿罗从一开始就发现了这个问题。他提出"高等教育作为过滤器"这一说法，将教育称为能力信号，并明确指出能力取决于社交水平和智力水平。一年后，彼得·怀尔斯也简要论述道，"雇主需要的是智力出众、服从力高的员工，换句话说，员工应该具备较强的个人能力和服从工作安排的意识"。

"信号不应耗时数年之久"。另一个反对信号模型的讨论焦点在于：

教育耗时太久，没有意义。为什么那些努力学习又富有团队精神的人需要在学校耗费那么长时间呢？为什么不能在学校只待一年，证明自己的价值后，立即在现实世界中找到一份好工作呢？如果教育很大程度上只是一种信号，为什么雇主不使用成本更低、耗时更短的方法来评估工作者的素质呢？

我的回应是：批评者再次用过于简单化的视角解读信号模型。他们认为信号是工作者能力的有力证据。一旦工作者发出某种信号，你的全部能力便向外界展露无遗了。然而，一个人的能力具备多样性，对于某种具体能力来说，也许根本就找不到与之完美匹配的信号。职场中，每个人都会极力向雇主证明自己的能力，当你的竞争对手发出更好的信号时，雇主自然会把目光从你身上移开。请看看下面这则故事：

> 弗雷德和达娜是两位求职者。面试中，两人均表现得精明能干。此外，两人都坚称自己"工作勤奋，团队精神佳"。但有一个事实值得注意，弗雷德上完大学一年级后就辍学了，而达娜取得了她的大学文凭。

显然，在劳动力市场上，达娜更加吃香。在面试中，雇主可能更好地了解到了弗雷德和达娜的智力。但是，责任心和服从力都是可以伪装的。假如雇主问弗雷德："你是一位勤奋的团队合作者吗？"弗雷德即便给出肯定的答复，但雇主会马上雇用吗？显然不会。就算雇主花几个小时守在弗雷德身边，观察他的工作状态，也没法判断他是否勤奋，因为在职位不确定的情况下，即使是懒惰的员工，也会拼命工作。如果工资足够丰厚，再懒、再叛逆的人也会伪装出一副顺从的模样辛勤工作，熬很长一段时间。看，弗雷德不也是熬过了两个学期才辍学吗？为了展示你才是货真价实的优秀员工,一个真正勤奋的团队合作者,必须比谎称勤奋、假意顺从的仿冒者更有毅力、坚持更久。在这里我想提一下我的一位同事,经济学家泰勒·考恩,虽然他总是对信号理论持怀疑态度,但是也坦承过这一事实:

> 让每个人都参加考试,然后雇用得分最高的人,这条路行不通。一个人在某场考试中表现出色,并不意味着他一定具有很强的毅力。要发出毅力信号,需要金钱和精力上极大的投入,凭借这一信号,雇主便能在一众求职者中筛选出合适人选。

因此,我的观点与那些批评者恰好相反。我认为,从教育耗时久的角度来反驳信号模型,完全站不住脚。有一些特质,比如责任心和服从力,在职场上颇受青睐,但很容易伪装。因此教育需要耗时久一些,才能更好地去伪存真。信号是一场内耗战。如果过早放弃学业,便意味着在这场无形的战争中选择了举手投降。你坚持得越久,看起来越强大。最后的赢家——也就是得到最好工作的人——就是在战争最后依旧屹立不倒的那一个。

"你不可能欺骗职场太久"。信号是多余的吗?有一些批评者认为,雇主在几个月内就能辨别出员工的真正生产力。短暂的试用期结束后,市场不再仅为一纸文凭支付大笔费用。诺贝尔奖得主加里·贝克尔曾推测道:

> 经济学家开始意识到,(这时)信号模型的作用正在减弱,因为雇主很快察觉到上过大学的员工的真实生产力,无论他们毕业于什么层次的大学,顶级名校哈佛大学,还是像凤凰城大学

（University of Phoenix）那样的职业院校。不久之后，雇主就会对他们的工资进行重新校正，校正的依据是实际生产力，而并非文凭。

雇主需要多长的时间才能分辨出员工的真实生产力呢？研究者发现，这一过程将耗费大量的时间，短则几年，长则数十年。短短数月内，雇主很难对员工的生产力获得客观的认知——在拥有大学辍学这一特定教育背景的员工中，相当大一部分人的生产力更加难以判断（本书稍后会提供佐证）。现在，让我们姑且认定贝克尔所言属实：只需3个月，雇主就能发现员工文凭之外的真实生产力。那么，3个月后，教育信号的价值便荡然无存了吗？当然不是，教育信号的主要作用是为你敲开职场的大门，助你找到一份好工作。而找到一份好工作并非易事，也许有人一辈子也不能实现这一目标。只有敲开了职场的大门，你才有机会尽情施展你的才华。因此，"你不可能欺骗职场太久"这种论调忽视了教育信号的敲门砖作用——只有你发出了信号，职场才不会永远忽视你的存在，你才有机会在职场上大显身手。

贝克尔称赞雇主能发现"骗子"——即学历高、能力低的员工。即便他所言属实，但他似乎忽略了问题的另一面：雇主也能发现"未经雕琢的璞玉"——即学历低、能力高的员工。不过，"未经雕琢的璞玉"只是听上去很美好，但获取成本极高。雇主不可能为了寻找学历低、能力高的员工，而大费周折地去面试所有申请者，甚至通过给每人提供一份工作来筛选。

没有雇主真正追逐所谓的"未经雕琢的璞玉"。因此，对你来说，获得文凭，为你在职场争取"重大机会"，这才是更为可行的。3个月后，雇主终于看到了"真实的你"，即便你的工作表现暂时达不到预期，也可以慢慢改善和提升。试问，如果缺少一纸文凭，你的职业生涯就可能永远不会起步。

"信号与令雇主后悔的招聘决定"。贝克尔的批评基于，如果有达不到期望的员工，雇主会不假思索地将其解雇，如此天真的假设。首先，劳工法和劳工诉讼不允许雇主这样做，此外，公司是讲人情的。人们在同一个环境下工作时，自然会产生一种兄弟般的感情。只要不影响到生意，广大的雇主会无限期地保留中等水平的员工。即使有少部分老板"无情无义"，但如果企业要正常运营，大多数员工也不会被随意解雇。员工的精神面貌很重要，如果在一家企业里总是怨声载道，其生产力必然低下。因此，老板如果随意"剥夺了某位员工的生计"，其他员工的情绪必定受到影响，而这绝不是老板愿意看到的。

先给员工工作机会，然后观察其工作表现，若达不到标准就解雇，这种"雇用、观察、清洗"的人事政策，听起来不仅有利于雇主，而且凸显了公平公正。然而，如果真要解雇某位员工，要考虑的事情有二：首先，他已经是团队的一份子，解雇他势必会影响团队的凝聚力；其次，朝夕相处的同事必定会对他的悲惨遭遇心生怜悯，这必将影响大家的工作情绪。公司一旦雇用你，你就是团队的一份子。就算你没有达到标准，解雇你可不像是去商店退换货那么简单。此外，就算你的工作表现糟糕，你的同事心生不满，但是，如果有一天你真被炒了鱿鱼，他们也会为你的离开感到难过。

雇主当然有办法来纠正糟糕的招聘决定，并且对这种办法不会有任何愧疚感——人力资源部门称之为"裁员"。与其解雇不受欢迎的员工，不如帮助他们跳槽到其他公司。私下催促他们寻找新的工作机会，如果有"接手"的公司需要提供一份推荐信，雇主一定闭口不谈你之前在工作中的种种糟糕表现，甚至还会编造虚构的故事，只为早点把你这尊大佛送走。劳动法惩罚披露员工负面信息的公司。然而，该法律充其量只起到了稳定社会心理的作用，一旦某位不受欢迎的员工在新公司找到了职位，同事和老板便感觉心安理得了，他们不再为他的离开感到难过，转而庆幸终于摆脱了他。此时，每个人都是赢家——除了雇用他的那家新公司。

公司越害怕解雇员工，教育信号的重要性就越发凸显。如果雇主开始后悔录用某个员工，想要解雇他而又无能为力，就只能深陷进退维谷的境地。因此，对雇主来说，要避免这种情况的发生，通过文凭选择员工也许是更为稳妥的方式。一份份优秀的学校成绩单仿佛在向雇主招手：" 选择我吧！你不会被骗，更不会后悔。" 招聘新员工时，如果雇主拒绝那些没有文凭的求职者，可能会被人诟病心胸狭窄、不够开明，但这种做法，实为更稳妥之策。

因此，我们得到的启发是：虽然雇主迟早会发现你的真实工作能力，但是强烈的教育信号对你的职业生涯有莫大的帮助，并且，这种帮助是经久不衰的。在现实世界中，哈佛大学的学位回报丰厚，因为哈佛毕业生都是一流的工作者。那我们就拿哈佛打个不恰当的比方吧，假如你拥有一张伪造的哈佛文凭（伪造水平全世界最高，足以乱真）。如果你运气够好的话，仅凭哈佛大学的名号，你也能通过招摇撞骗过上好日子。这张假文凭能帮你找到一份完美的工作。也许有一天，老板发现你的真实水平无法匹配这张文凭，可是，你已经在团队混熟络了，与不少同事打成了一片。出于同情或避免打击团队士气的考虑，老板也会继续留用你。就算哪天老板的耐心终于耗尽，他也不太可能公然解雇你。相反，他会暗地里劝你，"去找一个更适合你的工作吧"。而当下一家雇主审视你的过往履历时，现在的雇主一定会想方设法为你打好掩护——助你重新开启另一段招摇撞骗的冒险传奇。

猜猜这个谜

> 任何一件产品设计的初衷都是为消费者带来极致的体验，不过，有一件产品除外，那便是高等教育。作为消费者的学生从中得到的微乎其微。
>
> ——阿诺德·克林
> 《大学客户与供应商》

信号模型的批评者宣称信号"毫无意义可言"。不过，事实恰恰相反：用唯人力资本论来看待教育才是"毫无意义可言"。如果没有信号模型，教育界一些重大事实根本无法解释。

世界上最好的教育已经是免费的了。社会上对于名校的抱怨不绝于耳，有些人埋怨名校录取比登天还难，还有人发牢骚说，名校的学费贵到离谱。但是，从某种意义上说，这些抱怨统统是错误的。事实上：谁都可以去普林斯顿大学学习，并且无须学费。虽然普林斯顿大学每年学费超过 45 000 美元，但是，任何人都可以去普林斯顿大学免费听课。没人会阻止你，也没人会刁难你，更没人会让你感到不受欢迎。想象一下自己置身于普林斯顿大学这所名校，在知识的海洋里尽情徜徉，对了，最重要的一点是免费。我们的大学不会设门卡。我亲眼所见，全国各地的学校都是如此。

你大可以心里偷偷揣着这样一个"免费学习"计划，径自迈入普林斯顿大学的教室，坐下听课。当然，教授手上的花名册上没有你的名字，这没关系，他们推测到，准是学校教务系统崩溃导致你的名字被漏掉了。你也可以换种方式——走上前，向教授坦承自己的意愿，请求旁听，大多数教授会感到受宠若惊。有人渴望学习知识，慕名来到自己的课堂，哪位教授不会欣喜若狂呢！在经过4年的"游击式上课"后，你接受了正宗的普林斯顿大学教育。比起正宗的普林斯顿大学学生，你只会缺少一样东西——文凭。因为学校系统中没有你的名字，雇主没法看到你的学业表现。听到这里，你又开始觉得"免费学习"计划不那么诱人了吧？

如果非得让你二选一：接受普林斯顿大学的教育但是没有文凭；或是在不接受教育的情况下直接获得那张文凭，你会做出何种选择？哪一个选择能让你在就业市场上走得更远呢？对持有"教育就是纯粹的人力资本"这一观点的人来说，答案不言而喻，4年的教育经历总归比一纸文凭更有价值吧。但是，你能毫不犹豫地说出这个答案吗？也许很难。理智地说，信号模型并没有暗示文凭是更好的选择。毕竟，普林斯顿大学也会教授一些有用的技能。但是，为何在教育和文凭之间做出抉择如此艰难？我们也许可以从信号的角度得到合理的解释。

你可能会反驳，"普林斯顿大学的教育远不止上课而已"。的确如此。不过既然你已经旁听了普林斯顿大学的课程，为什么不顺道积极加入学习小组、出席知识讨论会、参加社交活动呢？虽然你不住学生宿舍，只要你多想办法，与同学互动的机会多的是。据我所知，任何情况下都无证据表明，学生住校内宿舍能在劳动力市场上获得额外回报。对学生来说，住在校外往往是一种奢侈，也根本不会对他们的未来职业成功构成什么威胁。

不过，也有人质疑这种"游击式教育"，理由很简单，现实中，几乎没人这样做。的确，几乎没人去享受免费的精英教育大餐，这一事实表明，唯人力资本论是错误的。相比之下，根据信号模型，免费教育只是空中楼阁罢了。大学为什么不设门卡呢？因为学生都会选择正规教育渠道，没人会选择"游击式教育"模式。现在，选择非正规教育渠道的人极其罕见，因为他们无法得到正规的文凭，而这无疑向雇主发出了一种"看不见"的信号——换句话说，根本没有向雇主发出任何信号。

"不及格"VS"不记得"。你学过数不清的科目，现在几乎不记得上过什么内容了吧。读书时，你可能这样激励过自己："等期末考试结束后，我再也不用学这门愚蠢的课了。"那么问题来了：如果当时你在那些科目上全部挂科，这对你的职业生涯会带来什么影响呢？

对于受过良好教育的员工来说，如果雇主仅看重他们的实际技能，课程"不及格"和"不记得"课程内容，将给职业生涯带来同样负面的影响。显然，雇主不会这么做。拿我自己的经历举个例子。我曾经上过3年的西班牙语课，其间，我疲于应付各种西班牙语家庭作业、考试和演讲，但是现在，说到西班牙语，我几乎忘得一干二净。如果我在高中西班牙语考试中不及格，就无法上好的大学，最后也不会获得普林斯顿大学的博士学位。并且，很可能现在也不会在高校担任教授。幸运的是我努力学习，成绩单上很多科目都得到了 A。因此，虽然我有"语言健忘症"，我也终于实现了自己最初的梦想。

面对这些事实，唯人力资本论者有一套说法来回应：学生在学习一门学科时，教师通过两种方式提升学生的能力，第一种是明示（教师明确讲授学科知识），第二种是内隐（教师在授课过程中以潜移默化、润物细无声的方式提升学生能力）。因此，就算多年后，你把老师明确讲授的内容忘得一干二净，你的某些能力也得到了提升。这类似于教育心理学家近百年来所研究的"内隐学习"（Implicit Learning）的概念。我们将在下一章探讨相关内容。就目前而言，这套说法根本不可信。照理说，西班牙语老师的本职工作是教会我说西班牙语。西班牙语是他们的母语。但是，他们失败了。他们还教会我除西班牙语之外的东西了吗？比如，工作中真正有用的东西。尽管他们拥有专业知识，但如果连本职工作都没做好，我们更不应轻信他们会以"潜移默化的方式"教会我"工作技能"。然而事实上，他们并不比我的大多数老师差劲——而且很可能，也不比你们的大多数老师差劲。

与纯人力资本论不同，信号模型可以很好地解释这些事实。如果你在某门课上挂科，这会发出一个糟糕的信号：你的智力低下，责任心不强，此外，可能不服从教师的指令——过去如此，现在很可能依旧如此。对比起来，如果你忘掉之前学过的课程内容，这只表明你缺乏过目不忘的"超能力"。因此，比起健忘的学生，挂科的学生发出了更为消极的信号，雇主自然偏爱前者，这意味着挂科的学生在就业市场上将面临更多的困难。鉴于此，每逢期末，学生拼命地死记硬背，避免挂科，考试通过后，死记硬背的内容很快被遗忘，如此往复。

"得高分很容易"。学生经历十年寒窗苦读，渴望有朝一日被名校录取。然而讽刺的是，一旦如愿进入名校，他们却立刻避开那些治学严谨、要求颇高的教授。相较之下，那些轻易给学生高分、很少布置家庭作业的教授却最受学生追捧。据一家教育调查网站"评价我的教授"的统计，学生在线评价教授时，打分最多的选项往往是"课程难度不大""教授很热心""讲解清晰"和"授课热情"，而诸如"教授实用技能"或"授课内容与现实世界关联强"这样的选项却无人问津。如果唯人力资本论者所言属实，为何学生在努力进入最好的学校后，却要努力避开习得高超技能的良机呢？

"自救信号"。学校的名声或大或小，有些为国人熟知，有些甚至享誉全球。学生和雇主当然知道，比起一些不那么知名的大学，普林斯顿大学的名头可不小。相比之下，大学教授的数量更多，但名气斐然的教授仅为少数。乔治梅森大学的学生都知道，鄙人不会随意给学生高分。但是学校之外呢？他们未来的雇主可不认识我这号人。因此，如果学生希望在未来的职场获得丰厚回报，同时又不想埋头苦读，有一个诱人的选择摆在他们面前——进入顶尖名校，以便毕业后找到一份好工作；同时选课时，只考虑那些最爱给学生打高分的教授的课轻松混完大学四年。

"作弊"。根据唯人力资本论者的说法，劳动力市场只重工作技能，不重文凭。从字面上看，学生在学习上作弊，实在无意义可言。是的，成绩差的学生可以通过剽窃范文，或者抄袭互联网上现成的论文来提高成绩。然而，如果抄袭和剽窃并不会提升个人生产力，那么，按照人力资本模型的概念，作弊的经济回报为零。显然，作弊只是自欺欺人，如果没有实际技能，雇主不会付你一分钱。

从人力资本的角度来看，作弊纯属浪费时间，教育工作者如果想要阻止作弊，同样也是在浪费时间。在美国几乎所有的大学中，学生可以把期末论文带回家写。既无老师监考，又无严格的时长规定。既然如此，我们还有必要惩罚抄袭吗？还有必要打开学生上交的期末论文，随机复制几句，放到谷歌搜索里检验一下是否从网上抄袭而来吗？真正埋头学习的人能学会工作技能，毕业后获得可观的经济回报。相较之，造假者虽蒙混过关，但是，由于没有学会工作技能，他们终将与丰厚的报酬无缘。

相比之下，信号模型可以很好地解释两个问题：为何作弊能带来回报，以及为何积极打击作弊对学校来说乃明智之举。根据信号模型，雇主开出丰厚的回报有一个前提——工作者拥有很强的能力。作弊导致的结果是：雇主误以为你能力超群，实际上却并非如此。一般来说，成绩越优秀意味着能力越强，所以，如某位学生侥幸作弊成功，获得优秀的成绩，这将成为他在就业市场"骗取"回报的砝码。

为什么我们要打击作弊呢？因为严查作弊行为、严惩作弊者是维护文凭信号价值的重要途径。如果越来越多的学生在求学路上一路作弊，直至毕业，试问，雇主还能找到所谓"聪明、勤奋、团队精神强"的员工吗？恐怕只会越来越难。所以，当学校开除作弊者时，其实是为自己过去的学生、现在的学生和将来的学生捍卫权益。即使是那些习惯作弊的人，也讨厌堪称"文凭制造工厂"式的虚假大学。在那样的学校，学生不学无术、荒废学业，毕业那天，毕业典礼的主持人递给你一张毫无价值、毫无含金量的文凭，仅此而已。

"为什么老师一旦因故停课，学生便欣喜若狂呢？"每每有老师因故停课，学生总是欢呼雀跃。如果唯人力资本论者所言属实，那这种反应未免太奇怪了。既然你去学校是为了学习工作技能，如果老师总是时不时缺课，你一定会抓狂吧。你的课上得越少，学到的工作技能也越少，并且，你也别指望学校会退一部分学费给你，一毛钱也甭想。在建筑行业，如果装修屋顶的工人丢下手上刷瓦片的活，而溜到拉斯维加斯赌博的话，承包商绝不会因此欢呼雀跃。但在学校里，如果老师去拉斯维加斯参加学术会议而导致停课，学生定会高兴得跳个不停。

也许你会说，学生有这种反应，实属正常，因为他们还年轻，目光不够长远，心智不够成熟。听起来有些道理，但事实也许并非如此。进入大学后，目光短浅、心智不成熟的学生可以随时单方面逃课。为什么非得等老师开"绿灯"呢？对于大多数学生来说，答案显而易见：当你单方面逃课时，你在班上的表现（相对表现）会受到负面影响；如果是老师因故停课，所有学生都不用上课，你的相对表现不会受到任何影响。

唯人力资本论者肯定不会同意这个"显而易见的答案"。他们认为，雇主只会奖励你的个人技能，哪会管你的技能与同学相比如何。不过，依信号模型的说法，这个"显而易见的答案"直击要害。老师停课，为何学生欢呼雀跃？因为他们摆脱了一个小时的苦差事，同时自己的成绩并不受到任何影响。为什么学生不单方面逃课呢？因为如果有些人逃课，有些人不逃课，逃课者的成绩就会受到影响。那为什么学生更注重成绩而非学习？因为雇主只看成绩。

点石成金

讨论教育时，如果只把关注点放在毕业生的薪水上，那教育的确有"点石成金"的魔力。不读书只能当服务员，读书毕业后能当经济顾问。每当看到毕业典礼上应届毕业生头戴学位帽，意气风发的模样，教师往往陷入自我陶醉中，"我自己都感到惊讶，我居然培养了这么多未来的国家栋梁"。但是，如果他们扪心自问，也许，事实并非如此。将服务员转变为经济顾问，这真的全是我们的功劳吗？还是说，我们在这一过程中只是扮演了一位"鉴定人"的作用？

打个比方，一块宝石原石的市场价值有多大，取决于宝石雕刻师和宝石鉴定师的工作。雕刻师精心雕琢，把一块原石打造成市场上价值不菲的宝石。而鉴定师通过评估、出具鉴定书来提高它的市场价值。教师需要重新思考："我们所做的有多少是'雕刻'工作，有多少是'鉴定'工作呢？"如果我们依旧不愿内省，也许，是时候应该由我们的毕业生来发出这振聋发聩的一问了。

第二章

无用的教育无处不在

> 他滔滔不绝地阐述伦勃朗是如何捕捉到每个人物的"灵魂状态"的,然后又提到了贝多芬的音乐,以此做类比。他讲了好几分钟,却没有意识到,班上的同学对贝多芬其实一无所知。暑假前3周,绝大多数理科生完全忘记了伦勃朗究竟是何方神圣。
>
> ——詹姆斯·施耐德
> 《飞往洛杉矶》

学生学的东西与实用工作技能之间并不吻合,甚至存在巨大的差异。每次想到这一点,我们的内心总是久久不能平静。不少人接受了信号模型的诠释,坦然接受这一现实。还有一些人在平复心情后抛出一个又一个引人深省的问题:既然事实如此,怎么做才能让教育更具实用价值呢?怎么做才能让教育的导向从"赚更多的钱"转向"更具实用价值"呢?

说到教育的实用价值,为什么劳动力市场会奖励无用的教育呢?前文我们已经提到过,信号模型可以解答这一谜题。接下来,我们将仔细审视两个问题:学生学什么?雇主看重什么?也许,待这一切阐述清楚后,"教育的魔法"一下子就会被戳穿了。

学生学什么?雇主看重什么?众说纷纭。教育者坚称,无论学生学习什么科目,在学习的过程中他们都学会了"如何学习"或"如何思考"。教育界之外的人士更喜欢聊一些诸如闻鸡起舞、凿壁偷光的励志学习故事,他们相信,读书能"培养自律的习惯,塑造良好的品格"。有些白手起家的成功人士偶尔也会发表一下他们的"独到见解",如果够聪明,够自律,干吗还去上大学?直接去创业也能成功。我的父亲也是一位博士，他的专业方向是电气工程。他的个人看法是：有些文科专业很"弱"，没有回报，不值得去读。在我成长的过程中，他总是不厌其烦地告诫我：无论是教育，还是职业，只有两条路可走，要么文科，要么理科。记住不要选前者，看看那些学工程学的孩子，毕业后当了工程师；而那些学文科的，毕业后好多找不到对口专业的工作，最后只能开出租车谋生。

有没有一些科学研究尝试解开"教育的魔法"呢？如果有，结果如何呢？为了条理清晰一些，我把大量的实证研究数据放进了接下来的两章之中，本章将侧重学习方面的研究，下一章讲教育回报方面的研究。学生在毕业前习得的技能，与毕业后获得的回报有何联系？仔细审视学习和回报之后，我们的脑海中会对教育最大的谜题形成初步的轮廓。

课程设置

> 显然你在学校学到了一些有价值的技能：工程、计算机科学与信号模型。
>
> ——大卫·奥特
> 《讲义18》

每所学校都教授有用的技能和无用的东西，我们可以把有用的技能比作"麦子"，无用的东西比作"麦麸"。关键问题是：这两者各占的比例有多大呢？90%的麦子和10%的麦麸？各占50%？20%的麦子和80%的麦麸？虽然我们可能永远得不到一个准确的比例，但是，讨论相关的证据是一个好的切入点。

"高中"。学生在9—12年级期间到底学习什么科目呢？《美国教育统计摘要》上列出了高中毕业生学习的所有科目。理论上说，这些科目都是"有用的"，因为学好这些科目能提高学生的高中毕业率和大学录取率。但是，从实际意义上说（即课程知识在工作中的实用性），这些科目是否"有用"呢？接下来，我们按科目分析一下高中的课程设置，根据实用性，我把所有科目分为3类：高、中和低（见图2.1）。

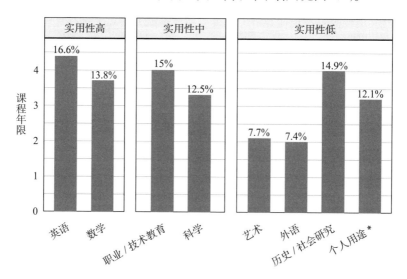

图 2.1　高中毕业生完成课程的平均学习年限（2005 年）

资料来源：Snyder and Dillow，2011，pp. 228–230，642."课程学习年限"衡量方式：卡内基学分。一个卡内基学分为 120 小时/年的课程时间。要获得一门课的学分，学生需得到 D 或以上的课程成绩。

* 包括一般技能、个人健康状况和体育、宗教、军事科学、特殊教育等其他学科领域未包括的课程。

"实用性高"意味着该科目知识能提高学生在绝大多数职业上的工作表现。班上的大多数学生最终都会应用所学的知识。"实用性中"意味着该科目知识能提高学生在常见职业上的工作表现。班上只有部分学生最终会应用所学的知识。"实用性低"意味着该科目知识或许能提高学生在极少数职业上的工作表现。只有当学生最后选择当这一学科的老师时，才有可能应用所学的知识。

上表中的评级是本人基于自己 40 年的学校生涯（包括学习生涯和教学生涯）做出的判断，其科学性有待进一步证实。庆幸的是，读者自身拥有足够的一手教育经验来做出独立的的理智的判断。如果你有所质疑，请用自己的评级加以替代。科目分类的依据如下：

实用性高：在现代经济中，读写和计算能力是几乎所有工作都需要的技能，因此英语和数学这两科最为重要。为什么科学不重要呢？当然，科学对社会发展非常有用。然而，只有少数科学家需要将科学知识应用到实际工作中，其他人在未来的工作中用不上高深的科学知识，充其量，我们只需要了解科学家有什么新的发现或结论就行。

实用性中：对于计划进入烹饪、缝纫、金属加工、木工、制图或计算机编程等行业的学生来说，职业/技术课程可能是有用的"敲门砖"。然而，就本质而言，高中阶段的课程仅讲授了一些皮毛知识，并不能真正帮学生打开职业之门。试问，学生如果只上过一个学期的烹饪课，考试通过后便不再学习，他们有可能成为专业厨师吗？同样，高中科学课只是一小部分追求科学或工程职业的学生的"敲门砖"。这一小部分具体有多少？大约 1/3 的高中毕业生最终获得学士学位，而这其中，只有 14% 的学生获得了科学或工程专业的学士学位，两者相乘后得到的结果大约是 5%。

实用性低：显而易见，艺术知识极少在工作中派上用场。当然，我们并无意诋毁那些痴迷于艺术、却难以通过艺术果腹的艺术家。忠实的绘画迷、雕塑迷和音乐迷都知道，真正以艺术为职业的人实在是凤毛麟角。同样，外语在美国经济中几乎毫无用处。美国本身是一个移民国家，如果工作中需要某一种外语，雇主大可以直接雇用以这门外语为母语的人士。因此，学校专门开设外语课，实在没有必要。然而，美国高中生平均要花两年时间学习一门外语，比如西班牙语、法语、德语、意大利语，甚至拉丁语。如图 2.1 所示，在"实用性低"这一分类下，还有所谓的"个人用途"科目，而这类科目中，最常见的非体育课莫属，不过，学校的体育课只能培养出极少数的职业运动员和未来的体育教师。最后，几乎无人从事历史或社会研究——历史教师和社会研究教师除外。

乐观主义者可能会指出，如图 2.2 所示，超过一半的科目在某种程度上是有用的，而近 1/3 的科目非常有用。但是，请观察一下，我的打分是呈现正态分布的，很显然，大多数科目的真实可用性很低，即使是"实用性高"的科目，实际上也更偏学术，甚少教授实用知识。以数学为例，几乎每一个现代职业都会用到一些数学知识。然而，高中数学课上教的知识很少能用在课堂之外。图 2.2 显示了通过各门高中数学课程的毕业生的比例，并评估了这些课程的实用性。

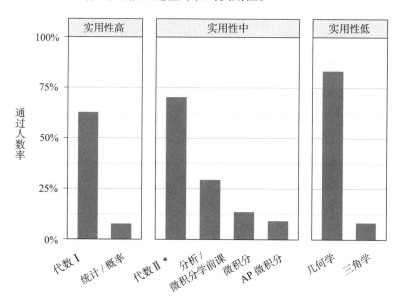

图 2.2　高中数学课程毕业生通过比例（2005 年）

资料来源：Snyder and Dillow，2011，p.234.
* 包括代数、三角学和代数、几何。

几何是所有数学课程中最常见的，超过 4/5 的高中生通过了这门课。然而，这门课上充斥着数不清的三角形全等证明，和工作实际谈不上任何联系。期末考试一旦结束，学生以后根本没有机会再用到任何几何知识，即使在其他数学课上也是如此。代数 I 教授学生绘图和解一元和二元方程，这些知识具有许多实际用途。然而，大多数学生仅习得一些皮毛知识，便马上开始学习代数 II。代数 II 是微积分课的预备课程。而微积分课程则是为了衔接大学课程而设置的。然而，一旦上了大学，除非你攻读数学学位、科学学位或工程学学位，否则你很可能永远用不上微积分相关的知识，比如微分方程。相反，无论你是否上大学，统计学知识都是有用的。诺贝尔奖得主丹尼尔·卡尼曼曾经指出，统计知识的匮乏是现实世界中许多愚蠢选择的症结所在。然而，只有 7.7% 的高中生通过了统计这门课。

无论是从历史角度还是地域角度来看，美国高中课程的设置都是愚蠢的。但是，这并非问题的关键所在。说实话，美国高中教育的现状，比起以希腊语和拉丁语等古老语言为主要教学内容的"古典教育"，还是要更实用一些。问题的关键在于，我们想象中的美国高中应该是培养技能的超级工厂，然而真实情况却远非如此。因此，如果在培养学生技能这一点上，我们只比 200 多年前的大学做得好一点，就实在无须自吹自擂。

"大学"。我们可以通过查看大学专业分布图来大致了解高等教育的实用性。表 2.1 按学习领域细分了 2008 年 9 月至 2009 年 9 月美国大学授予的所有学士学位，并评估了它们的实用性。

说到实用性高的专业，那些极力捍卫教育与现实世界关联的人，总是把工程学挂在嘴边。他们声称，工程专业的学生学习如何让机器正常工作，这些知识都能用在未来的工作中。我们先看一个关键事实，工程学有明确定义的分支,每个分支都有对应的应用领域:电气、机械、土木和核能。但是,千万别得意忘形,工程学的专业性太强,挑战性太大,因而并不受学生欢迎。学习心理学的人比学习工程学的人多。学习艺术的人也比学习工程学的人多。学习社会科学和学习历史的人几乎是学习工程学的人的 2 倍。工程专业令人如此望而生畏,能与其相提并论的专业有几个呢?

我们采用"仁慈"一点的标准。只要某一专业明确提出,其课程设置是以某些特定的技术性职业为导向,我们就判定该专业"实用性高"。按照这种宽容的标准,卫生专业和农业专业的学生与工程专业的学生归为一类。但是请注意,获得非常有用学位的毕业生比例仍然低于 25%。

表 2.1　按学习领域划分的学士学位(2008—2009 年)

研究领域	毕业生人数(人)	%
实用性高		
农业和自然资源	24 988	1.6
建筑	10 119	0.6
生物医学/生物科学	80 756	5.0
计算机/信息科学	37 994	2.4
工程	84 636	5.3
卫生专业	120 488	7.5
法律专业	3 822	0.2
物理科学/科学技术	22 466	1.4
统计学/应用数学	1 913	0.1
其他*	162	0.0
小计	387 344	24.1
实用性中		
商业	347 985	21.7
教育	101 708	6.4
数学	13 583	0.8
公园/娱乐/休闲/健身学习	31 667	2.0

(续表)

研究领域	毕业生人数（人）	%
公共行政	23 851	1.5
安全/保护服务	41 800	2.6
交通运输	5 189	0.3
小计	565 783	35.3
实用性低		
地区/民族/文化/性别研究	8 772	0.5
传播学	83 109	5.2
英语	55 462	3.5
家庭/消费科学	21 905	1.4
外语	21 158	1.3
人文科学	47 096	2.9
多学科/跨学科研究	37 444	2.3
哲学/宗教研究	12 444	0.8
心理学	94 271	5.9
社会科学/历史	168 500	10.5
神学	8 940	0.6
视觉/表演艺术	89 140	5.6
小计	648 242	40.5
总计	1 021 537	100

资料来源：Snyder and Dillow, 2011, p. 412.
* 图书馆学、军事技术和精密生产。

实用性中：商业、教育和公共行政等专业听起来和一些工作有些"微弱"的联系，并且本身就具有一定的职业导向。不过，在实际教学中，学生习得的专业技能非常有限，导致其他专业的毕业生也能与这些专业的毕业生竞争同样的工作。你可能会说，既然如此，为何不把它们认定为"实用性低"的这一类呢？实际上，这些专业还是有一些用处的，虽然这些好处有时难以量化。比如，从事商业工作并不一定需要商业学位，但是商务的专业课程学习会给你带来一定的专业优势；从事教学工作并不一定需要教育学位，但是系统学习教育学课程可以在一定程度上提高你的教学水平；从事行政管理工作，并不一定需要公共管理学位，但是经过公共管理的专业学习后，你的仕途也许能走得更顺利一些。按照上述标准，大约35%的专业可以列为"实用性中"这一类。

为什么我们把数学类的专业和教育专业及公园专业和娱乐专业归为一类呢？从技能的专业性上说，任何其他专业都不能与数学专业媲美。但是，数学专业的毕业生总是缺乏清晰的职业发展轨迹。许多工作中只需要初级的数字分析能力，出了校园后，没有人会付钱雇你去证明深奥的数学定理。

实用性低：艺术、哲学、性别研究、神学等专业被列入这一类，应该争议不大。文科类专业大都秉承"追求纯粹的知识"的理想，在自身定位上，很多文科专业甚至根本没有考虑过就业市场的情况。但是，传播学专业和心理学专业也赫然在列，有人可能心生疑问：难道传播学专业不是培养学生去当记者吗？难道心理学专业不是培养学生去当心理咨询师吗？但是，这种质疑和诸如"历史专业的学生毕业后都去当了历史学家"之类的说法一样幼稚。心理学、传播学和历史学在工作中的实用性差，究其原因，学生毕业后很少能找到对口的工作。2008—2009年，逾94 000名学生获心理学学士学位，但全美总共只有174 000名执业心理咨询师。同期，逾83 000名学生获传播学学士学位。但是全美的记者、通信员和广播新闻分析师的职位总数为54 000。学历史的同学就业前景最为黯淡，当然，这不足为奇，看看同期历史专业毕业生的就业情况：有34 000名学生从历史专业毕业，而全国上下只有3 500人从事专职历史类工作。迫于无奈，上述专业毕业生中的绝大多数最终选择了非自身专业领域的工作。

那些坚定捍卫教育价值的人反对按"实用性"对学科和专业进行分类。他们可能质问：学一门外语，懂一些数学知识，储备一些文学知识，难道在工作中毫无用途吗？曾有一位男士跟我说起：有一次在巴黎机场，他差点错过了航班。得亏之前在高中学过法语，他当时看懂了机场的法语航班信息公告，否则，他肯定会滞留好几个小时。投入大量精力，耗费多年的时间学习法语，最后只能起到这番作用，岂不是莫大的讽刺！

说到这里，我不禁想起了一档电视节目，名叫《超级囤积狂》，那是一档真人秀节目，讲的是囤积者的生活是如何被疯狂的占有欲给彻底毁掉的。有人收集成群的猫，有人囤积各种旧冰箱，有人拒绝扔掉自己的废弃物，统统给堆积起来。当被问到为什么不扔掉一些无用的东西时，他们答道："以后可能用得上。"照这样说，囤积100个空牛奶盒也无可厚非，因为"以后可能用得上"。

从字面上看，囤积者所言属实：那些囤积起来的旧物以后的确可能用得上。但是，谁会愿意在堆满"垃圾"的房子里生活呢？如果旧物在未来使用的概率并不大，有必要费心费力地保留吗？

同理，知识也是如此。的确，有一天你"可能"需要拉丁语，比如，当你乘时光机进行时光旅行，不小心被困在古罗马时，你可以用拉丁语向古罗马人求救。玩笑归玩笑，我们耗费大量的时间和精力学习一门古老的语言，难道只是为了应对几乎肯定不会遇到的情况吗？这种学习有意义吗？答案不言而喻。诸如此类的论调——谁知道这些垃圾以后是否会派上用场呢？谁知道这些知识以后是否会派上用场呢？——都只是披着"一切未知论"外衣下的胡言乱语罢了。

可以衡量的学习效果

对于唯人力资本论者来说，教育回报的高低取决于学生学到的知识有多少。这意味着，学生年复一年、日复一日去教室上课是远远不够的，学生必须真切地习得知识。鉴于教育的高溢价属性，唯人力资本论者有理由相信，学生在学校期间能习得大量的知识。不仅如此，他们更有理由相信，若干年后的职场上，这些知识也能很好地得以留存。原因很简单，劳动力市场只为一个人当前的知识储备支付报酬——而不是你毕业那天的知识储备。因此，在唯人力资本论者看来，教育的高溢价与学生的低知识留存率是不可能共存的，但是，考虑到当下教育的溢价如此之高，而学生的知识留存率却低得惊人，实乃社会一大谜题，难以解释。

相比之下，用信号模型来解释这一谜题是行得通的。当然，学生可以通过苦读苦背来习得知识、留存知识，从而向外界发出智力高、责任心大和服从力好的信号。但是，似乎他们有一个更省时省力的办法——费尽心思获得好成绩，赢得雇主的青睐，然后迅速把所学知识统统抛之于脑后。

学校教给学生多少知识，学生留存的又有多少，很难测量。如果仅使用标准化考试的成绩作为测量标准，可能会有失偏颇、不科学，因为学生所学的知识并非全部从学校教育中获得。因此，就算学生的考试成绩出现一些波动，也只具有限的参考价值，而核心问题仍然没变：如果学生逐年取得进步，这并不一定是学校教育的功劳，也许只是因为他们年长了一些，自律性更强了一些，或者，他们在业余时间去了补习班。鉴于上述质疑广泛存在，大多数研究者强烈倾向使用对照实验的方法：随机选一些孩子，让他们接受一些学校教育之外的教育，然后单独衡量他们对"校外教育"所传授的知识掌握如何。

遗憾的是，所有这些方法（包括对照实验）普遍忽略了一项重要指标——知识留存率。即使学校教育确确实实提高了学生的分数，学生已掌握的知识也可能转瞬即逝。我们经常听到教师抱怨：刚放暑假时，学生掌握的知识量喜人，可开启新学期之际，学生却仿佛像变了个人似的，之前学的几乎忘了个一干二净。这种现象被称为"暑期学习损失"（Summer Learning Loss）。不过，暑期学习损失也符合知识遗忘规律：普遍来说，知识用得越少，留存率越低。说到知识留存率，研究者普遍忽视了一个问题——毕业生遗忘学校传授的知识的速度。研究者大多只是测量了在校生遗忘知识的速度，比如四年级学生忘记三年级知识的速度，但并没有测量高中毕业生遗忘上一年所学知识的速度。

不过，有一项研究除外，但其结论却令人无比沮丧。这是一项涉及约1 000位受试者的大型研究，测试了人们的代数和几何知识水平。部分受试者为高中生，其余则为19—84岁的成年人。研究者在收集了受试者接受数学教育的完整数据后发现：在上过高中代数课和几何课的受试者中，大多数在5年内遗忘了一半的代数和几何知识，而在25年内，他们几乎忘得一干二净；只有少数受试者进入大学后继续学习微积分，而他们留存了大部分代数知识和几何知识。

从长远看，知识留存率真的如此之低吗？由于缺乏相关研究，我提出一个简单但颇具说服力的做法，以供参考。我们干脆不去衡量成年人通过教育获得的知识到底能留存多久，而是给这种知识水平设定一个上限值。具体步骤如下：第一步，衡量成年人当前的学科知识水平；第二步，请注意，成年人的学科知识要么完全是从学校获得的，要么部分是从学校获得的。基于此，我们判定，一个成年人当前的知识水平，就是他从学校获得的知识留存下来的理论最大值。

我的做法实施起来并不难。已经有不少研究测试了成年人各个方面的知识水平，包括阅读能力、数学知识、历史知识、通识性知识、科学知识和外语水平。研究结果却有些触目惊心：大多数美国成年人只保留了极少的基本读写能力和计算能力。美国人普遍耗费了数年时间学习大量的科目，但是很少能记住学过的内容。如果学校开设那些课程的初衷是把相关学科知识传授给我们，那么他们的努力显然白费了。

说到基本读写能力和计算能力，2003年，美国教育部随机选择了约18 000名的美国人进行成人读写能力测试（NAAL）。NAAL测试了三大能力：散文素养（从连续文本中搜索、理解和使用信息所需的知识和技能）、文字素养（从非连续文本中搜索、理解和使用信息所需的知识和技能）和定量素养（使用嵌入印刷材料中的数字来识别计算和执行计算所需的知识和技能）。

在这三项测试中，NAAL分别为受访者的知识水平进行评级，共4个等级，依次为"低于基本水平""基本水平""中级水平"和"熟练水平"。表2.2中列出了官方测试任务的范例，每一项任务对应相应的等级，一目了然。其中，"查看菜单上的价格明细，计算点一份三明治配沙拉酱所需要的费用""查阅一份报纸年鉴，找到含有指定主题信息的表格"，这两项任务对应的是"基本水平"（请注意，完成如此简单的任务，就能获评"基本水平"，而不是"低于基本水平"，可见NAAL设定的标准有多低）。

考虑到以上标准如此之低，你可能认为，几乎所有美国人都能在这三项测试中达到中级水平或精通水平。然而，真实情况是，他们的表现差远了（请见图2.3）。

表 2.2　按水平划分的 NAAL 任务样本

	低于基本水平	基本水平	中等水平	精通水平
散文素养	阅读几小段简单的体检须知，找出体检前禁用饮品的名称	翻开一本供候选审员使用的小册子，找到涉及"选拔陪审团成员的标准"的内容	根据报纸上登载的招聘广告信息，总结指定工作所需的工作经验	比较两篇社论中的观点，使用科学上的证据和经济上的证据开展对比分析
文字素养	请在医院预约单上圈出就诊日期	查阅一份报纸年鉴，找到含有指定主题信息的表格	查阅报纸上登载电视节目表，对比所有同类型电视节目的频道信息和播出时间信息，找出指定电视节目的结束时间	查阅表格，请根据上面列出的金融信息，对比不同类型信用卡的区别
定量素养	在一份 ATM 存款单上，填上存款金额和银行余额之和	查看菜单上的价格明细，计算点一份三明治配沙拉酱所需的费用	使用办公用品目录和订购单，计算出订购办公用品的总成本	查看员工每月缴纳保险费用方案（其中，个人收入和家庭人数是影响保费高低的两大因素），根据此表计算出指定员工的医疗保险费年缴金额

资料来源：Kutner, et al. 2007, pp. 5–7.

　　就 NAAL 测试的结果来看，美国人的无知程度令人瞠目结舌。只有勉强过半的美国人在散文素养和文字素养上达到中等水平或精通水平。一半以下的美国人在定量素养测试中达到中等水平或精通水平。如果你再审视一下测试中的具体问题，便能更直观地感受到这种无知。看看这个问题，如果每加仑石油便宜 0.05 美元，那么加 140 加仑的石油共便宜了多少钱呢？只有接近一半的人知道答案是 7.00 美元。35% 的美国人在写挂号信时，连名字和地址的格式都弄不清楚，并且，还有不少拼写错误！由此可见，学校在消除文盲和数学盲方面所取得的成效远比我们期待的要小。

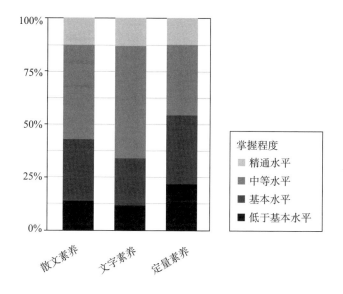

图 2.3 NAAL 细分：美国成年人（2003 年）

资料来源：Kutner, et al. 2007, p.13.

不过，你可能会本能地冒出一句，"所谓的文盲和数学盲如何定义？有参照标准吗？"若非学校开设英语课和数学课，几乎所有美国人在这 3 项测试中都会得到"低于基本水平"的评级。学校当然能在一定程度上培养学生的读写能力和计算能力，问题的关键在于程度有多大，NAAL 的调查结果给出了相当高的上限：86% 的美国人在散文素养方面超过了"基本水平"；88% 的美国人的文字素养超过"低于基本水平"；78% 的美国人的定量素养超过"低于基本水平"。但是请注意，以上 3 项测试中，只有 13% 的人达到了"精通水平"。这意味着，虽然美国学生在英语和数学上普遍花费了数年时间，但回报甚微，不过，从雇主的角度来看，有一点能力总比没有强。

如果把美国人按受教育程度分类，NAAL 的调查结果又如何呢？如果你的脑海中浮现"高中毕业生"这几个字,你的直觉可能会告诉你,这一群体的读写能力和计算能力应该在中等水平或精通水平。"大学生毕业生"呢?应该在精通水平吧。不过,这只是你的一厢情愿罢了。图 2.4 显示了高中辍学生、没有上过大学的高中毕业生和大学毕业生的综合得分水平。

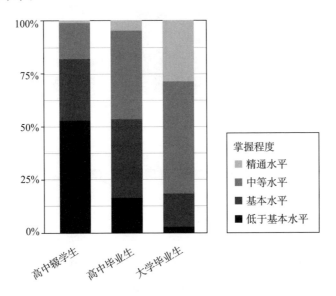

图 2.4　NAAL 细分:按受教育程度划分的美国成年人(2003 年)

资料来源:Kutner et al. 2007, pp.38–39.

先来看高中辍学生,一般情况下,现在的高中辍学生至少接受过 9 年的学校教育,不过,仍有超过一半的高中辍学生在实质意义上是文盲和数学盲。超过一半的高中毕业生的真实得分水平低于人们的预期。大学毕业生在学校度过了至少 17 年时间,但是,只有不到 1/3 的大学毕业生达到了我们心目中大一新生的水平。

"历史和公民学"。除了基本的读写和计算之外,普通美国人还在学校里学到了什么？我们在历史、公民学、科学和外语方面的知识到底有多大程度上归功于教育呢？为确定这一程度的上限，我们继续审视各大研究调查的结果。

先来看美国人的历史和公民学知识水平，所有的全国性调查的结果都指向了一个事实：美国人这两方面的知识极度匮乏。美国建国中心测试了1 001名成年美国人对美国革命的了解程度，其中，83%的人成绩不及格；美国院际研究协会（The Intercollegiate Studies Institute）测试了2 500多名成年美国人对美国政府和美国历史的了解程度，有71%的学生成绩不及格；《新闻周刊》（*Newsweek*）杂志对1 000名美国人进行"美国入籍考试"（The U.S. Citizenship Test），结果38%的人得分过低，达不到加入美国国籍所需的基本分数要求。2000年开展的"全美选举研究"（American National Election Study）中，大部分应试者只答对了48%的常识性问题，而这其中，据保守估计，有28%还是凭运气猜对的。学术界的看法与上述调查如出一辙，大量相关学术文献指出，美国人普遍缺乏政治知识。

你可能将惨淡的调查结果归咎于测试的难度太大，而不是应试者的无知。但是，如果亲自阅读一下测试题目，你一定会诧异，为何美国民众在如此简单的选择题上苦苦挣扎。有多少美国成年人知道《权利法案》是美国宪法的一部分？据美国建国中心调查，只有57%，这一结果着实令人沮丧。真实情况可能更为糟糕，由于只有4个答案选项，我们可以大胆地推断，回答正确者中大约25%其实并不知道正确答案，只是凭运气猜对了而已。当然，美国人并不只是在这一道题上表现得如此无知，表2.3列出了其他一些常识性的历史和公民学问题，并给出了按猜测修正方法计算得到的真实百分比。

表 2.3 历史和公民学知识：一些具有说服力的问题

问题	答案选项	答对者占总人数百分比	（经猜测修正后）知道正确答案者占总人数的真实百分比
以下哪项权利不受《权利法案》的保护？	A. 言论自由权 B. 陪审团审判权 C. 携带武器的权利 D. 投票权	39%	21%
美国宪法规定了美国采取下列哪种政府形式？	A. 直接民主制 *B. 联邦共和制* C. 邦联制 D. 寡头政治制	42%	24%
以下哪些事件发生在独立宣言之前？	*A. 英国在弗吉尼亚州詹姆斯镇建立北美第一个永久性殖民地* B. 美国内战 C. 林肯发表《解放宣言》 D. 1812年英美战争	49%	26%
美国革命是在哪个年代开始的？	*A. 18世纪70年代* B. 17世纪40年代 C. 15世纪90年代 D. 19世纪初	65%	55%
政府的三个部门是什么？	[自主作答]	50%	50%
《权利法案》明确禁止以下哪一项？	A. 在公立学校祈祷 B. 种族歧视、性别歧视或宗教歧视 C. 私人拥有枪支 *D. 将某一宗教定为美国官方宗教* E. 总统拥有开支议案单项否决权	26%	8%
哪个政府部门有权宣战？	*A. 国会* B. 总统 C. 最高法院 D. 参谋长联席会议	54%	39%

（续表）

问题	答案选项	答对者占总人数百分比	（经猜测修正后）知道正确答案者占总人数的真实百分比
如果税收等于政府支出，那么：	A. 政府债务为零 B. 印钞不再导致通货膨胀 C. 政府功能为零 *C. 人均税收等于人均财政支出* D. 没有税收漏洞和特殊利益支出	28%	10%
你认为，与1992年相比，现在的联邦预算赤字更小、更大，还是差不多？	*A. 更大* B. 差不多 C. 更小	58%	41%
与乔治·布什的执政风格相比，阿尔·戈尔的执政风格更自由、更保守，还是差不多？	*A. 更自由* B. 差不多 C. 更保守	57%	44%
你是否知道在（本月/上月）选举之前，哪个政党在华盛顿的众议院中拥有最多成员？	A. 民主党 *B. 共和党*	55%	22%
你是否知道在（本月/上月）选举之前，哪个政党在华盛顿的参议院中拥有最多成员？	A. 民主党 *B. 共和党*	50%	21%

资料来源：美国建国中心"谁在乎？"民意调查；我们消逝的遗产（Cribb, 2008, p.18）；选自"2000年全美选举研究"。

注：斜体字的选项为正确答案。

看完上表，有人可能会说：比起之前的读写能力水平测试，美国民众在历史公民学知识测试上的表现似乎还不赖。然而，持这种乐观看法的人忽略了一个关键点：了解一半的常识并不意味着你达到了所谓的"半个专家"的水平。如果你只知道字母表中的一半字母，你会被判定为文盲。为什么呢？因为你缺乏所有基本阅读所依赖的常识。学ABC是如此，学历史公民学知识亦是如此。举个例子，美国联邦政府是由立法、行政、司法3个相对独立的部门组成。如果有人不懂上述常识，他必然对美国的政治形态毫无所知。再比如，英语课上，如果有人不知道《哈姆雷特》这部文学作品，这对他学英文影响不大，但是，如果他不知道26个英文字母中有"h"这一常识，那他的英文水平必然惨不忍睹。因此，常识很重要，不知道美国内战是在《独立宣言》之后发生的这一常识，就不会了解美国的历史由来；不知道哪些政党掌控众议院和参议院这一常识，就不会了解美国政治生态。

美国高中毕业生平均需要花4年时间学习历史和公民学课程。4年意味着学生有足够的时间背诵历史和公民学知识，从而获得讨论美国过去、现在和未来所需的常识。然而，这种常识在成年人中却鲜有留存。如果说我们的历史公民学知识全是从历史课和公民学课上学到的，就当前的调查结果来看，学校教育几无成效。

"科学"。很少的美国成年人知道基础的科学知识，综合社会调查的结果便是最好的佐证。近年来，该项调查测试了公众对12个基本科学事实的了解情况（详见表2.4），受访者答题平均正确率为60%。这个百分比本身已经很低了，但真实情况更为糟糕。由于12个问题全是判断正误题，考虑到猜答案的情况存在，真实正确率应该只有50%！

表 2.4 成年人科学知识：一些具有说服力的问题

问题	答案选项	正确率	经修正后的真实正确率
地球的中心非常热	A. *正确* B. 错误	81%	76%
数百万年来，我们生活的大陆一直在移动，并将继续移动位置	A. *正确* B. 错误	78%	68%
地球绕太阳转，还是太阳绕地球转？	A. *地球绕太阳转* B. 太阳绕着地球转	73%	54%
所有的放射性现象都是人为的	A. 正确 B. *错误*	68%	50%
电子比原子小	A. *正确* B. 错误	52%	32%
激光通过聚焦声波来工作	A. 正确 B. *错误*	46%	25%
宇宙始于一次巨大的爆炸	A. *正确* B. 错误	33%	3%
克隆生物能创造出基因相同的复制品	A. *正确* B. 错误	80%	71%
父亲的基因决定了孩子的性别	A. *正确* B. 错误	62%	39%
普通番茄不含基因，转基因番茄含有基因	A. 正确 B. *错误*	47%	29%
抗生素可以杀死病毒和细菌	A. 正确 B. *错误*	53%	14%
和其他物种一样，人类是从早期的动物物种进化而来的	A. *正确* B. 错误	44%	2%

资料来源：2006—2010 年综合社会调查。
注：斜体为正确结果。

看看经过猜测修正后的真实正确率，显然，美国民众在科学知识上的匮乏程度令人震惊：几乎只有一半的人知道地球绕着太阳转；只有 32% 的人知道原子比电子大；只有 14% 的人知道抗生素不能杀死病毒。受访者对物种进化理论的了解极少，仅为 2%。对大爆炸理论的了解也很不理想——只有3%。这是什么概念呢？如果受访者完全凭掷硬币随便选一个答案，正确率都会更高些。经过猜测修正，受访者平均知道4.6个问题的正确答案。如果他们所有的科学知识全是从高中科学课上学到的，那么4年高中生涯平均下来，他们每年仅学到1.4个问题的答案。

当然，教育者也许会辩称：受访者表现如此糟糕，并非他们缺乏基本的科学常识，因为有些人信奉基督教原教旨主义（Christian Fundamentalism），认为圣经上的每字每句皆为真理，永无谬误。因此，他们不会相信诸如大爆炸理论和进化论之类的科学理论。按照这一逻辑，反对用圣经的字面真理（Literal Truth）解释一切现象（包括科学现象）的受访者理应表现非常出色。但据统计，这类人群中只有7%的人答对了所有12个问题。所以，无知就是无知，宗教信仰不应被拿来做挡箭牌。考虑到调查的问题如此简单，我们可以得出这样的结论：美国人的真实科学知识绝非在中等水平，而是几乎为零。

"外语"。高中毕业生平均耗费了两年时间学习外语课程。那成年人在外语上表现如何呢？综合社会调查给出了相当准确的结果。其调查问题包括："你会说英语以外的一门语言吗？""你说这门语言的熟练程度如何？"以及"这门语言最早是在哪里学会的？是在家里、学校里，还是其他地方呢？"

调查结果极其糟糕。学校几乎没人能熟练使用一门外语（见图2.5）。只有0.7%的人声称在学校"非常好"地学会了一门外语；另有1.7%的人声称在学校"很好"地学会了一门外语。这些调查都是基于受访者的口头叙述，缺乏实证数据，可以预计的是，学生的真实语言能力肯定还会更差一些。因此，我们需要接受这样一个残酷的事实：如果你在家中没有学会某一门语言的话，你也别想在学校里能学会。

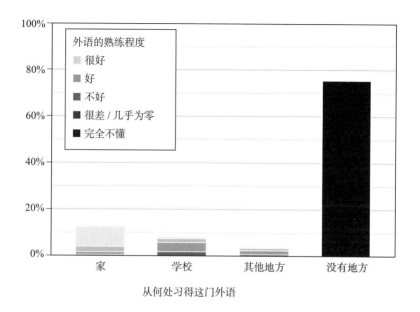

图 2.5 综合社会调查中的外语能力水平和学习场所

总之,如果只看教育的年限,无须赘言,教育耗费了太多时间。当下社会中,几乎每个人都在学校待了十多年之久。然而,教育年限和学生学到的知识量及留存的知识量完全不成正比。为了更好地审视教育的价值,我们选择了成年人的知识水平作为衡量标准,显而易见:人们在校外也会学习到知识,但他们的知识总量是在学校学到的知识量的上限。但是,经梳理相关研究调查后,我们发现,结果令人沮丧。大多数美国人具备基本的读写能力和计算能力,但只有13%的人达到了所谓的精通水平。对于历史、公民学、科学和外语来说,甚至很少有美国人达到入门级水平。因此,学校"教授学科知识"的说法本身就是夸大其词,确切地说,学校只是"涉及了学科的皮毛"。经过漫长的中小学学习后,美国成年人总算知道了历史、公民学、科学和外语这些学科的存在,仅此而已。

美国人的知识匮乏达到了惊人的地步。虽然这不足以对唯人力资本论构成致命一击，但却披露了一个无比尴尬的事实。既然我们在学校学到的东西如此之少，为什么雇主如此重视教育？最简单的回答是：就像老师给学生打分往往呈正态分布（高于学生的真实水平）一样，雇主往往高估了准员工的实际能力。虽然，在知识分子看来，中等水平的读写能力和计算能力堪称噩梦。然而，从雇主的角度来看，中等水平比基本水平（或者低于基本水平）要好得多。

但是，这种说法最大的软肋在于：即便有些学生在学校的主要科目上表现出众，他们也会时不时地在历史课、公民学课、科学课或外语课上绊跟头。如果他们在这些科目上挂科，雇主照样不会认可他们的能力。要是有个尖子生在高中西班牙语课上不小心挂科，他就不能顺利地从高中毕业，大学不会录取他，劳动力市场也会轻视他——虽然大多数本科学位课程根本用不上外语。唯人力资本论者又如何解释这一点呢？

关联的重要性

孩童及青年人花费数年时间学习那些在工作中很少使用的学科知识，而成年人对于从小就学习的科目知识却忘得一干二净。既然如此，为什么人们普遍认为雇主重视文凭纯粹出于知识上的考虑呢？针对这一悖论，是否有合理的解释呢？

有。也许，学生在学校学到的东西大部分无法在课程目录和标准化考试中体现出来。当学生质疑课程与现实世界的关联时，教师通常会回答："我教你的是思考的方式，而不是思考的内容。"他们还可以用大致相同的方式驳斥成年人知识的匮乏："他们学会了思考的方式——而不是思考什么内容。"那么，按照他们的逻辑，即使大多数学生不会在工作中使用欧洲历史或元素周期表的知识，也不妨碍他们学有所得。因此，"与现实世界的关联"无关紧要。无论学生学习任何科目，他们都会在潜移默化中获得在职场上有用的技能。

如果这些教师所言属实，那么那些坚决捍卫教育价值的人终于找到了坚实的立场：学校教的科目毫无用处的说法是错误的；"可以衡量的学习成效"微乎其微这种说法也是错误的。虽然学生上完历史和科学课后，既不使用也不记得历史和科学知识，但学习时间并没有白白浪费。历史课可以教授批判性思维；科学课可以教授逻辑思维——思考——所有类型的思考——能锻炼思维能力。学生的思维能力越强，以后从事的工作越好。

这些论调听上去多么抚慰人心啊——不仅抚慰了教师作为传道授业者的良心，还平息了他们自身对于教育价值的怀疑。但是这些论调真实可信吗？还是仅仅是教师的一厢情愿？任何相信学习有隐藏的"魔力"的人，是否能拿出确凿的证据，来支持教师的自吹自擂呢？多半是没有。一个多世纪以来，专注研究"学习迁移理论"（Transfer of Learning）的教育心理学家一直在衡量教育的隐性智力收益。他们的主要发现是——教育是狭隘的。如果你刚好也是一位教师，你一定清楚，你教什么内容，学生学什么内容，全凭你的心情而定……用教育心理学家珀金斯和所罗门的话来说，"即便人们没有忘记所学的东西，通常也无法将之有效地运用于课堂外，或者其他学科的课堂上。无论是从学校到校外，还是从一个学科到另一个学科，距离实在太远，知识无法得以有效迁移"。

有不少实验在看似理想的条件下研究了学习迁移现象。研究者告诉受试者如何解决问题 A，然后立即要求受试者解决问题 B。用问题 A 的解决方案可以轻松解决问题 B。但是，除非 A 和 B 两个问题在形式上高度相似，或者研究者给出强烈提示，否则，受试者很少能主动运用问题 A 的解决方案来解决问题 B。

我们来看一个经典实验，该实验首先教受试者如何解决一个军事难题，然后测试受试者能否应用所学的知识来解决一个医学难题。以下是实验中的军事难题：

> 一位将军企图攻占一个堡垒，堡垒位于国家的中心地带，向外发散出多条道路。所有道路都被埋上了地雷，如果一小群人在道路上行军，地雷不会爆炸，但是，如果大部队同时踏上一条路，将会引爆地雷。因此，断然不可派遣大部队发动全面的直接攻势。于是将军想出了一个办法，他把全部军力分解成多支小分队，分路行军，最后在堡垒集合。

以下是实验中的医学难题：

> 假如你是一位医生，正在治疗一位胃部长有恶性肿瘤的患者。患者病情较重，不适合手术治疗，但是，如肿瘤不尽快去除，患者将很快死亡。有一种射线可以用来去除肿瘤。如果所有高强度的射线同时直射向肿瘤，肿瘤就能去除。不过，强射线在穿过身体部位时，会破坏健康的组织。如果射线强度较低，健康组织不受影响，但无法去除肿瘤。你该怎么使用射线，才能做到去除肿瘤的同时，避免破坏健康组织呢？

两个难题之间的联系：

军事难题为射线难题提供了具有参考价值的"先分散，再集合"解决方案。医生可以将多条低强度射线同时从不同方向射向肿瘤，这样，健康组织不受影响，同时，多条低强度射线的作用叠加在一起，肿瘤也能得以去除。

两个故事是按先后顺序讲述的。如何解决问题 B 中的医学难题？在我们看来，似乎每个人都会回想刚才的军事故事。事实却恰好相反。通常，解题成功率仅为 30%，这其中，还有 10% 的人是在没听到军事故事的情况下给出了正确答案。因此，只有 20% 的受试者真正意义上实现了知识迁移。如果要大幅提高答题成功率（提高至 75% 左右），研究者必须采取以下做法：先教会受试者第一个故事，然后直言不讳地告诉他们，去使用第一个故事中的方法来解决第二个故事中的问题。

在此有必要赘述一下，此类实验旨在测量人类如何在理想条件下"学习如何思考"：先教会受试者问题 A 的解决方案，然后立即抛出问题 B，再检验受试者是否会用 A 的解决方案来解决问题 B。整个过程中，研究者扮演了引导者的作用，但这种引导是否科学客观，有待商榷。看看心理学家道格拉斯·德特曼是怎么说的：

引导的过程中，只要研究者提及任何与知识迁移相关的原理，就等于直接告诉受试者怎么解决新问题：用上一个问题的解决方案就行！但是，这种不是知识迁移，只是按指令机械性做事罢了。

可以预见的是，如实验条件不甚完美，学习迁移的效果只会更糟：如果问题 A 和问题 B 在表面形式上不太相似，学习迁移将受阻；如果在提问时，两个问题中间的时间间隔较长，学习迁移将受阻；如果教完问题 A 后再教一个不相关的干扰问题，最后才测试问题 B，学习迁移将受阻；如果在课堂上教问题 A，然后在现实世界中测试问题 B，学习迁移将受阻；如果一位研究者负责解释问题 A 的答案，而派另一位研究者负责测试问题 B，学习迁移也将受阻。

正常情况下，要把从学校习得的知识应用到现实世界中，需逐一克服上述障碍：你必须透过表面特征窥见底层结构；你必须汲取有用的经验，忽视无用的信息；你必须牢记课本知识，以便数年或数十年后如有需要，能及时调用；你必须在没有原来的老师（或任何老师）的情况下，自主运用在非学术场所学到的知识。如此种种，难度之大，连罗伯特·哈斯克尔这样的乐观主义者都不禁发出感叹：

> 尽管学习迁移很重要，但过去九十年的研究结果清楚表明：无论作为个人，还是作为教育机构，我们未能实现任何明显的学习迁移。
>
> 有人可能会提出异议，学习迁移实验的结果不可避免地受到人为因素的影响，此外，这种实验往往流于形式，与现实世界中的教育关联不大。要是学校的每节课的确能以一种隐性的方式磨炼学生的思维能力，教育对学生的思维能力将会产生重大影响。研究人员发现，学生的大学出勤率与批判性思维测试的分数成正比。不过，这只是教育价值捍卫者的遮羞布而已，不少研究一致指出，教育无法持续提升课堂之外的批判性思维。

有一项研究探讨了教育对思维能力的影响，令人印象深刻。调查对象为高中、大学和研究生阶段的一年级新生和毕业班学生。研究者提出一系列口头问题，测试他们的批判性思维能力（又称"非形式逻辑"能力),问题包括"电视暴力是否导致了更多的现实暴力?"以及"马萨诸塞州拟推行一项法律,将对瓶瓶罐罐类的垃圾征收处理费,每个征收 5 美元,这种做法能大幅减少垃圾排放吗?"回答为开放式,无对错之分,重点测试学生在一些话题上的批判性思维能力。所选话题易于展开,学生能就话题正反两面进行详尽的辩论,进而提出不同的观点;此外,所选话题易于理解,学生(即便是高中新生)普遍能充分把握,不需要具备多门学科的基础知识,也能展开深入分析。评分员仔细回听原始回答的录音,同时对学生的具体表现做好记录,包括(1)句子的数,(2)论点的数量,(3)反对意见的数量,以及(4)实验员提醒学生不要偏题的次数。实验者还要求学生解释,他们在辩论时所提出的论点与最终得到的结论之间存在何种联系。最后,评分员对这些解释的质量,以及推理的整体质量进行评分。

测试发现,教育的确能提升学生的批判性思维能力,但提升幅度极小。高中毕业班的学生表现只是略好于高中新生。大学生经过四年的学习,批判性思维能力并没有显著提高。在研究生阶段,毕业班学生的表现相比一年级新生几乎没有提升。表 2.5 显示了各阶段学生的整体推理能力平均分(1—5 分,5 分最高)。

表 2.5 整体推理能力平均分

调查对象	第一年	第四年
高中阶段	1.6	2.1
大学阶段	2.8	2.8
研究生阶段	3.1	3.3

资料来源:Perkins, 1985, p.566.

总的来说,学生的年级越高,得分越高。但是,问题的关键在于同一个学生经过第1年到第4年的漫长学习，其批判性思维能力并没有显著提高。年级越高，思辨能力越好，但是，如果有一名学生表现出很强的思辨能力，是因为他在起跑时就已经领先。照理说如果教育能切实提升学生"如何思考"的能力的话，经过3年的学习，该生最初的优势应该会被明显放大。然而从得分上看，几乎没有变化。

其他的研究证据同样令人失望。一位研究者对数百名亚利桑那州立大学（Arizona State University）的学生进行访谈，测试他们"将统计学和方法论的概念用于推理日常事件"的能力。访谈的问题是，"因为需要心理咨询的学生大多饮食习惯不好，因此学生应该吃更有营养的食物，你如何评价这种说法？"访谈有两个目的：其一，观察受试学生是否能发现心理问题和饮食习惯的关系——饮食习惯问题不大会导致心理问题，但心理问题可能会导致饮食习惯问题；其二，了解他们对于实证数据的看法，是否需要用实证数据支撑观点？研究结果如何呢？下面是作者的原话：

> 结果令人震惊：在接受测试的数百名学生中，虽然多人上过时间跨度超过6年的科学实验课（高中和大学阶段）和大学高等数学（微积分），但是，就普通报纸杂志上的日常事件，几乎没人具备使用方法论进行推理的能力，哪怕是简单的尝试都没有。绝大多数人得分为0；仅有不到1%的人获得了与"良好的科学性回复"相对应的2分。学生完全没有考虑到设置对照组的必要性，以及对第三个变量进行控制的必要性。而对于上述"饮食习惯"的例子，他们只做出了比较肤浅的评论，比如，反正吃得好又不会有坏处。

大学生不太擅长推理日常事件，乍一听似乎无伤大雅。但令人细思极恐的是：耗费多年时间学习科学课程和数学课程，却无法完成日常事件的推理分析。如果你坚信学生在学校"学会如何学习"这一陈词滥调，你会想当然地认为：上科学课时，学生学会科学方法，然后，自然而然地运用富有成效的科学方法分析外部世界。但是，这种情况很少发生。总的来说，大学科学课是教学生思考教学大纲上的话题，而不是现实世界中的话题。

特例确实存在，但和教师寄予的厚望相比，提升效果算不上明显，并且往往只限定在特定领域，不具普遍性。在一项实验中，研究人员选定了两个结构相同的知识点：（1）代数中的算术级数概念；（2）物理学中的恒定加速度原理。然后随机选择一项教授给学生。之后，研究人员让学代数的学生解决物理问题，学物理的学生解决代数问题。在学物理的学生中，仅有10%的人能使用所学的物理知识来解决代数问题。而在学代数的学生中，高达72%的学生能使用所学的代数知识解决物理问题。可见，两种推理能力，孰难孰易？是用抽象的数学概念解决具体的物理问题，还是用概括具体的物理现象，来解答抽象的数学问题？显然，前者要容易得多。

更令人印象深刻的是，学习统计学可以增强对课外现实问题的统计推理能力。一个研究小组电话采访了密歇根大学的193名大一新生，受试者均为男性，专业为统计学。采访时，研究小组并未披露受试者均来自统计学专业这一事实。一半的学生在学期的第一周接受了采访，其余人在学期的最后一周接受了采访。电话采访的"官方"目的是征求学生对体育运动的意见，但真正的目的是测试统计学专业的学生是否会在非学术环境（他们的家）中自发地将课程知识应用于新主题（体育领域）之上。研究人员对电话进行全程录音，随后测量学生的统计推理能力是否得到了提升。如果有提升，幅度有多大。

经测量，学生上了一个学期的统计学课程后，统计推理能力有明显提高，但总体效果却参差不齐。访谈中，研究者提出了4个基于统计学知识的问题，在其中的两个问题上，学生的水平提高显著。为什么体育界中"年度最佳新秀"通常在第二年表现不佳？针对这一采访问题，在期初只有16%的人给出了统计答案，而在期末一百分比上升到37%。针对另一个采访问题，为什么在职业棒球联赛赛季开始后两周的比赛中，球员的最高打击率比起赛季结束时要高？期初时，50%的人给出了统计答案。期末时，一百分比上升至70%。此外，这两个问题上的统计推理质量也有所提高。然而，在另外两个问题上，实验者发现学生的统计推理能力没有任何提高，这一结果有些出乎意料。

　　与大多数实验不同的是，该项研究表明：显著的学习迁移真实存在。然而，与教师寄予的厚望相比，结果仍不尽如人意。实验者已经有意降低了采访问题的难度，并且，参与者均是来自密歇根大学——这所全美顶级名校的学生。然而，研究发现，仅在一半的访谈问题上，学生表现出更高的统计推理能力，且就整体而言，大多数学生的统计推理能力并未提高。此外，经研究发现统计学习的最佳时期是在学期结束前的最后一周。那么，期末考试结束后，再过几个月，或者再过几年，学生的那一点点优势能保留多少呢？

　　另据调查，大学专业类型不同，所培养的推理能力也具有显著差异性。一项大型研究测试了密歇根大学本科生的推理能力，同一批学生，首先在第1学年第1学期时接受第1轮测试，然后在第4学年第2学期时接受第2轮测试。该测试包括3大单项测试，分别测试学生的语言推理能力、统计推理能力和条件推理能力。受试学生来自4个专业：自然科学、人文科学、社会科学和心理学。

　　不同专业的学生在某一单项测试中表现突出。社会科学和心理学专业的学生在统计推理上提升显著——经过近4年的学习，他们能够将大数定律、回归原则或基本比率原则应用于科学和日常生活环境；自然科学和人文科学专业的学生在条件推理上提升显著——他们学会正确分析"如果……那么"条件句和"充分且必要"条件句。

然而，在剩余的单项测试中，学生的提升不甚明显，甚至仅维持原状。社会科学专业学生的语言推理和条件推理分数略有下降。心理学专业学生的语言推理分数略有上升，但条件推理能力未发现提高。自然科学和人文科学专业的学生在语言推理上进步细微，在统计推理上只略有进步。

如果知识迁移为零，心理学专业学生只能通过统计推理分析心理问题，自然科学专业的学生只能通过条件推理发挥他们的科学专长。但情况并没有那么可怕。研究人员指出，该研究的结果证实了"大学专业不同，培养的学生在推理能力类型和程度上迥异"的结论。因此，该结论自然推翻了"经过在校学习，学生精通各种通用的推理能力"的观点，因为通常来说，要是学生在某一单项推理能力上进步明显，根本原因在于：他所学的专业本身就把学习和专业实践的侧重点放在那项能力之上。不过凡事没有绝对，照理说，培养语言推理能力是人文专业的目标之一，但是在测试中，该专业学生在该项上的得分基本没有变化。

研究人员还测试了两年的研究生学术训练对学生语言推理能力、统计推理能力和条件推理能力的影响。研究对象是密歇根大学的法学、医学、心理学和化学专业的研究生。经测试，没有任何一个专业的学生（法律专业的也不例外）在语言推理上取得明显进步。化学专业学生在所有3个单项测试中的分数大抵不变。但是医学专业和心理学专业的学生（尤其是后者）在统计推理上有所提高，而法学、医学和心理学专业的学生在条件推理上都有所提高。

我们得到的启发是：正常情况下，学生只学习本专业内的知识，参加本专业内的实践活动。心理学和医学专业的学生需要大量使用统计数据，因此他们在统计推理上有所提高；法律和化学专业的学生很少用到统计数据，所以他们的统计推理能力没有提高。为什么化学专业的学生在条件推理上没有提高呢？与心理学、医学和法学专业的学生不同，化学专业的学生几乎不需要区分各种类型的因果关系，因为化学主要研究的是"充分且必要条件"。他们学习的东西有且只有一样——化学。

学生真的学好、学活了专业知识吗？拜托，别太理想化了。教育心理学家还发现，大部分人的知识是"停滞的、无活动能力的"。即便是考试中表现出色的学生，也经常无法将所学知识活用到现实世界中。

以物理为例。一位刚学过"物体运动"知识的学生说，"物体只在教室内运动，一上了操场，物体运动就停止了"，这当然只是一句玩笑话，但却映射出了相当严重的教育困境。著名心理学家霍华德·加德纳解释说：

> 约翰霍普金斯大学、麻省理工学院和其他知名大学的研究人员已经证明：一些基本的物理问题，只要在形式上与老师教的和考试中考的稍有不同，就能把一大片学生难倒，在大学物理课程中获得优异成绩的尖子生也不例外。

如果你把硬币朝天上猛地一扔，在空中共有多少种力作用在硬币上呢？教科书上的答案是"1"：硬币离开你的手后，唯一作用在硬币上的力就是重力。然而，"流行"的答案是"2"：投掷力一直把硬币向上推，而重力一直把硬币往下拖。所谓的"流行"答案，在哪些人中流行呢？几乎所有学生——包括物理专业的学生。学期开始时，大学《基础力学》这门课上，只有12%的大学生能答对这道"硬币问题"。不可思议的是，学期结束时，居然还有多达72%的人做错。学生的确学会了如何应付深奥的大学家庭作业和考试，但很少有人将所学课程知识应用到简单的日常案例中。

生物学、数学、统计学以及经济学专业的学生也是如此。我努力教学生如何"像经济学人一样思考"，尽可能将我的课程内容与现实世界和日常生活联系起来。在讲授劳动经济学的教育信号这一话题时，我这样提醒学生：

> 你认为未来的工作中会用到教育信号知识吗？很可能不会。但是，如果你现在不学习这些知识，导致考试结果不理想，到时雇主就不给你工作机会。这就是教育的谜题所在。

考试时，我从不考查学生死记硬背的能力，因为我看重的是学生的理解能力。我的考试都是开卷的，然而，学生的表现一如既往地让我失望。有一半的学生只会从笔记中照搬，只要和考题有一点点关联的段落，他们都会不辞辛劳地全抄过来，希望我在改卷时能心生怜悯、手下留情。即便是整体表现优秀的班级，期末试卷的答案中也只有10%展现了真正的经济学见解。霍华德·加德纳的陈述与我的个人经历不谋而合：

> 我所认识的教师中，几乎每一位都信誓旦旦地说，自己通过教书帮助学生获得真知灼见。我也不例外。但是，如果非要我们证明这一点，我们很快就会意识到，自己的信心就像风中残烛一样，多么微弱无力。

研究学习迁移的学者早期总会表现出一些理想化的倾向。接触教育心理学之前，从业伊始，那些研究学习迁移的学者坚信，学校和教师的使命就是"教会学生如何思考"。但是，他们很快发现，学习迁移现象极少发生，学生很少学会思考和举一反三，这早已是学界共识。那时，他们觉得，兴许凭自己的努力可以扭转大家的看法。不过，年轻的研究人员慢慢从一线教学和科学研究中发现了确凿的证据，最后只能无奈地接受了这一现状。让我们聆听一下心理学家道格拉斯·德特曼自述的教学之旅：

> 教学生涯伊始，我坚信，对学生严苛一点是好事，这样才能激发他们发愤图强，探寻知识的规律。在我看来，发现知识的规律是学生应该具备的基本技能，有了这项技能，学生才能举一反三，从而不断学习新知识，适应新环境。但现在我发现，教育——甚至是研究生教育，只不过是帮助学生获得信息而已，而我所做的就是教会学生如何省时省力地获取信息。以前，我从不会给所谓的好论文下一个明确定义，因为我总是期待学生能写出一篇篇文笔流畅、思想深邃的好文章。现在呢？我直接把往年的高分课程论文当作范文发给学生。以前，我希望学生从具体的例子中概括出普遍规律。现在我直接讲普遍规律，甚至有时候，我担心学生听不懂，还特地举几个例子来解释。总的来说，我赞同这样一个原则——教学生知识的时候，应该努力让教学场景无限接近知识的实际应用场景。我不指望学生能举一反三，也不会特地鼓励学生去举一反三，我只会明确告诉学生，某一项技能未来在哪些领域能用得上。

在一众教育心理学家中，德特曼算得上是公认的悲观主义者。许多教育心理学家仍不愿妥协，他们孜孜不倦地研究一些罕见的学习迁移成功案例，希望从中发现一些具有价值的东西。其中有些人甚至言之凿凿，宣称发现了能有效实现学习迁移的新式教学方法。然而，讨论这种分歧，本身意义不大，只不过让我们把注意力从教育价值的话题暂时移开罢了。虽然有些教育心理学家否认"教育带来的学习迁移极少"这一结论，但几乎所有人都承认，至少在当前的教育系统下，可以观测到的学习迁移少之又少。既然如此，难道唯人力资本论者还能继续堂而皇之地忽视学校教育与工作实际的脱节吗？教育与现实世界的关联极其重要。如果在学校学到的东西缺乏明显的实用价值，很可能以后一辈子都用不上。就算万一哪天你在工作中需要用到诸如三角学这样偏门的数学知识，由于年代久远，你大概也早已经遗忘。

不少教师夸大其词，宣称教育能帮助学生"学会如何学习"，但纵览过去一个世纪教育界开展的深入研究，我们发现了截然相反的结论。如何看待这种冲突呢？按照辩证唯物主义认识论，也许常识能帮助我们获得真知。教师总说，"在可以衡量的学习效果上，我们兴许做得不算出色，但我们教会了学生更重要的、无法衡量的东西"，这种信口拈来的托词着实有些滑稽。如果有人坚称，他的产品有巨大但是看不见、摸不着的好处时，常识告诉你，你必须得保持怀疑的态度——看得见的好处都极小，看不见的好处能有多大呢？

课堂上，教师授课的目标是具体的、有形的。比如说，历史课上，教师讲授美国内战的主要事实。我们是否应该相信教师更擅长达成无形的、开放式的目标呢？比如教学生"如何思考"，在明确具体的教学目标上，教学效果令人失望。我们难道还敢奢望教师达成了无法衡量的目标——教会了学生思考？教师上课的内容，大部分学生都左耳进右耳出。我们难道还指望他们能习得并保留教师"心愿单"上的多项技能吗？

有人可能会反驳，用常识来判断教育价值，未免过于草率。但是，那些坚信学校教会学生"如何学习"的人，何尝不是依赖生活常识呢？比如：

> 既然体育锻炼可以锻炼身体肌肉，思维锻炼肯定可以锻炼思维能力。

但仔细一想，这一常识同样也能用来反驳"学会如何学习"的论调。打个比方，如果只锻炼了腿部肌肉，卧推力量不会加强。甚至，如果单练右腿，左腿力量也不会增强。因此，想增强哪里的肌肉，就必须进行专门的锻炼。既然如此，"思维能力"的锻炼应如出一辙啊！此外，一旦你不再去健身房，身体肌肉很快就会萎缩。同理，思维能力如果缺乏锻炼，也会快速消退。看到这里不难发现，我们的教育体系建立在教育者的自负之上——我们自鸣得意地教授着自己感兴趣的知识，却幻想着讲台下的学生能不断获得成功所需的核心技能。

教育让你更聪明

教育工作者经常吹嘘自己教会了学生如何思考，但很少有人敢信誓旦旦地说，他们能提高学生的智力。"让学生更聪明"这样的话，听上去总归有点傲慢。接下来，我们来看智商测试，智商测试是心理学家衡量智力高低的标准，如果你看过相关研究数据，就会惊讶地发现，教育居然对智商水平有如此大的影响。放暑假、间歇性缺课、延迟入学和辍学等情况，都会显著降低学生的智商水平。一些幼儿教育实验项目居然能将儿童的智商分数提高多达 30 多分——受试儿童的表现从同年龄组约第 2 个百分位提升到第 50 个百分位。此外，接受教育的年限越长，智商得分通常会越高。有些学者研究了学习时间对智商水平的影响，结果发现，比起放假的时候，学生的智商在上学期间提升更为明显。这些确凿的研究证据似乎共同指向了一个事实——教育使我们更加聪明了。

非也。研究事实固然是铁证，但是，问题的关键在于该如何解读这些事实。我们的一大担忧是：通过练习，几乎任何人都能在任何测试中提高成绩——一点儿练习都会带来巨大的帮助。一篇大型的研究述评从认知测试实践的角度梳理了 50 项相关研究后发现：就平均而言，应试者如果第一次考试得分排在第 50 个百分位，根据预测，他的二考和三考的得分将分别排在第 60 个百分位和第 71 个百分位。如果学生还能获得专门指导的话，排名还会继续攀升。

看到这里，有人可能马上欢呼雀跃，原来提高人类智力如此容易，只需要花几个小时练习即可。这种盲目的乐观无疑是荒谬的：如果在一个普通的学生参加智商测试之前，让老师教会他考题知识，这名学生就能一下子变成天才吗？研究人员得出一个发人深省的普遍结论：测试前的准备只会带来"毫无价值的提升"。提升的只是智力测试的分数，真实的智力水平并未得到提高。

当然，我们并不否认智商提升的价值。但若只是在测试前临时抱佛脚，最后得到的结果就很具有欺骗性。也许，教育之所以能提高智商水平，是因为教育本身能为智商测试做好准备，只不过我们平时没有注意到这一点罢了。心理学家斯蒂芬·塞西曾经这样解释道：

> 学生通过教师直接授课等形式学到了很多能力测试题（包括智商测试题）的答案。例如，在特定的年级水平内，学生接受教育的

总时长与语言和数学能力测试的分数之间存在正相关性。教师缺勤的总次数或学生缺勤的总次数与测试分数之间存在负相关性。此外，从一年级开始计算，上学时间越长，学习上花的时间越多，数字计算和语言相关的测试得分越高。因此，我们的直观感受是：在接受教育的过程中，学生直接接触过各种能力倾向测试（包括智商测试）所涉及的大部分知识点。看看美国心理学家韦克斯勒创制的儿童智力量表。上面的问题有，"埃及位于哪块大陆？""《哈姆雷特》的作者是谁？""水的沸点是多少？""纽约距洛杉矶有多少英里？"这些知识，教师在历史课、阅读课、文学课、地理课和数学课上都讲过，只不过，他们没有意识到自己讲授的很多内容其实就是智商测试的答案。

塞西还指出，学校教会学生如何在智商测试上投机取巧。苹果和橙子有什么相似之处？如果你循规蹈矩地陈述事实，比如"它们都是圆形的""它们都可以食用"或"它们都有种子"，你只能得到一部分分数。为了得满分，你必须按老师教的做——从本质的角度给出"聪明"的答案——它们都是水果。学校还特别擅长训练学生一动不动地坐上好久，并保持注意力集中（上课时，学校不都是这样要求学生吗？）。总之，学校教育有助于提升学生的智商测试得分，但这种提高绝非真正意义上的"智力"提升。

假设教育切实提升了学生的智力水平，照理说，学生在课堂内外的各种认知挑战上的表现应该同步提升。但实际情况是好坏参半。教育对学生智商水平影响有多大？有一项研究堪称典范，该研究测试了超过10万名18岁瑞典男性的智商水平。研究人员根据每个学生的确切年龄以及参加考试的日期，准确计算出他们受教育的年限。研究发现：学生在上学日接受测试时,同义词测试和专业理解测试的分数显著提高,但空间测试和逻辑测试的分数维持原状。研究者据此推断,教育提高了所谓的"晶态智力",而不是"流动智力"。不过,更好的解释也许是:教育只是提升了学生某些特定技能,并没有提高他们的智力水平。通常情况下,学生在学校学到的东西不多,瑞典学生在同义词测试和专业理解测试上的表现令人印象深刻。尽管如此,如果将学科知识提升与智力提升混为一体,实有"重复计算"之嫌。

我们忧心忡忡地说,"教育带来的智商提升是无意义的"。但是,这种提升到底有无意义总归有些抽象,难以界定。接下来,我们从务实的角度道出对教育与智力关系的另一大担忧。为便于讨论,我们假设智商水平能100%反映真实智力水平。当智商水平上升时,真实智力水平自然会同步上升。即便如此,只有在教育持续存在的情况下,教育对智商的巨大影响才能显现出来。《献给阿尔杰农的鲜花》(*Flowers for Algernon*)这部短篇小说讲述了智障男子查理·戈登的故事。查理接受了一种实验性治疗来治愈他的智力缺陷。最终,他的智力上升到了天才水平,但遗憾的是,这种转变只维持了极短的时间。在故事的结尾,查理又恢复了原样,所有的智力提升都消失了。从某种意义上说,医学实验奏效了。但从更深的意义上说,它失败了。

《献给阿尔杰农的鲜花》是一部科幻小说,但艺术往往来源于生活。提高智商水平不难,把提升后的智商水平维持住却很难,研究人员称这种现象为"智商衰退"效应。在早教领域,智商衰退的研究成果颇为丰富。密尔沃基市开展了一项著名的幼儿智商研究项目。研究者历经六年统计调查后得出结论,实验组对象的智商得分超出对照组多达32分。但是,经进一步跟踪后发现,两组对象长到14岁时,上述优势缩小到10分。在佩里幼儿园开展的研究项目中,实验组对象的智商提高了13

分，但是，当这组对象长到 8 岁时，优势便不复存在。赢在起跑线项目设计了一个儿童身心全面发展计划，旨在帮助社区弱势儿童满足学龄前的需求。的确，儿童的智商分数得到了提升，不过，等到他们从幼儿园毕业时，智商水平又会回归原样。

你可以反驳道，学龄前儿童特别容易忘记学过的东西。但是，这种情况不仅局限于学龄前阶段，而是贯穿整个小学、初中、高中。学者对于"暑期学习损失"展开了广泛研究，他们将学生在一个学年结束时的成绩与下一学年开始时的成绩进行比较。经过中间 3 个月的漫长暑假，学生的平均智力下降至大约放假前 1 个月的水平。并且，学生年龄越大，下降幅度越大。我们举个最直观的例子，小学一年级和二年级的学生暑假期间的阅读能力略有提高。而到了中学阶段，一个暑假就能抹去学生在放假前 3 个多月积累起来的阅读能力。

至此，有些教育改革者可能会大胆提议，既然暑期学习损失如此之大，为什么不采用全年教育这种教育模式呢？既然放暑假让学生变得愚钝，那就干脆取消暑假吧。但是，这种想法有一个致命的缺陷：即使学校取消寒暑假，学生也迟早有一天会从学校毕业。在他们毕业离校之际，学习损失就开始冒头了。"虎妈"蔡美儿说过，"只要一天不练手，你就一定会落后"。讲的就是这个道理。

归根结底，教育对真正的智力有没有影响呢？历经数十年的研究之后，我们依旧没有答案。我们所知道的是，教育对智力的影响实效比我们看到的要糟糕得多。就算教育对智力有影响，这种影响也极小。就算教育对智力的影响能持续一段时间，这个期限也极短。

即便我们把这种影响往多一点估计，比如，你每多上 1 年学，就为你的智商水平多增加 3 个点，根据标准估计，这将增加约 3% 的收入。不过，这个数字在教育溢价中只占很小一部分。想一想，当前教育溢价的规模如此之庞大，还有什么其他因素在作祟呢？

如何取得优异的工作表现

如果学校教授的工作技能很少，所谓的学习迁移大多是一厢情愿而已，并且，在很大程度上，教育对智力的影响将毫无意义可言。那么，如何取得优异的工作表现呢？如果你渴望有朝一日达到业界顶级专家的水准，办法很简单：练习——在一遍又一遍地完成特定任务的过程中不断学习，不断提高。要想成为一名优秀的飞行员，你得一次又一次地钻进飞机驾驶舱；要想成为一名优秀的产科医生，你得一次又一次地亲手为产妇接生；要想成为一名优秀的木工，你得拿起锯子，建造一座又一座木头房子。

新手阶段，技术水平尚不成熟，很容易取得进步，这是大家都知道的常识。K.安德斯·爱立信是一位专注如何提升专业技能的知名学者，他曾提出，新手若想取得进步，需具备4大条件：（1）任务清晰、目标明确；（2）拥有改进工作表现的动力；（3）获得反馈；（4）拥有充足的机会进行反复操练、逐步改良。不过，度过新手阶段后，如果还只是一味地重复练习，专业技能的增长将陷入停滞期。这时，要想取得优异的工作表现，我们必须把简单的重复练习进化到另一个阶段——刻意练习。所谓的刻意练习，意味着我们必须走出自己的舒适区——为自己的工作提高标准，设置难度，然后努力克服困难，并不断地重复这一过程。爱立信和他的合著者在书中是这样解释的：

> 你需要一种特殊的练习——刻意练习，来提升专业技能。普通意义上的练习，只是重复使用那些已经掌握的技能。刻意练习则不

同，人们需要付出艰苦卓绝、脚踏实地和持之以恒的努力，完成一些不擅长的工作——甚至高难度的工作。

要想在国际象棋、音乐、数学、网球、游泳、长跑、写作和科学方面获得世界级的专业技能，就需要年复一年地刻意练习。只要你勤于练习，即便你无法达到世界级的水平，劳动力市场也会伸开双手热情拥抱你。如果你愿意花费几千个小时进行刻意练习，就算你成为顶级专家的机会依旧不大，但是，这份坚持也会助你在大多数职业上表现优异。要想成为能工巧匠，你不需要精通学校的每个科目，而只需在自己选择的职业上投入数年的时间——认真对待手上的工作，精益求精，就能成为能工巧匠。

自律与职场准备

"真有公司会雇佣我吗？我严重怀疑。

"说什么胡话呢，宝贝？你很优秀，你受过良好的教育。

"不，他们不要我这样的书呆子。"

——约翰·肯尼迪·图尔
《笨蛋联盟》

教育工作者总是吹嘘他们教会了学生如何思考。教育界外的人士可能会更务实一些，他们讨论的是学生在学校是否学会了自律，是否为进入职场做好了准备。学校生活既不是悠闲的野餐会，也不是惬意的纸牌游戏。学生必须按时出勤，安静地坐在教室里，听从老师的命令，保持头脑清醒，所有这些培养了学生的自律能力。他们还需要与他人合作，妥善处理与他人的冲突，以及在团队中充分发挥自己的作用。他们还得注意自己的穿着是否得体，言辞是否妥当，所有这些，都能培养他们的社交技能。考虑到职场上大部分工作者的日常状态——在等级森严的组织中从事枯燥乏味的工作，也许，教育还扮演这样一项重要功能——让学生提前适应未来的工作角色。

听上去不无道理，在学校里，学生不仅需要疲于应付各种学习任务，还得经营好与老师同学的关系。然而，学生在学校真能学会自律、为职场做好准备吗？不，如果不上学，很可能他们只会终日躲在家里玩电子游戏，既不自律，也懒得与人打交道。要是让他们在青少年时期去参加工作会怎么样呢？工作中，他们会加强自律能力，提高社交技能。那为何不让学生在实际的工作中学习怎么满足工作要求呢？为何非要教育越俎代庖呢？

学校灌输的不是职业要求，而是学校要求。这两种要求并不完全一致。如何服从命令？如何与他人合作？学校和职场都会教你。然而，对于成效的定义和判断标准，两者则截然不同。学校看重的是抽象理解，而不是实际效用；学校强调的是考试成绩，而不是市场的优胜劣汰；学校推崇的是公平竞争，而不是追逐利益。我们来看看安德鲁·卡内基的评论，他的话也许有些尖刻，但准确地捕捉到了学校要求与职业要求的冲突所在：

> 家长把孩子送到大学。孩子被迫学习希腊语和拉丁语之类的语言知识，这浪费了他们大量的精力，对他们来说，这些语言与乔克托族语并无二致，毫无实用性可言。孩子还得上历史课，挥霍大把时间讨论蛮荒时代的种族冲突细节，毫无意义可言；而到了文学课上，老师再谆谆教导他们如何在臭名昭著的恶棍身上发现所谓的英

雄主义气概，毫无价值可言。经历过这些后，我们终于可以心满意足地说，孩子"受过了良好的教育"。我想问一句，他们被"教育"的目的何在？去火星生活吗？各种稀奇古怪的课程为孩子灌输了错误的想法，导致他们对现实世界萌生厌恶之情。既然如此，倒不如别上大学，利用省下来的时间从事一些积极向上的工作。这样，孩子才会成为真正意义上的受过更好教育的人。现代教育扼杀了孩子对于生活的热情，榨干了他们身上的青春正能量，经过这种教育后，他们脑子里盘算的是如何过上安闲的生活，而不是如何学以致用、回报社会。

有些教育者批评卡内基因循守旧、不懂现代教育的价值，卡内基的观点倒是与我的想法不谋而合：学校灌输给学生的理念会阻碍他们在工作中取得成功，无论这些理念是否具有道德价值，道德价值有多大。如果你希望让孩子为以后的人生做好准备，希望他们学会自律，学会与人打交道，一年的工作经验比一年的教育更有用。

学校要求和职业要求不匹配的现象在现代美国大学中尤为明显。50年前，读大学就像从事一份全职工作似的，普通学生的周学习时长为40小时。自20世纪60年代开始，学习时间全面下滑。"全日制"大学生每周仅需花27小时完成学业任务，其中，自学时长仅为14小时。相关领域的一些知名学者曾这样解释：

> 这是普遍现象。无论读什么专业，学习时长都在减少——总体学习时长在减少，具体来看，上课时长和自学时长都在减少。比起其他类型的大学，文理学院学生花在学习上的时间最多，但总体上，无论上什么类型的大学，学生的学习时长都普遍减少……最

后，我们在参考了 SAT 分数和学校规模等相关数据后发现，学习时长减少已是普遍趋势，不受学校规模、办学层次、学生能力水平等因素的影响。

如此多的空闲时间，学生到底在干什么呢？玩耍。现代大学不能帮学生提前适应职场要求，反倒为他们自由玩耍、尽情释放自我提供了绝佳的场所。理查德·阿鲁姆和约西帕·罗克萨在《学术漂流》一书中披露出严峻的事实：

> 假设学生每晚睡 8 小时，但是，想到很多学生上早课时姗姗来迟，一副睡眼惺忪的模样，估计，绝大多数人的睡眠时间达不到 8 小时。即使按这个数字估算，他们每周还剩足足 85 个小时的时间……这么多时间，花在何处呢？似乎只有两大用途：社交和娱乐。

在现代大学待上一周，学生会立刻发现，校园生活就像一场轻松惬意的野餐会。

近期，一项研究对加州大学的本科生展开调查后发现，学生每周只花 13 个小时在学习上，还有大把的剩余时间花在哪里？12 个小时用于社交活动，11 个小时在电脑上消遣时光，6 个小时看电视，6 个小时锻炼身体，5 个小时干自己感兴趣的事，还有 3 个小时参加其他形式的娱乐活动。

分数通胀（大学给越来越多的学生打高分，造成分数虚高的现象）这一现象越发普遍。学生不再担心因为成绩低遭受来自家长和社会的压力，大学生活因此变得无比轻松惬意。现在，学生的平均 GPA 达到了夸张的 3.2。大学不再寻求让学生遵守规则和服从安排，而是无休止地满足他们的要求。这不仅不能让学生为未来的角色做好准备，只会让他们在就业之际倍感措手不及。大学总是灌输过于理想化的概念，导致学生对自己的未来定位过高，最后，面对职场之残酷时，他们才意识到，自己的双脚离地面竟如此之远。

有人会说，"比起躲在地下室玩电子游戏，上大学总能更好地培养自律吧！"是的。但是，若想培养人的自律，我们还有更好的选择——从事一份全职工作。并且，与全职工作比起来，大学就是个笑话。只要避开工程和医学预科等罕见的、要求近乎苛刻的专业，你的大学生活将无比轻松惬意，你将享受一个超长的四年假期。但是，在这样的大学生活中，你还能指望学会如何"提前适应职场"吗？

我们假设学校能培养学生自律，能帮学生提前适应职场。更大胆一点，我们假设学校在这方面的作用甚至达到了工作在这方面的作用。那么，这个作用的效果到底有多大？劳动经济学家花了几十年的时间来衡量工作经验带来的回报。通常，一年的工作经验带来 2%—3% 的增收。但这种回报中，不全是所谓的"自律和职场准备"提升带来的回报，还有一部分是对工作者习得特定技能的奖励。如果把这两部分平分，那么，一年的"自律和职场准备"带来的加薪是 1%—1.5%。但是，大多数研究计算的结果是：受教育一年带来的回报要远远超过这个数字。因此，即使我们做出如此大胆的假设，大学在培养学生自律，帮助学生提前适应职场上的作用方面也只能解释极小部分的教育溢价。

人脉

大约一半的工作者通过自己的人脉——亲戚、朋友、熟人——找到他们目前的工作。你可能会说：虽然在当前的教育系统下，学生身上"可以衡量的学习效果很差"，但是，教育的巨大回报似乎并不关乎知识本身，而是关乎教育带来的宝贵的人脉资源。知识的作用或许被夸大了——在学校获得优质的人脉资源——才是教育的最大价值。因此，上的学校名气越大，毕业后人脉就越好。

这种说法听上去不无道理，特定情况下，甚至无比正确，但总的来说，却经不起推敲。现代经济所涉及的领域如此繁多，你认识的同学很少会成为你的同行——即使你们毕业于同一个专业。因此，所谓的人脉可能永远派不上用场。如果你想找一份好工作，普通意义上的人脉没有用处，你需要的是优质的人脉。

同一职业领域的人脉资源用处颇大。这就好比你在找工作时，如果家里恰好有一位颇有威望的年长男性亲戚（父亲、叔叔或祖父）认识某位公司的大老板，或者愿意为你提供担保。不过，研究人员对"人脉"或"社交网络"的平均收益进行调查后发现，只有一部分的人脉资源对工作和工资有积极影响，部分的人脉资源并不会影响工作和工资，还有一部分人脉资源带来的是消极影响。这听起来有些难以置信，但是请记住：就算你的表弟或大学室友承诺"帮你找到了一份好工作"，其实，很可能你凭自己也能找到同样的甚至更好的工作。

哪种人能在学校结交到有效的人脉呢？如果你想从事教育工作，学校绝对是建立人脉的理想场所。多年前，当我下定决心成为一名经济学教授后，我就努力结识很多的经济学教授。果不其然，经济学教授泰勒·考恩帮助我找到了现在的工作。（我当然还结识了许多哲学教授、历史学教授和法学教授。不过到目前为止，这些人脉的职业回报为零。）如果你正在攻读法律或医学专业学位，或者就读工程等职业性很强的学科，你和同学未来在工作中"互惠互利"的机会很大。如果你就读于斯坦福大学计算机专业，你所结识的人脉可能是你进入硅谷的通行证。众所周知，硅谷的很多计算机精英都毕业于斯坦福大学。在一些精英学校中结识的人脉，可能是未来从事高薪金融工作和咨询工作的敲门砖。交情很深的朋友甚至可能不遗余力地推荐你去华尔街，从事日入千金的工作。然而，通常情况下，能带来巨大回报的人脉并非在读书期间形成的，也许只有当你从学校毕业后，在当下野蛮发展的经济中找到自己的一席之地后，才有可能形成这样的人脉。

教育的虚伪承诺

> 我们问这些年轻人，还记得在学校学到过什么重要的东西吗？这个问题居然把大多数年轻人给难倒了。每次问完后，他们总是陷入长时间的沉默，只能偶尔听到几声尴尬的笑声。
>
> ——埃琳娜·拉赫尔玛
> 《上学只为结识朋友》

为什么教育有回报呢？唯人力资本论者认为，原因只有一个——教育教会了学生许多实用的工作技能。乍一听，这种说法似乎有道理，不过，在仔细调查了学校开设的科目、学生真正掌握的知识以及成年后的知识留存情况后，我们发现，唯人力资本论严重高估了教育的价值。学校教的东西中，大部分在劳动力市场上没有价值；学校教的东西中，大部分没有被学生掌握；学生在校期间学到的东西，成年后几乎忘得一干二净。每每谈及这些尴尬的事实时，教育工作者总会话锋一转，吹嘘教育在塑造品格上的神奇之处：学校教什么课不重要，重要的是教会了学生如何成为一个更好的人。就这一点，教育心理学家耗费了近百年的时间开展深入研究，结果发现，教育并无什么神奇之处，塑造品格之类的论调无非是自我安慰罢了。

当然，鼓吹教育价值的人总有自己的一套办法解读这些事实：就算如你所说，学校教的大部分东西在劳动力市场上没有价值，至少还有小部分有价值吧；就算学生没有掌握学校教的大部分东西，至少掌握了一小部分吧；就算成年人忘记了他们学到的大部分东西，至少还记住了一点点吧。

逻辑上，这样说没错。但是，我们不是说教育没有一丁点价值，我们的疑问是：学生在学校学到的工作技能如此之少，为何毕业后还能获得夸张的回报呢？要找到答案，我们得研究一下教育溢价的规模到底有多大。至少从表面上看，现代教育的回报似乎非常丰厚。适量的学习真能带来丰厚的回报吗？还是说，教育的高溢价只是一种统计假象呢？

第三章

无用的教育带来丰厚的回报

当今社会上充斥着没有职场能力的"专家"。就算你熟知美国内战的方方面面，或者深谙科幻大片《星际迷航》的种种细节，但是雇主不但不会称赞你，反倒会揶揄那些深奥的知识"毫无用处"。因此，我们很容易得到这样的推论：和上述的那些癖好一样，学校开设的无用课程在职场上不会有多大回报。如果你哪天碰巧听到有人大学毕业后找不到工作，又或者某某博士生在超市做收银员，这些道听途说之事似乎更进一步证实了，传统偏学术的课程未能通过市场的检验。

然而，如果你审视一下官方的收入统计数据，就会发现真实情况与先前的推断截然不同。个人受教育程度越高，收入越高，并且不同的教育程度之间的收入差额巨大。2011年，高等学位拥有者的收入几乎是高中辍学者的3倍。在"教育阶梯"上，每上爬一阶似乎都很重要。在当前信息时代，高中文凭听起来可能不值一提，但高中毕业生的收入仍然比高中辍学者高出30%。以上数字均来自美国人口普查局的官方统计。请看表3.1，了解一下全年制全职成年工作者的收入情况。

表 3.1　按教育程度划分的平均收入（2011 年）

项目	高中辍学	高中毕业	学士学位	硕士学位
平均年收入（美元）	31 201	40 634	70 459	90 265
与高中毕业生年收入相比的溢价率	−23%	+0%	+73%	+122%

资料来源：美国人口普查局，2012a。

这些统计数据是可靠的，但是，我们该如何解读呢？主流的教育卫道士往往只盯着数字看。如表 3.1 所示，大学毕业生的收入比高中毕业生高 73%，那么，大家都去读大学吧，毕业后就能获得 73% 的加薪。偏执的教育批评者则普遍认为，这些数字毫无价值。依他们之见，即便你从未真正踏进大学校园，只要给你一纸大学文凭，你也会多赚 73%。双方吵得不可开交。支持教育者坚称，"教育肯定传授了很多工作技能，看看教育的回报吧！如此丰厚！"批评者反驳道，"教育不可能带来丰厚的回报，因为教育传授的实用技能太少了"。

上一章，我们站在批评者的角度，探讨了这一事实——教育未能将学生转变为熟练工人。本章，我们将尝试站在支持者的角度，分析另一说法——教育成功地将学生转变为富裕的工作者。也许，在批评完"教育价值极大"这种盲目乐观后，是时候该纠正一下"教育回报极少"这样的盲目悲观了。

只要我们承认教育的经济回报巨大，那些批评信号模型的人就总是不解。学校教授的实用能力很少，你却说市场给出了丰厚回报，这岂不是自相矛盾？不，完全不矛盾。我们运用信号模型的根本目的是解释这一问题——教育没怎么提升工作技能，却大幅提高了收入。因此，只有当教育提升收入的程度大于教育提升工作技能的程度时，信号模型才具有解释力，尤其如果学生在学校学到的东西为零，毕业后却能在职场享受国王级别的优待时，信号模型最具解释力。

教育的真实回报有多大呢？如果只看统计数据，答案显而易见，无须用一章的篇幅赘述。然而，真实情况复杂得多。几乎可以肯定地说，表3.1中的原始数据夸大了教育的经济回报。不少人看到统计结果后抱怨，这些数字不准确，并搬出确凿的证据加以反驳。然而，在修正了原始数据中每一项重大统计偏差后，我们发现，教育仍然对收入产生了巨大影响。

教育的丰厚回报：被忽视的能力偏差现象（Ability Bias）

人力资本模型和信号模型一致认为：教育决定收入。但是，除教育外，难道没有别的影响因素吗？劳动力市场愿意为工作者开出丰厚薪水，往往是有两大因素在共同起作用：工作者受教育的程度和既有的能力。正如诺贝尔奖得主詹姆斯·赫克曼所说，"能力和教育是两码事，两者都会带来经济回报"。为正确衡量教育对收入的影响，避免经济学家所说的"能力偏差"，我们必须选择能力大致相同但受教育程度不同的对象开展对比讨论。

举个例子，我们来看看哈佛大学最著名的辍学生——比尔·盖茨。显然，他拥有完成学业的天赋——大二时，他便在编程大赛中获奖。因此，他的收入超过了普通大学辍学生就不足为奇了。如果只是粗略地扫视一眼表3.1，随后断言，"要是盖茨没辍学，他的收入还会增加73%"，这显然不是明智的判断。

不仅是比尔·盖茨，人人都一样。一般来说，高中辍学生的能力低于平均水准的高中生。因此，如果高中辍学生想要弄清楚，若是自己没辍学，现在有可能挣多少钱，他们就不该拿自己与普通高中毕业生进行比较，而应该将自己与低于平均水平的高中毕业生进行比较。同样，普通的大学毕业生的能力高于平均水平的高中生；如果大学辍学生想知道自己所欠缺的那张大学文凭的价值，他们不应该将自己与普通高中毕业生进行比较，科学的做法是将自己与高于平均水平的高中毕业生进行比较。

教育对收入的影响就好比训练对运动能力的影响，训练越多，运动能力越强。对职业运动员来说，训练是家常便饭，他们的运动能力自然就强。但是，这并不意味着，如果我现在开始疯狂练习踢足球，我就能成为职业足球运动员。为什么呢？因为除了训练外，专业足球运动员还有与生俱来的卓越运动能力——力量、体型、敏捷性、进取精神、活力、疼痛耐受力等。因此，即使我每天进行足球训练，你也不应该拿我同每天练球的职业选手做比较，这样才能正确评估足球训练的好处，避免能力偏差带来的误判。把我和谁比较更为科学呢？请根据我的能力特征寻找比较的对象——体重75公斤、年龄46岁、膝盖不好、书呆子、经常练习踢足球。

到目前为止，本书已对人力资本模型与信号模型进行了比较。而能力偏差模型对这两种模型均提出挑战。就教育、技能和收入之间的关系，三种模型提供了不同的解释。请查阅表3.2，从单一模型的角度来看，结果清晰易懂，三种模型在"技能可见度""教育对技能的影响"和"教育对收入的影响"三大争议点上展现了各自的立场。

争议点1：技能可见度。按照单一的人力资本模型和单一的能力偏差模型，技能是完全可见的。这意味着，雇主不费吹灰之力就能快速准确地知道员工的能力水平。相比之下，如果按照单一的信号模型解释，技能的可见度为0。这意味着，雇主只能凭简历猜测员工的技能水平。

表 3.2　人力资本、信号和能力偏差

模型种类	技能可见度	教育对技能的影响	教育对收入的影响
单一的人力资本模型	完全可见	WYSIWYG	WYSIWYG
单一的信号模型	可见度为 0	无影响	WYSIWYG
单一的能力偏差模型	完全可见	无影响	无影响
1/3 的人力资本模型 1/3 的信号模型 1/3 的能力偏差模型	2/3 可见度	1/3 WYSIWYG	2/3 WYSIWYG

注：WYSIWYG = 所见即事实（"What You See Is What You Get."）。

争议点 2：教育对技能的影响。依照单一的人力资本模型，学校教育提高了技能。而为什么受教育程度较高的员工技能会更高呢？有且只有一个答案：教育，这就是表中所谓的"所见即事实"。相反，依照单一的信号模型和单一的能力偏差模型，学校教育对技能的影响为零。即使学生学到了有用的东西，在参加工作前，他们也会统统忘得一干二净。

争议点 3：教育对收入的影响。按照单一的人力资本模型，学校教育通过提高学生的实用技能来增加他们未来的收入。按照单一的信号模型，学校教育通过认证学生的技能（即颁发文凭）来增加他们未来的收入。两种模型在本质上有一个相同点：上学提高了未来工作的收入。为什么受教育程度较高的员工挣得更多呢？有且只有一个答案——教育，这就是表中所谓的"所见即事实"。然而，根据单一的能力偏差模型，学校教育对收入的影响为零。由于对雇主来说，员工的技能是完全可见的，如果教育不能提高技能，就不会带来任何回报。

综上，大多数人很容易将人力资本模型归为一类，而把信号模型和能力偏差模型归为另一类。即使是专家，有时也会将信号模型与能力偏差模型混为一谈。信号模型与能力偏差模型一致同意，雇主重视员工的技能。此外，两者都否认教育能提高学生的技能。不过，在技能的可见度上，两者存在分歧。按照单一的信号模型，雇主永远无法发现员工的技能。因此，如果员工的文凭高，但是技能低，劳动力市场只会奖励文凭，而不是技能。相比之下，按照单一的能力偏差模型，雇主很快就能发现员工的真实技能水平。因此，如果员工技能高，但是文凭低，劳动力市场只会奖励技能，而不是文凭。

虽然基于单一模型判断教育价值的做法最为简单易懂，但事实上，几乎可以肯定的是，现实世界中没人会这么做。在界定员工薪酬的标准时，雇主的判断往往符合一种更为复杂的"三合一"的集成模型。我们假设这种集成模型中，人力资本模型、信号模型和能力偏差模型三者的比例各占 1/3。在这种情况下，雇主需要经过一段时间才能发现员工的真实技能，而在这段时间，雇主甚至有可能对员工的技能做出一时误判。此外，劳动力市场会同时奖励技能和文凭。如果技能足够高，你不用文凭便可在职场立足。不过，要是你没有像比尔·盖茨那样的"超能力"，拥有一张不错的文凭能帮助你在职场站得更稳、飞得更高。

修正能力偏差：所见大于所得

如何衡量能力偏差值呢？最具说服力的做法是，先测试人群的能力水平，然后比较受教育程度不同但能力相同的人的收入。从统计学上讲，可以通过修正能力偏差来判断教育对收入的影响。而要想得到准确的能力偏差值，必须准确测试所有重要的能力项。

教育经济学家在研究能力偏差时，特别看重认知能力测试，尤其是基于一般认知能力的智商测试。虽然智商测试不甚完美，但是，作为一项专注衡量智力水平的测试，它能在一定程度上预测受试者的学业表现和职场表现。诸多研究人员修正了智商分数和其他认知能力指标,并基于此重新估算了教育溢价。几乎全部的研究结果都指向了以下两大结论。

首先,智商影响经济回报。在教育水平不变的情况下,智商分数每提高一分,收入便增加1%。

其次,在智商不变的情况下,教育溢价出现一定程度的缩水,但并未消失。1999年,一篇对早期相关研究进行全面述评的文章发现,修正智商分数后,教育溢价平均降低了18%。武装部队资格测试(AFQT)是一项高质量的智商测试,研究人员在修正该项测试的分数后,教育溢价通常下降20%—30%。修正数学能力分数可能会大幅降低教育溢价;一些杰出的学者开展了相关研究,结果发现,男性的教育溢价下降40%—50%,女性的教育溢价则下降30%—40%。从国际上看,在所有被研究的23个国家中,经修正认知能力后,教育的经济回报虽然减少了20%,但是溢价现象依旧显著。其中,最为严重的估计是,如果修正12年级学生在各项指标上的分数(包括数学、阅读、词汇、自我认知、教师给自己排名的感知、家庭背景和家庭地理位置),教育溢价将下降50%。

仅有少量的研究测试了所谓的非认知能力(诸如责任心和服从力)的重要性。研究结果与智商研究的结果类似:非认知能力有回报,而修正非认知能力分数会降低教育溢价。经修正武装部队资格测试分数、自尊心分数和宿命态度(相信运气比努力更重要)的分数后,教育溢价降低了30%。只有一项研究校正了具体性格特征测试的分数,结果发现,教育溢价下降了13%。其中,最为严重的估计是,修正完智力和家庭背景指标,然后再修正一系列非认知能力,比如态度(如对失败的恐惧、个人效能和信任)和个人行为(如去教堂做礼拜、看电视和个人卫生），教育溢价将进一步下降，降幅高达37%。

当然，有人对上述研究发现持怀疑态度，声称其中存在两大问题，反向因果（Reverse Causation）问题和能力缺失问题——前者可能会完全高估能力偏差问题的严重程度，而后者可能会完全低估能力偏差问题的严重程度。我们该如何看待这两个问题呢？

"反向因果问题"。如果研究人员想通过修正×能力来计算教育溢价水平，可能存在的一个隐含假设是：教育并不会提高×能力。如果这一假设是错误的，那么，修正×能力将导致我们低估教育对收入的影响，进而产生误导性的研究结果。解决这种反向因果问题的最佳方法是先测试能力，再测试"后续"的教育经历对收入的影响。

在研究认知能力偏差时，学者通常会采用上述方法——但是，他们几乎没有发现任何反向因果问题存在。还记得上文提到的那篇综合性述评文章吗？其中，所有的认知能力偏差研究被分为两类：基于在校生智商测试的研究和基于毕业生智商测试的研究。如果确实存在反向因果问题，那么理论上说，第二类研究发现的认知能力偏差值应该更大一些，但事实上，这两类研究发现的认知能力偏差值相差无几。另一项研究在对武装部队资格测试及相关测试的分数进行修正后，得到了相似的结果：如果选定1980年作为修正认知能力的节点，这一年前后的教育经历在溢价降幅上大致相当。该研究还修正了高中毕业班学生的数学能力测试分数，结果发现，男女生上大学的教育溢价分别减少了25%—32%和4%—20%。

那么，从教育到非认知能力，是否存在反向因果关系呢？说实话，相关研究很少。有一些论文试图解决这个问题，但未能取得一致结论。大多数的研究要么在同一时间点测量非认知能力和教育，要么未能区分测试前后的教育对非认知能力的影响。因此，虽然没有足够的证据表明反向因果关系是一个严重的问题，但是，出于谨慎考虑，反向因果关系仍是值得讨论的话题。

"能力缺失问题"。修正能力并不能完全消除能力偏差问题，除非所有相关的能力都得到了测量。那么，我们忽略了什么重要的能力呢？

我们忽略的第一大能力是家庭背景（包括先天的家庭物质条件和后天的家庭教育方式）。也许，富裕的家庭会不吝财力为孩子争取到优质的教育和工作资源。也许，对富家子弟来说，上4年大学就像度过了一个悠闲的长假，还能顺道给父母"长脸"。也许，在子女较多的大家庭中，父母给予孩子的帮助相对较少——无论是教育上的辅导，还是专业上的建议。也许，成绩斐然的家庭往往能培养出教育背景优秀的子女——当然，这种家庭里长大的孩子即便不上学，也能成就一番事业。虽然上述种种说法并非绝对，但大多数研究人员发现，纠正家庭背景这一指标的得分后，教育溢价降低了0%—15%。

然而，仔细推敲一下，修正家庭背景这一指标可能有"重复计算"之嫌。认知能力和非认知能力都在一定程度上（甚至很大程度上）源自家族遗传。所以，在断言家庭背景夸大教育回报之前，最好先修正一下个人能力指标，这一点非常重要。很多研究在对智力和家庭背景因素进行修正时发现，个人的智力水平往往和家庭背景有紧密的联系。因此，如能准确测量认知能力和非认知能力，即便忽略了家庭背景因素，对研究结果的影响也很小。

最令人不安的是，研究人员普遍没有仔细测量非认知能力水平，大多数人只是仓促选择一两项能力特征进行测量，结果发现，非认知能力的偏差很小。然而，据雇主口述，员工的态度和动机等非认知能力在工作中非常重要。此外，一项研究对非认知能力进行非常细致的测量，结果发现，非认知能力偏差相当显著。因此，现有的研究未能提供可靠的测量结果，在我们找到更好的衡量标准之前，最好将现有研究结果视为非认知能力偏差的下限。

综上所述，能力偏差现象到底有多严重呢？我们把能力细分为认知能力和非认知能力，认知能力偏差的保守估计值在20%，合理估计值在30%。非认知能力偏差的保守估计值在5%，合理估计值在15%。图3.1显示了修正能力后所得的教育溢价情况（假设条件：不同教育水平下的能力偏差相同）。

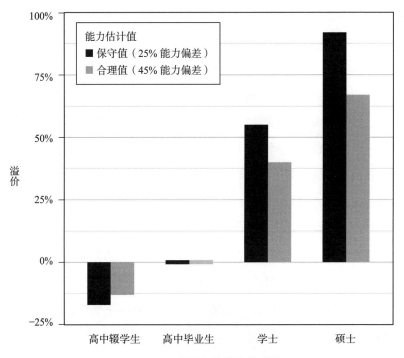

图 3.1　两大能力偏差的估计值

资料来源：表3.1与文本。

修正能力给教育溢价带来了相当大的折扣——但并未让教育溢价归零。众所周知，教育能带来巨大的回报，但经过前文的探讨后，我们意识到，眼中看到的回报大于我们实际得到的回报。经回顾能力偏差相关的研究，我们发现，认知能力偏差的合理估计值为 30%，非认知能力偏差的合理估计值在 15%。将两者相加，我们得到了总体能力的偏差值：45%。基于这一合理假设，我们发现，高中辍学使收入减少近 15%，大学学士学位使收入增加 40%，硕士学位使收入增加近 70%。教育价值的鼓吹者总是大肆宣扬未经修正的巨大教育溢价。如果他们宣称，"比起高中教育，大学教育的价值大多了"，我们有足够的理由进行反驳。不过，在修正完我们亲眼所见或心存疑虑的所有差异后，我们发现，教育仍然有相当大的回报。

劳动经济学家 VS 能力偏差

劳动经济学家早就承认了能力偏差的真实存在，甚至长期以来将测量能力偏差视为自己的专业使命。但是，在过去的 25 年里，情况却发生了令人惊讶的变化。他们逐渐转变了观念，还抛出了"哪有什么能力偏差？"之类的论调。著名经济学家大卫·卡德在一篇广为人知的述评文章中罗列了相关证据，并得出结论：能力偏差很小，甚至根本不存在。我称这一结论为"卡德共识"（Card Consensus）。许多（或许是大多数）著名的劳动经济学家不仅接受这一结论，而且将这一结论视为权威参考。我们在《经济文献杂志》（*Journal of Economic Literature*）等顶级学术刊物上都能看到"卡德共识"的影子。

对义务教育阶段或者教育扶持项目中的孩子来说，每多上一年学带来的真实教育回报，只会比传统的估算更多，不可能更少。

在诸如布鲁金斯学会（Brookings Institution）的汉密尔顿项目（Hamilton Project）等顶层政策倡议中，我们也发现了"卡德共识"的存在：

> 有可能（甚至很有可能），每位大学毕业生的天赋和抱负都不同，家庭所能提供的资源也各异。所有这些因素都会影响他们的收入。然而，有证据表明，这些因素并不会带来显著的教育回报；也许，只有学生愿意积极投入学习之中，毕业后才能获得丰厚的回报。

即使有些分析人员没有在研究中明确地引用"卡德共识"，他们也默默地加入了卡德阵营。他们提出了很多广为人知的"大学价值"计算方法，其中，能力偏差被赤裸裸地忽视了。这种疏忽招致不少批评之声，但是，"卡德共识"并未积极回应，而是选择了一种"瓦解"的策略。卡德阵营中的一众专家已达成了统一"战线"，极力捍卫忽视能力偏差的无害性。既然专家集体默许"能力偏差为0%"，你们这些凡夫俗子为何死死揪住不放呢？

这着实令人困惑。不精通统计学的外行往往基于相关性来推断因果关系：大学毕业生的收入比高中毕业生高73%，那么，提升的部分就是大学教育的回报。每每听到这种说法，非劳动研究方向的经济学家总是嗤之以鼻。他们坚称，这种估计无视巨大的能力偏差，不科学。但是，劳动方向的经济学家大多站在外行的一边。凭常识，能力偏差应该是存在的，但是，"卡德共识"却劝诫我们，"往前走吧！这里没什么可看的！"

可是，从上一节列出的大量研究中我们发现，能力偏差不仅真实存在，而且非常显著。这又该作何解释呢？"卡德共识"的选择是无视、不予承认。有何不可呢？看，劳动经济学家都站出来帮腔了：影响学术成功和职业成功的能力太多了，根本无法一一测量。的确如此。但这只能说明一个问题：能力偏差比想象中的更为严重。当然，"卡德共识"

的支持者偶尔也会反思,为什么能力高的学生可能会更早离开学校?请看:

> 有些人中断学业,去追逐一些能带来直接收益的活动。1963年,在伦敦经济学院(London School of Economics)就读的米克·贾格尔爵士中途放弃学业,加入滚石乐队。同样令人印象深刻的是,瑞典重剑运动员约翰·哈梅诺伯格在麻省理工学院上了两年学后,选择在1979年辍学,转而在下一年的莫斯科奥运会上赢得一枚金牌。哈梅诺伯格退役后,成为一名生物技术高管和成功的研究人员。这些例子说明,能力高的人——音乐、运动、创业或其他方面的人——很可能在没有受过教育的情况下取得经济上的成功。这表明——所谓的能力偏差,有可能不存在,也有可能存在。

"卡德共识"马上给出直截了当的反驳:受过良好教育的人缺乏什么能力?请说出一个。不能把目光总是盯在一两个特例上。平均而言,受过良好教育的人总体上拥有更为全面的能力。如果你听说有人从高中或大学退学,难道你会赞叹道:"哇,这孩子真有才华!"

因此,充其量"卡德共识"最擅长的是矢口否认一切反对证据。尤其是在前文中,米克和约翰的例子是证明能力偏差存在最有力的证据,但是,却被无端否定了。如果你怀疑某人的成功并非教育之功,而是既有能力使然,有一种直观的统计学方法:先衡量其能力,再把他与能力相当但受教育程度不同的人进行比较。相比之下,"卡德共识"推崇的方法却非常含糊。它没有鼓励研究人员去寻找更好的能力测量方法,反而引导他们去从事所谓的"准实验"研究——也就是把实验搬到自然真实的情境中。

因此，劳动经济学家收集了大量教育"准实验（Quasi-experiment）"的结果。其中，有些学者以双胞胎作为测试对象。他们认为，同卵双胞胎的能力相当，但受教育的程度不同，那么教育的真正回报就等于他们的收入差距除以受教育差距。还有一些学者以"同年级的高中生中，年龄较小者辍学率更低"这一说法为出发点，选择同年出生的孩子为测试对象，研究出生季节对教育的影响。2000年以来，研究人员开始把目光紧盯在各州对于义务教育法案的修订之上。比如，他们研究了这一问题：如果政府强迫那些原本会辍学的学生留在学校，较之辍学生，他们毕业后的收入情况如何呢？尽管这些论文所采用的研究方法令人印象深刻，但它们并未解决太多问题，反倒提出一个又一个新问题。例如，如果把各州对于义务教育法案的修订视为一种准实验，我们必须立足于这样的假设：义务教育法案的修订不具有"与教育无关"的导向性——至少，不应该受到劳动力市场因素的影响。

此外，随着准实验方法流行起来，批评者越来越多地发现，这种方法存在深层次的缺陷。比如，针对上文中提到的准实验，批评者指出了许多逻辑上的不合理之处。先说双胞胎的实验。即便是同卵双胞胎，与生俱来的能力和天赋也并不完全相同，这一点并不受教育程度影响；此外，双胞胎中更聪明的那一个最后往往受教育程度更高。看看"出生季节"研究。孩子在哪一个季节出生，并不是自然发生的，而与孕妇的健康状况和所在地区有关，甚至，还有可能与家庭收入有关。再来看美国义务教育法案的修订，看似此举能带来累累硕果，但是实际上，虚假的繁荣掩饰了一些与教育不相干的发展趋势（尤其是在美国南部的几个州）。当然，这并不意味着对教育溢价展开准实验研究毫无价值可言，也不意味着坊间的批评总是一语中的。但是，比起直接测量与生俱来的能力，这些研究更多基于主观的推测，难以令人信服。综上所述，最为直接清晰的方法能揭示严重的能力偏差,抽象模糊的"准实验"做法得到的结果好坏参半。鉴于此,我们应该拒绝"卡德共识",拥抱"能力偏差真实存在"这一常识性观点。

小麦 VS 麦麸?

教育与现实世界关联不大,为何回报如此丰厚呢?社会上有一种通俗易懂的说法,叫"小麦/麦麸理论"(Wheat/Chaff Theory),不过信号模型却不认同这套理论。按照小麦/麦麸理论,教育是小麦和麦麸(即小麦的麸皮)的混合体,小麦的回报丰厚,象征着读写、算术、批判性思维、技术培训等知识;麦麸没有价值,象征着历史、拉丁语、体操、法语、诗歌等知识。学校教育的回报之所以丰厚,得益于那些"真正有用的"课程和专业,而不是另外一些"无用的"课程和专业。

小麦/麦麸理论并不能真正解释我们当前面临的教育谜题。"学校课程就像一个大袋子,里面装满了价值巨大的小麦,和没有任何价值的填充物——麦麸,前者代表实用的知识和技能,能为学生进入职场做好准备,而后者则代表毫无价值的知识",这种说法实际上有太多可商榷之处。有人甚至会抛出过激的言论,称小麦/麦麸理论看似赞美教育,实则充满诋毁。不过,要是这种理论所言属实,那么,我们的教育系统——尽管存在种种缺陷——确实做到了点石(学生)成金(工作者)。

如果我们拿证据来说话,小麦/麦麸的说法有些言过其实,甚至根本站不住脚。诚然,小麦比麦麸更具价值,但麦麸也并非毫无用处。绝大多数专业的录取条件和毕业条件中,均明确要求学生需要积累大量的"麦麸"。所以,"麦麸"所带来的经济回报也相当可观,你不必惊讶这一点。

"小麦、麦麸与课程"。若干研究小组通过高中成绩单来预测学生成年后的收入。最早也是最有影响力的一篇论文发现,如果不考虑学生的既有能力,额外参加数学、外语和工艺美术课程的学习会小幅增加收入,但额外参加英语、社会研究和美术课程会小幅减少收入。然而,经修正能力指标后,额外学习数学课程的收入回报急剧下降。多学一年外语的回报比多学一年数学和科学的回报总和都要大。

后期的研究人员得到了一个普遍的结论,数学的回报比科学大。一组研究人员发现:高中多上一些数学课,可以提高女性大学毕业生的工资;然而,对于男性和受教育程度较低的女性来说,多上数学课的回报尚不明确。据另一个研究小组的报告,经修正能力指标后,参加以下课程可增加学生成年后的收入:代数/几何(收入增加 1.9%)、基础英语(收入增加 1.5%)、英语文学(收入增加 1.5%)、高级英语(收入增加 2.5%)和外语(收入增加 1.6%)。在英国,数学课上取得 A 级成绩的高中生在毕业 6 年后,几乎可以多挣 10%。然而,自然科学的回报不如人文科学或社会科学的回报大。关于中学数学的好处,最乐观的估计是,选修高等数学课的丹麦中学生最终收入增加了 21%,原因在于:选修高等数学课的学生有更大概率被大学录取。当然,这些学生中的一部分人,如果后期没有上大学,那么这段数学学习经历带来的回报甚微,甚至为零。

总的来说,这些结果可能出乎小麦/麦麸理论拥护者的意料。是的,上数学课很可能带来额外的回报,但上自然科学课很可能不会。是的,上英语课或许可以增加未来的收入,但上一门外语课似乎总能带来回报。作为回应,小麦/麦麸理论的忠实拥趸大可宣称物理学是一门"毫无用处"的学科,而法语是一门"真正有用"的学科。不过,这种理论显然被吹过头了,合理的解释是——既然雇主看重文凭,而"麦麸"是拿文凭的必要条件,那么麦麸就有价值。

"小麦、麦麸与专业"。小麦／麦麸理论只在一件事上的判断是正确的：专业。工程学专业在教育回报排行榜上名列前茅；商科专业大体处于居中位置；教育类的专业则几乎垫底。一项规模宏大的调查——"美国社区调查"衡量了大学各专业的收入，有些专业的名字甚至你可能闻所未闻。

幸运的是，对于教育专业的学生来说，平均大学溢价很高（见图 3.2）。在"美国社区调查"中，大学毕业生比高中毕业生收入多增 78%。商科是最常见的专业，其教育回报处于中位值。因此，悲观主义者可能会说，"商科专业比教育专业收入多增 40%"；乐观主义者则会同样准确地道出事实，"教育专业比高中毕业生收入多增 27%"。

还是那句话，不要轻信数字。任何过于夸张的溢价（包括教育溢价），一旦经过能力修正，往往会急剧下降。优秀的学生倾向于选择能带来高收入的专业。例如，自然科学专业的学生在 SAT 考试的数学和语文模块，比社会科学和人文专业的学生表现更好。比起教育专业，工程专业的回报看似丰厚，但这仅是因为专业不同吗？为弄清楚真实情况，我们必须对学生的标准化考试成绩、高中成绩、数学背景等进行修正。而当研究者完成这些重要的指标修正后，结果显示，工程专业的收入回报下降近五成。

以工程为例。如果对图 3.2 做一下简单解读，我们发现，如果教育专业的学生转到工程专业，平均收入增加 75%。但是，千万不要忽视这一点：教育专业学生的平均 SAT 分数、高中 GPA 和数学背景比不上工程专业的学生。那么，他们转到工程专业，到底能多挣多少钱呢？据 10 篇不同论文的研究发现，大约在 +25% 到 +60% 之间，平均为 +44%。这些修正后的数据实际上有些夸大了，因为研究者理所当然地认为教育专业的学生具备完成工程课程的能力。在实践中，即使是渴望学习工程

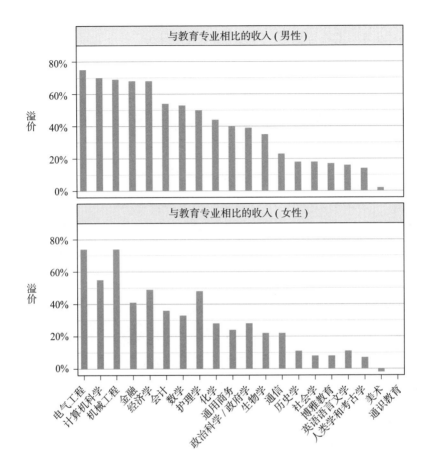

图 3.2　大学毕业生的收入：各大专业与教育专业相比

资料来源：Altonji, et al. 2012a, p.216.

注：修正最高学历指标后所选专业毕业生的收入情况。观测对象同时具备以下条件：学士及以上学位，每周工作时间大于 34 小时，每年工作时间大于 40 周，年龄介于 23—59 岁之间。原始金额已转换为百分比。

学的学生，也常常转到难度没那么大的专业。记得我在加州大学伯克利分校读本科的时候，校园里流行一种 T 恤，上面写着：要是考试不及格，快去读政治科学。当时的那些工科学生似乎没能读懂其中的幽默。

因此，要检验小麦 / 麦麸理论的合理性，我们不应该把收入回报高的专业与收入回报低的专业进行比较。既然该理论认为,"麦麸"在就业市场上毫无价值,合理的测试方法应该是:将收入回报低的大学专业的毕业生和高中毕业生做比较。图3.3 显示了不同专业毕业生的收入情况,其中,大学回报的溢价和学生既有能力的主要溢价均已修正。

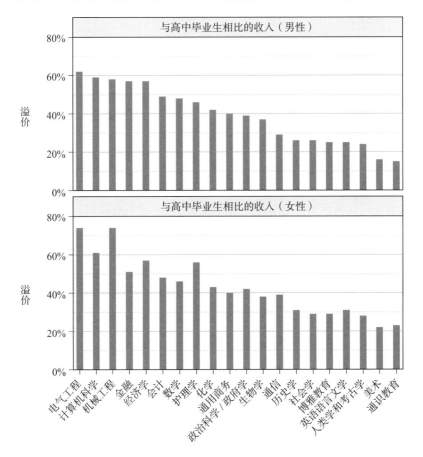

图3.3 经能力指标修正后大学毕业生与高中毕业生的收入对比

资料来源:图3.2和文本,假设条件。

注:(1)大学溢价和专业溢价的能力偏差为45%。

(2)商科专业男性毕业生获得的回报为男性收入回报均值;商科专业男性毕业生的平均回报为女性收入回报均值。

原始金额已转换为百分比。

如果只盯着收入回报最高的专业，小麦/麦麸理论似乎说得通。不过，要想检测这一理论的适用性，我们必须把目光放在收入回报最低的专业上。情况如何呢？我们看看学生手册，收入回报最低的专业的收入溢价约为 20%，许多不受待见的专业——人类学、考古学、英语、文科、社会学、历史、传播学——居然可以使收入提高 30% 左右。政治科学专业毕业生的收入和商业专业学生大致相当，且均略高于生物学专业毕业生。

经济学专业的毕业生的收入几乎赶上了工程专业的毕业生，在经济学教授看来，这无疑是对小麦/麦麸理论最有力的抨击。我向你保证，作为一名经济学教授，我的教学中几乎没有如何帮学生适应就业市场的环节。我们对学生无比宽容，即使是在加州大学伯克利分校和普林斯顿大学这样的精英大学中亦是如此。坦白地说，我们可以用一句苏联的谚语来解读大多数经济学教授的教学理念："我们假装教，他们假装学。"经过漫长的 4 年学习生涯，我们的优秀学生只掌握了两项在市场上有用的技能：基本的统计计算与计算现期贴现值。

那么，经济专业的学生要上足足 4 年 8 个学期的课，他们到底学了些什么呢？教师就自己感兴趣的话题讲授一些"皮毛知识"，比如，供给需求问题、数理经济学、经济增长，以及一大堆"实用性"极小的领域知识——宏观经济学、产业组织、劳动经济学、监管、公共选择、经济史。从工作技能的角度来看，经济学学位几乎完全是无用的（对于有志于当经济学教授的学生来说当然有用）。然而，尽管我们没有为经济专业的毕业生的职业生涯做好准备，就业市场对他们的优待不亚于工程专业的毕业生所享受的待遇。

公平地说，经济学专业是小麦/麦麸理论下的"异类"。最赚钱的专业往往是偏职业技能类的，看看专业回报排名，工程专业和计算机科学专业占据领先地位，金融、会计和护理紧随其后。不过，即便学生从"无用专业列表"中随便选择一个专业，无忧无虑地混完4年后，也能获得丰厚的回报——比那些说"我不上大学，因为这是浪费时间"的同龄人收入多增25%。

"小麦、麦麸和不相关现象"。学生从事的工作和大学专业的关联有多大？约55%的大学毕业生回答"密切相关"，25%的称"有一点相关"，20%的说"不相关"。考虑受访者自尊心作祟的情况——谁愿意承认自己的工作和专业"不相干"呢？调查结果可能会存在一些水分，不过，依然具有一定的参考意义。经调查，同一专业的毕业生中，承认工作与专业不匹配的人收入平均减少10%—12%。大学专业越重视职业技能，工作与专业不相干的情况就越少。

这些事实符合小麦/麦麸理论，但是，最大的分歧在于：对于职业导向明显的专业来说，如果毕业生找到一份不相干的工作，收入将会锐减，此类情况如果发生在工程与计算机科学专业的毕业生身上，收入降幅达20%以上；对于公共卫生专业的毕业生来说，降幅高达30%，相比之下，对于职业导向不明显的专业毕业生来说，这种情况对于收入的影响几乎为零，比如英语和外语专业，收入只低1%左右，哲学和宗教专业甚至可以多赚20%！要充分利用"有用专业"的优势，你需要一份能充分发挥所学知识的工作。相反，要充分享受"无用专业"的好处，你只需寻找一份要求大学学位的工作就行。因此，无用专业的毕业生的收入回报也是客观的，并非不值一提。在这一事实面前，小麦/麦麸理论不成立。

喜剧演员杰·雷诺可能是小麦/麦麸理论最著名的鼓吹者，他曾经戏称，"在大学里，哲学专业的学生总是研究一些玄乎的问题，比如，拿一个杯子，朝里面倒半杯水，那么杯子是半满状态还是半空状态呢？

学这些东西有什么用？只能为以后当服务员倒水做一点准备吧"。雷诺所说并非一无是处：哲学的确是一个回报率很低的专业，而且，有些哲学专业的毕业生确实在做服务员。不过，从统计学上讲，雷诺有些言过其实了。哲学学士的平均收入几乎比与他们能力相当但没上过大学的员工高出30%。学位也许不能帮助你把工作做得更好，但仍然可以帮助你得到一份更好的工作。诚然，哲学专业并没有教什么使用技能，不过，只要拿到学位，回报肯定比没读过大学的人强。

文凭主义（Credentialism）是国家产物吗？

为什么雇主会奖励无用的教育呢？信号模型认为，雇主出于自由意志，凭文凭筛选人才，因为文凭是区分优秀员工和蹩脚员工最经济有效的方法。然而，一些人认为，政府才是罪魁祸首。也许无用的教育之所以有回报，是因为大量的政府职位设置了文凭门槛。也许无用的教育之所以有回报，是因为好的工作需要职业许可，而政府规定获取职业许可需要先获得相关文凭。也许无用的教育之所以有回报，是因为政府"迫害"智商测试，迫使雇主转而依赖文凭。这些说法违背了事实，为什么呢？

"政府文凭主义"。一些第三世界国家的政府录佣了国内绝大多数受过良好教育的人。20世纪60年代，埃及居然明文规定，每个大学毕业生都能在政府工作。到1988年，埃及近67%的男性大学毕业生和80%的女性大学毕业生在公共部门工作。从全世界范围看，公共部门的工作人员往往比私营部门的工作人员受教育程度高。在美国，52%的政府雇员拥有学士或以上学位。在私营部门，这一比例仅为34%。当前，政府职位几乎不会向高中辍学者开放；从1960年到2000年，美国公共部门中，未完成高中学业的员工比例从34%下降到3%。

如果政府文凭至上的做法真的能解释无用教育的回报，我们可以预期的是，公共部门的教育溢价会高于私营部门。即使政府支付给受过良好教育的人的工资高于他们的实际价值，私人雇主也无须效仿。企业界可能对此嗤之以鼻："如果政府如此迫切需要有文凭的员工，那就都让给他们吧。"事实上，要是怪罪政府追逐文凭至上人为地抬高了教育溢价，雇主大可以拒绝开出与虚高的政府工资相匹配的薪水，反而能获得最大化的利润。

然而，在现实世界中，私营部门比公共部门更重视教育。研究人员一致发现，政府的工资标准是"压缩的"：政府支付给受教育程度最低的工人的工资过高，而支付给受教育程度最高的工人的工资过低。美国联邦政府就是一个很好的例子（见表3.3）。

表3.3 美国教育溢价——公共部门与私营部门对比

项目	联邦政府			私营部门		
学历	平均总薪酬（美元/小时）	溢价金额	对比高中文化程度的教育溢价率	平均总薪酬（美元/小时）	溢价金额	对比高中文化程度的教育溢价
高中文凭及以下	$39.10	—	—	$28.70	—	—
大学辍学	$45.70	$6.60	+17%	$34.70	$6.00	+21%
学士文凭	$57.20	$11.50	+46%	$49.70	$15.00	+73%
硕士文凭	$65.30	$8.10	+77%	$60.50	$10.80	+111%
专业学位或博士学位	$73.20	$7.90	+87%	$89.60	$29.10	+212%

资料来源：Falk, 2012, p.11.

注：对工作类型、工作经验、人口统计、工作地点和雇主规模进行修正后的估计值。

公众争论的焦点主要集中在这个问题上："我们付给联邦工作人员的工资是否过高？"平均而言，答案显然是肯定的。但是，还有一个常见的问题："我们是否因文凭而向联邦雇员支付了过高的报酬？"答案是否定的。教育程度最低的联邦工作人员应该为自己的收入水平感到庆幸。只要能进入联邦政府工作，更高的文凭带来的额外奖励就不多了。在联邦政府，大学毕业的员工的平均时薪比未上过大学的员工高出18.10 美元——高出 46%。而在私营部门，大学毕业的员工的平均时薪比未上过大学的普通员工高出 21.00 美元——高出 73%；在联邦政府，拥有专业学位/博士学位比拥有学士学位每小时多赚 16.00 美元——涨了 28%。在私营企业，拥有专业学位/博士学位的时薪比拥有学士学位多 39.90 美元——相当于加薪 80%。研究人员在美国州政府和地方政府中也发现了类似的情况，有些国外的政府中也不例外。为什么会这样？政府工会的兴起也许是一个关键因素。不过，不管原因何在，都改变不了这个事实：如果私营部门采用公务员的薪级表，教育的回报只会更少，不会更多。

无论如何，政府提供的职位数量总是有限，用文凭主义无法广泛解释为何无用的教育能带来回报。是的，政府是一大雇主，几乎四分之一的大学毕业生都流入了联邦政府、州政府或地方政府。但是，我们在上一章中就讨论过，超过 3/4 的大学学位并不是以职业技能为导向的。简单计算一下便能知道，大多数拥有非职业导向专业毕业证的人，最终都进入了私营部门。如果私营部门拒绝接受这些人，它们如何赚取利润呢？恐怕连正常运营都难吧！

"许可证"。与 20 世纪 50 年代人们争相加入工会的热闹场景相比，现在大众对于职业许可证的追求更胜一筹。几乎 30% 的美国工人需要政府许可证才能合法工作。实行许可证制度最明显的效果是通过限制竞争来提高工资。虽然报酬因工作而异，但拥有一张许可证平均能增加10%—15%的收入。

为什么要提这个？因为教育和证书总是形影不离的一对。高中辍学生中，只有12%的人需要许可证才能工作，相比之下，高等学历拥有者在工作中需要执证的比例高达44%。在某些职业中，获取许可证要求有一定的教育背景。考虑到这些事实，你可能不禁发问，"谁还需要信号模型？雇主奖励无用的教育，纯粹只是因为政府强迫他们这样做而已"。

然而，这个说法存在一个致命的缺陷：在规模惊人的教育溢价面前，许可证的溢价相形见绌。假设许可证使收入提高了15%。由于拥有高等学位的人比高中辍学生更有可能需要许可证，照理来说，许可证使高等学位拥有者的收入平均增加5%。然而，对能力进行修正后发现，拥有硕士学位的人比高中辍学者多挣92%。

许可证对整个劳动力市场有很大的影响，值得研究人员、政策制定者和选民更多的关注。放宽许可证的呼声不断，难道政府颁发一纸证书，比如理发师许可证、花匠许可证或装潢师许可证，就能帮助消费者剔除掉蹩脚的从业者吗？不过，即便立刻废除职业许可证，市场对无用教育的丰厚奖励也几乎不受任何影响。

"为智商测试'洗白'"。唯人力资本论者经常抗议："人们普遍需要耗时四年之久才能拿到学位，从而向外界发出高能力的信号，为什么不简单一点，做个智商测试？3个小时就够了！"我的回答是：雇主有理由担心，那些智商高但学历低的求职者缺乏责任心和顺从力。然而，教育行业的其他批评者给出了一个更为简洁的回应：美国的雇主看重文凭、无视智商测试的原因，在于智商测试本质上是非法的。

自从1971年格里格斯起诉杜克电力公司案（后被写入1991年的美

国《民权法案》）这一具有里程碑意义的事件后，任何雇主只要胆敢凭智商测试分数雇佣员工，都将面临巨大的诉讼风险。为什么？因为智商测试涉嫌对黑人和西班牙裔求职者施加"差别影响（Disparate Impact）"歧视。为逃避责任，雇主必须证明，自己展开智商测试纯属"业务需求"。由于很难按照法律要求提供所谓的"业务需求"证明，雇主便转而向"高等教育"求助，希望员工的高等教育经历能"洗白"他们的智商得分。正如乔纳森·拉斯特所言：

> 格里格斯一案中，最高法院裁定，只要少数族裔在智商测试中表现相对较差，雇主就不能依赖这种测试……
>
> 因此，雇主的做法是：通过大学系统为自己"洗白"，把测试未来员工的"重任"委托给大学，因为大学可以合法开展各种测试。大学因此变得越来越富有，只为那一纸文凭，学生和父母愿意倾其所有，甚至倾家荡产。举个例子，知名咨询公司 Acme Widgets 录用了哈弗福德大学（Haverford College）社会学专业毕业生麦迪逊，难道这家公司看重的是她获得的学位吗？大家都心照不宣。被哈弗福德大学录取本身就证明了她具备过人的能力。当然，3个小时的智商测试也能得到同样的结果。因此，要是哪一天格里格斯案被翻案，将一举颠覆现行的大学制度。

"为智商测试'洗白'"的说法有一些道理。如果仅从字面的法律条文看，雇主必须证明有"业务需求"，才能通过智商测试招聘员工，但是，提供这种证明谈何容易，无奈之下，雇主只能把大学文凭当作录用条件。然而，这种说法有些"越界了"，因为从本质来看，依靠文凭来为智商测试"洗白"同样是违法的。起初，格里格斯一案的裁决中明文规定，招聘条件若含智商测试和文凭要求，同属"差别影响"歧视；只有雇主能证明有"业务需求"才能豁免。然而，在现实世界中，雇主光明正大地要求应聘者必须持有特定的文凭，不必费心去证明什么。

雇主为何能逃脱惩罚呢？法律条文在字面上理解是一回事，落到实处却经常被"钻空子"。格里格斯案的裁决看似威慑力很强，但未起到任何实质性的"禁令"效果，反倒演变成一种变相的"征税"——如果想通过智商测试这种不受待见的方式招聘员工，一旦有员工诉讼雇主，称遭受了就业歧视，雇主若败诉，则须缴纳败诉费。如果你想帮"为智商测试'洗白'"这种说法辩护，法律条文上你肯定找不到支持。你最好能证明，雇主开展智商测试需缴纳的费用高到离谱，雇主只能放弃"以低廉的价格雇用聪明的员工"的想法，最终，只能无奈地为受过良好教育的员工开出虚高的工资。

但是，从一开始，"为智商测试'洗白'"的说法就面临着一个尴尬的事实：10%—30%的大型雇主承认他们使用认知能力测试。显然，有人会反驳，要不是存在"智商测试税"，更多的雇主会使用认知能力测试。智商测试税的金额到底有多大？我们可以依据相关法律执行情况来估计，包括诉讼数量、赔偿金额和和解金额、诉讼费和原告胜诉的概率。迄今为止，无处获得比较全面的数据，不过，根据现有的研究，我们可以估计出一个大概数字。

就业歧视案的数量在1998年达到高峰值，美国联邦法院在这一年受理了多达23 000件就业歧视案，而此后，此类案件的数量逐渐下降，到2007年降至14 000件。1900—2000年，原告胜诉获赔金额约为110万美元。但是实际上，仅2%的案件最终进入审判阶段，并以原告胜诉结案。因此，每年雇主赔偿的总金额不足6亿美元。大多数原告（58%）与雇主达成庭外和解。和解金额通常保密，但平均和解金额很小，约为平均判决金额的 5%。因此，总计下来，年和解金额总计不足 8 亿美元。如果原告律师收取 40% 的胜诉费，而雇主支付的辩护费用是原告律师费用的 3 倍，那么雇主败诉所付费用总额仍不足 17 亿美元。我们将这些 90 年代中期的金额乘以通货膨胀率，得到了雇主的年诉讼费用总额：不足 50 亿美元。

与总劳动力成本相比，50 亿美元实在微不足道。请记住，50 亿美元是所有就业歧视案中雇主所付法律费用的总额，此外，这一金额为高估值。智商测试税只占其中很小一部分。1987 年到 2003 年所有的联邦就业歧视案中，只有 4% 的人指控遭到"差别影响"歧视。这相当于每年只有不到 1 000 起反对任何形式就业测试的案件。假如"差别影响"歧视案所耗费的费用和一般就业歧视案相同，雇主每年因智商测试缴纳的税款总额将低于 2 亿美元。

与雇主支付给大学毕业生的溢价相比，这些费用是微不足道的。如果智商测试真能让雇主发现"瑰宝"——工资低、文凭低，但拥有"大学级别"能力的人才，那么，精打细算的雇主就会随心所欲地开展智商测试，偶尔遭到起诉也没关系，那只是做生意必须花费的小成本罢了。但是，请记住：修正能力指标后发现，大学毕业生比高中毕业生收入多挣 40%。如果"为智商测试'洗白'"是高等教育的核心功能，即便法院将测试税提高 100 倍，智商测试仍能带来丰厚的回报。

据我所知，"为智商测试'洗白'"说法的支持者从来没有认真考虑过这个算术问题。他们的目光总是盯在一个时间节点上：1971 年格里格斯一案做出裁决不久后，教育溢价就开始急剧提升，这不免令人生疑。然而，仔细审视一下他们自己找到的数据，我们发现，其实，大学溢价在近十年来一直保持稳定趋势。为什么现在才提出所谓的"为智商测试'洗白'"？

从长远的历史角度来看,"为智商测试'洗白'"的说法更不可信。早在反就业歧视法规出台前的几十年,雇主就给予了大学文凭充分的奖励。1914年到2005年,美国大学溢价趋势大致呈U形:在第二次世界大战前的30年里保持高位,在第二次世界大战后的30年里相对平缓,然后再次攀升到高位。按照战前的标准,今天的大学高溢价是无比正常的。与其将大学溢价上涨视为对反就业歧视法迟来的回应,何不将其视为从历史低点的反弹式上升呢?

"为智商测试'洗白'"说法的支持者还应该担忧一点,劳动力市场不善于钻法律的空子。暗中进行的智商测试无处不在。雇主为智商测试披上了不同的"外衣",还美其名曰"工作知识"测试、"技能"测试或"问题解决能力"测试。要是担心留下文字测试记录怎么办呢?还有面试。面试不仅不会留下文字记录,还能极大挑战受试者的智力水平。如果有雇主放不开手脚呢?雄心勃勃的求职者会很乐意代劳,他们将主动把SAT测试的分数放在自己的简历中。在经济的其他各个领域,由于对智商测试的监管非常严厉,各种绕开法律监管的创意做法层出不穷。为什么在劳动经济领域情况不同呢?最直接的原因在于:"为智商测试'洗白'"的说法暗示劳动力市场奖励的不是大学文凭,而是大学录取通知书。要想成功洗白智商测试分数,你只需支付100美元的大学申请费,不需要支付10万美元的学费。如果你反驳道,"录取通知书只能表明你的智商高,但跳过大学意味着你的品格有问题",你就兜回到了我一直讨论的话题上:教育为什么有信号作用?根本原因在于雇主无法了解毕业生的全部真实情况,只能通过文凭来进行筛选,而1971年的那一场诉讼案说明不了任何问题。

从功能上看,反"差别影响"歧视法和高速公路上的限速牌并无二致。只看字面,几乎每位司机都违反了法律。为什么?因为限速规定和反"差别影响"歧视法一样，造成极大的不便，而且执行起来也不到位。如果雇主真想测试应聘者的智商，这并非难事，就像你驾车行驶在限速 50 迈①的马路上，稍踩一下油门，车子就飙到 60 迈。

我们也不应完全摒弃"为智商测试'洗白'"的说法。如果反"差别影响"歧视法立刻废除，智商测试的使用可能会略微减少，从而导致教育溢价小幅降低。可以这么说，雇主高估了智商测试税的金额；如果允许合法使用智商测试，他们会更加随心所欲地使用这种测试。在美国以外的地方，雇主测试求职者的智力更为普遍。此外，虽然智商测试税平均下来很低，但是，这是一个 1 和 0 的故事，没被起诉则税额为 0，一旦碰上了，可能就是灭顶之灾。打个比方，当前侵犯版权行为非常猖獗，但是，一场版权诉讼居然导致了纳普斯特这种级别的公司破产。如果沃尔玛公司明目张胆地使用智商测试，可能会遭遇"纳普斯特式"的命运。但总的来说，"为智商测试'洗白'"的说法主次颠倒，没弄清楚重点所在。雇主难道会为了避免数亿美元的额外法律成本，而额外支付数千亿美元的劳动力成本吗？显然，"为智商测试'洗白'"的说法是不可信的。

低估了教育的好处？

劳动力市场当真奖励无用的教育吗？质疑者的心中有一长串的疑问。经过仔细审查，许多疑问在某种意义上是正确的。然而，在充分纠正了每一个疑问之后，我们发现，教育还是有回报的。甚至像美术这样的学位，都有回报。

---

① 迈：是速度的一种计量单位，表示英里 / 小时。1 迈 =1.609344 公里 / 小时。

然而，为公平地衡量美术学位的回报，我们必须从两个方面来思考，为什么有人说美术学位的回报比表面看起来小？为什么有人又说美术学位的回报比表面看起来大？关于教育的无形回报，我们将在本书后面的章节加以讨论。现在，让我们坚持"原始的唯物主义"，从有形回报的角度来讨论教育的价值。

"失业率"。一般来说，受过教育的员工不太可能会失业。1972年至2000年，高中辍学生的平均失业率接近8%，高中毕业生略低于4%，大学毕业生约为2%。自经济大萧条以来，媒体上充斥着受过大学教育的员工失业的故事，应届大学毕业生找不到工作的故事更是频繁出现在显眼位置。然而，受过教育的员工的失业率低，这一条规律依旧无比正确，应届毕业生也不例外（见图3.4）。

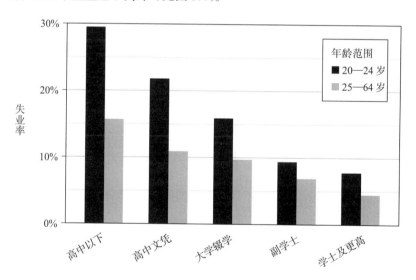

图3.4　按教育水平划分的失业率（2011年）

资料来源：Snyder and Dillow, 2013, pp.620, 622.

和前面讨论的一样，真正的问题不在于受过教育的员工是否拥有较低的失业率，而在于背后的原因。能力偏差的形式多样，也许受过良好教育的人在踏入校园之前，便已具备更强的职场潜力。

再次强调一下，处理能力偏差的最好方法是先测量能力，然后予以修正。然而可悲的是，很少有研究这样做，但是，确实有一项高质量的研究修正了大量的能力，并基于此衡量了美国教育对失业的影响。该研究发现，一旦对智商进行修正，教育对失业的影响力将下降29%。修正了智商、宿命论、自尊和反社会行为等指标的分数后，教育对失业的显性影响力只剩下不到一半。

"附加福利"。现在，健康保险、养老金和其他的员工福利几乎占私营部门总工资的1/3，占公共部门总工资的1/3以上。受过良好教育的员工福利更好。2010年的"全国青年纵向调查"的浪潮中，受过良好教育的美国人更可能享受以下全部员工福利：医疗保险、人寿保险、牙科保险、育儿假、补充退休计划、灵活的工作时间、培训和儿童保育。对智力进行修正后，教育影响力下降，但依旧处于较高的水平。

"测量不准"。研究人员是如何测量人们的教育程度的呢？大多数情况下，他们最终采取了问答这种形式，"你受过多少年的教育？"或"你获得的最高学位是什么？"考虑到说错话、说谎话乃人之常情，所有现实世界中的教育研究数据可能都有瑕疵。

这给那些怀疑教育价值的人留下了把柄，他们可以死死抓住这些不可否认的数据瑕疵，来驳斥我们对于教育溢价的看法。统计推理时，反向推理往往能得到正确的答案。与直觉相反，你对×因素的测量越不准确，×因素的真实影响就越大。教育的批评者认为，如果我们放任衡量不准的现象，竞争因素就会"偷走"教育的影响力，从而导致教育的真正价值被低估。

来看一个例子，一个公司有10个员工，按文凭分为两组，5个有高中文凭，5个有大学文凭。拥有高中学历的员工年收入为50 000美元，拥有大学学历的员工赚的是前者的两倍。然而，似乎高中和大学都没有教学生认真完成调查。当统计调查询问他们的教育背景时，每一组中就有一个人打错了勾。

这会造成什么结果呢？调查数据会夸大高中毕业生的收入，而低估大学毕业生的收入。调查所得数据是，高中毕业生的收入为6万美元（因为有一人声称自己高中毕业，但实际上过大学），大学毕业生的收入为9万美元（因为有一人谎称自己大学毕业）。由于人为失误，测量所得的收入差异仅为3万美元，大学溢价仅为50%，但是，真实收入差异是5万美元，真实大学溢价是+100%。这个例子诠释了一个普遍的原则：对教育的错误衡量缩小了人们感知中的教育溢价。劳动经济学家经常纠正这种"数据失真"现象，并得出结论：教育对收入的真正影响比表面看起来要大10%左右。

然而，仔细一想，劳动经济学家这样说，无非是在暗中鼓吹教育的价值。他们常常纠正对教育的错误衡量，以防止竞争变量"窃取"教育的影响力。但是，他们很少纠正对智力的错误衡量，以防止教育"窃取"智力的影响力；他们很少纠正对人格的错误估计，防止教育"窃取"人格的影响力。事实上，他们很少纠正对教育以外的任何指标的错误衡量。因此，劳动经济学家回避了一个至关重要的问题：教育到底是受害者还是小偷？智力、个性等从教育中偷走的影响力，难道比教育从它们身上偷走的更多吗？敢于直面这一问题的研究不多，仅有的几篇论文得到这一结论：纠正测量误差只是那些专家人为转移注意力罢了。教育对收入的真实影响并没有比表面看起来更大。

教育的真实回报

在现代世界，实用技能与世俗成就之间的联系太过微妙，主流的教育卫道士根本摸不清，偏执的教育反对者也完全猜不透。如果技能高超，工作表现必然出色；如果工作表现出色，事业必然成功。尽管教育对技能的影响微乎其微，但它仍然是现代经济社会中通向成功的最可靠阶梯。现实世界中，我们很少看到辍学生享受宽裕富足的人生，也很少看到大学毕业生过穷困潦倒的生活。

你大可随意挑战任何数据，去修正智力、学习动机、家庭背景、专业选择等因素。教育溢价在你眼前慢慢缩水，但绝不会消失。职业技能类专业的回报尤其明显，但是，即使是考古学学位，也能让你的收入增加 25%。

为什么精明无比、唯利是图的雇主愿意为考古学专业的毕业生支付如此高昂的费用呢？偏执的教育批评者通常会指责政府，但他们的质疑根本站不住脚。质疑政府提供了大量高薪的职位？私营部门比公共部门给的待遇高多了；质疑政府对于许可证的监管不力？无论工作是否需要许可证，教育溢价大致相同；质疑雇主害怕因为智商测试被诉讼，只能无奈地为大学毕业生奉上高薪？抛开法律责任不说，雇主缴纳的"智商测试税"根本微不足道。

是时候正视信号模型了，它才是最为直接明了的答案。上学、毕业、获得技能认证（即文凭），就能带来丰厚的回报，无论你是否获得了真实的技能提升。如果在工作中，考古学学士比高中毕业生干得更好，雇主就不必费时间思考，"考古学课程到底教了什么有用的技能？"相反，他们会直接亮出底线："虽然我为考古学专业的学生额外支付了 25% 的费用，但是，只要这些钱花得值，这就够了。"

偏执的教育批评者和主流的教育卫道士有一个共同的错觉：认为自己的观点无比正确，而对方的看法一无是处。批评者发现教育对工作技能几乎没有影响，所以他们忽略了教育极大提高世俗成功概率的证据。卫道士发现教育对世俗成功有很大影响，所以忽略了教育几乎不能提高工作技能的证据。双方坚持自己掌握的证据，拒不让步。

兼听则明，偏信则暗，明智的做法是认真审视两方的证据。要理解教育的真谛，我们必须审视技能和成功的关系、学习和回报的关系。与职场关联不大的教育确实能带来经济回报，面对这一谜题，唯人力资本论者只能矢口否认，却又无力做出合理的解释。值得庆幸的是，信号模型已经做好准备，它愿意并且能够解开这一教育谜题。

第四章

信号模型:答疑解惑

总之,不管你是谁,你都会同意这个结论:若是人人都伟大,世间岂有豪杰?

——W. S. 吉尔伯特和亚瑟·沙利文

《船夫》

现代社会中，你生命的前 25 年堪称"离奇"。最初几年，你学到非常实用的技能：走路、说话、如何与他人相处。一切都很顺利，直到有一天，父母意识到你到了上学的年龄。于是，你按部就班地上学了。学校教你一些同样非常"实用"的技能：阅读、写作、数学。奇怪的是，一天天过去，大部分情况下，你只是混沌度日，蹉跎岁月。不过，父母、老师和其他长辈仍然坚信，学校的正规教育能为你成年后的生活做好必要的准备。于是，你苦苦熬了 12 年，一直熬到高中毕业，终于，你可以"光明正大"地离开学校了，可一众长辈仍不厌其烦地敦促你，至少再念 4 年书吧！学校教的知识和以后的生活有何种联系？你一直百思不得其解，直到大学毕业的时候，你才真正体会到，长辈劝你多读点书，实在太有先见之明。并且，你成绩单上的成绩越"好看"，劳动力市场给的机会就越多。

着实离奇：每次碰上离奇的事情，人们总是怀疑，问题是不是出在自己身上。说起这段离奇的教育经历，问题出在哪里呢？你自己？还是外界对于教育的看法出了问题？想一想，你在学校里学到的技能很少，但是工资单上的数字却让你乐得合不拢嘴，这太不正常了。教育的信号模型很好地解释了这种离奇现象。为什么学生的学习态度一般、学到的技能很少,但是毕业后却能获得丰厚的经济回报呢?教育的信号作用就是答案。只有向外界发出信号,你生命前25年的教育经历才有价值。想一想我们每个人的"亲身经验",还有什么答案能解释这种离奇现象呢?

但是,前几章中的证据能充分证明教育信号的魔力吗?心思缜密的人对此表示怀疑,尤其是听到"亲身经验"这4个字的时候。在他们看来,所谓的"亲身经验"过于主观,充其量只能算间接的证据,说服力不足,他们期待看到的是能直接反映教育信号作用的社科研究证据。

本章将正面回应这种质疑。我将引用4篇大型社科研究文献,涵盖经济学、心理学和社会学3大领域,旨在直接或间接地探测教育信号,并计算出教育信号的大小。让我们一起解开这4大研究背后的逻辑,审视它们所揭露出的惊人事实。

"羊皮效应"(The Sheepskin Effect)

假设你只差最后一堂课就能获得文学学士学位。现在,你骑着自行车急冲冲地往教室赶,去上最后一堂课。课上要进行期末考试,而你已经做好了万全的准备。突然,一辆车撞上了你。虽然你伤得不重,但还是错过了那场重要的考试,严苛的教授拒绝给你补考机会,结果你挂科了,导致没能顺利毕业。等待愤怒慢慢平息下来后,你开始权衡自己该何去何从——再注册一个学期重修课程来获得毕业证?还是干脆放弃那一纸文凭,继续你的生活?

按照单一的人力资本模型,答案无疑是后者。虽然一场突发事故夺走了你本该得到的文凭,但你仍然拥有获得该文凭所需的全部技能。雇主为你提供一份面向"大学毕业生"的工作是完全合情合理的。由于雇主看重的是技能，而不是文凭，如果再多花一个学期的时间重修课程，只会白白浪费你的时间和金钱。

相反，信号模型建议你重修课程，拿到那张毕业证。在我们的社会中，毕业仿佛是一项"神圣"的仪式，在人生中具有重要的里程碑意义。毕业就等于告诉雇主："我重视社会规范，并且拥有服从社会规范所需的智力水平和职业道德。"中途放弃学业就等于告诉雇主："我蔑视社会规范，或者缺乏遵守社会规范所需的智力水平和职业道德。"如果你顺利毕业，按照信号模型，市场会将你纳入优胜者的队伍，为你的文凭奉上一份"特殊"的奖励——我们通常称这种现象为"羊皮效应"（在过去，文凭是印在羊皮上的，所以人们经常把文凭带来的效应称为"羊皮效应"）。如果你中途放弃学业，按照信号模型，市场会将你归入失败者的行列，并扣留那张"羊皮"带来的回报。毕竟，雇主根本不会知道为何你没有获得学位。他们只知道一个事实：你没有文凭。

劳动经济学家通常会忽略"羊皮效应"。他们认定，教育年限中，每一年的回报是相同的，基于此，他们对"一年的教育对收入的影响"展开研究。然而，研究结果几乎总是与预期相背离："毕业年"的教育回报往往飙升至峰值。高中毕业那一年（即美国的高四年级），回报出现峰值：其回报比高一、高二和高三学年的回报总和还要多。从百分比值来看，研究普遍发现，毕业年的回报相当于3.4个普通学年的回报。大学毕业年的回报同样剧增：大学毕业年的回报是大一、大二和大三加起来的2倍多。研究发现，按百分比值，毕业年的平均回报相当于6.7个普通学年的回报。针对高级学位（高于学士的学位）的研究结果如出一辙：多项研究发现，毕业年的回报剧增，"羊皮效应"显著。

人们受教育的程度与教育回报的趋势高度吻合。"获得学位，然后躺在荣誉簿上睡大觉"是学生采取的经典策略。1/3的美国人苦苦熬过12年，拿到那张高中文凭后就不读了。只有2%的人选择在高二辍学。1/7的人在学校待上足足16年，拿到学士学位后就立刻不读了。仅有2%的人选择在大三时辍学。

信号可以很好地解释教育回报峰值出现的原因。为什么在颁发文凭的毕业年，教育回报出现峰值呢？因为比起中途放弃，获得学位才能向雇主发出一个更强的信号。为什么人们受教育程度的峰值出现在毕业年呢？因为教育好似一场马拉松，通过了终点线，才能获得奖杯、享受鲜花和掌声，学生拼尽全力向前跑，跑不动就走，走不动就爬——无论如何，一定要迈过那道终点线。

为了更直观地感受"羊皮效应"，我们来看看"综合社会调查"中受访员工的相关数据。"综合社会调查"是一项面对广大美国民众的大型调查研究，始于1972年，目前仍在进行中。这项调查是审视"羊皮效应"的理想选择：99.5%的受访者明确告知了个人受教育年限和最高学位。调查结果显示，如果教育对收入的影响完全来自受教育年限，多上一年学，就能多获得10.9%的回报，教育溢价规模巨大（见表4.1）。然而，研究人员在对学位指标进行修正后发现，年溢价率降至4.5%。可见，超过60%的教育回报被证明是"羊皮效应"。高中和四年制大学文凭的回报尤为丰厚：通过这两道"门槛"后，收入增加近1/3。不出所料，回报最丰厚的年份也是最受学生"欢迎"的年份。30%的人拥有高中毕业证书，他们刚好完成12年的正规教育，不多不少；只有5%的人，在读完高三后拒绝读高四。11%的人拥有学士学位，他们上了整整16年的学，不多不少，够拿学士学位就行；只有3%的学生读完大三后就不读了。

表 4.1　综合社会调查（1972—2012 年）中的"羊皮效应"

项目	教育对收入的影响	
教育背景	如果影响完全来自受教育年限	如果影响部分来自学位
受教育年限	+10.9%	+4.5%
高中文凭	—	+31.7%
大专文凭	—	+16.6%
学士学位	—	+31.4%
研究生学位	—	+18.2%

注：所有结果均已对年龄、年龄平方、种族和性别指标进行修正；统计对象限于劳动力人口；原始统计结果（以美元计）已转换为百分比。

多年前，当"羊皮效应"是否真实存在尚无定论时，经济学家认为，"羊皮效应"和信号之间必然存在某种联系。因此，在信号模型和人力资本模型的"对垒"中，如果某一篇论文发现"羊皮效应"存在，信号模型得一分；如果另一篇论文未能发现"羊皮效应"的存在，那么，人力资本模型得一分。但现在，"羊皮效应"的存在已是不争的事实，一些经济学家却想方设法重新解读研究证据，试图否认羊皮与信号的联系。

为什么到了今天，"羊皮效应"反倒无法反映信号了呢？最简单的说法是，学校把最好的"东西"留到最后——毕业年，学生会获得额外的回报——这一年，学校会突然把重点放在培养学生的实用工作技能上。但据我所知，没人赞同这种荒诞的说法。实际上，毕业年是最"游手好闲"的一年，而不是"终于要开始学一些工作技能"的一年。

不过，大多数的质疑声是基于一个截然不同的角度——能力偏差，质疑者希望借能力偏差之手来割断"羊皮"和信号之间的联系。诚然，顺利毕业、拿到文凭就能获得丰厚的回报。然而，据他们推测，真实原因在于，比起辍的学生，大学毕业生拥有更强的能力，因而拥有更好的职业前景——这是能力使然，和文凭没太大关系。如果能力偏差能够很好地解释"羊皮效应"，那么，即便那一场不合时宜的自行车事故夺走了你的文凭，但是，只要你能力够强，你的职业生涯也不会因此受到任何影响。真的如此吗？

和之前我们讨论的一样，测试能力偏差的最好方法是先测量能力、再进行修正。多篇论文对"羊皮效应"进行了这种测试。无任何一项研究表明，"羊皮效应"会在能力修正后消失。相反，研究者在修正能力指标后发现，受教育年限的影响和文凭的影响仅略微下降——文凭带来的相对回报仍保持稳定。

"综合社会调查"的结果颇具代表性。表 4.2 显示了对表 4.1 进行认知能力修正后的结果，其中，最明显的变化是：大专文凭的"羊皮效应"下降了约 1/3。其他文凭的"羊皮效应"变化不大。高中文凭、学士学位和研究生学位的绝对回报几乎没有变化——相对而言，它们的相对回报实际上有所增加。

表 4.2　综合社会调查中的"羊皮效应"与能力偏差（1972—2012 年）

项目	教育对收入的影响	
教育背景	如果影响完全来自受教育年限	如果影响部分来自学位
受教育年限	+10.3%	+4.2%
高中文凭	—	+32%
大专文凭	—	+10.4%
学士学位	—	+29.8%
研究生学位	—	+17.8%

注：所有结果均已对年龄、年龄平方、种族和性别指标进行修正；统计对象限于劳动力人口；原始统计结果（以美元计）已转换为百分比。

用能力偏差来解释"羊皮效应",不仅与统计证据相冲突,而且与一个明显的事实相左:人们受教育程度的峰值出现在颁发文凭的毕业年。如果劳动力市场忽视文凭,只重视能力,为何许多高中毕业生不继续读大学,哪怕只读一年半载?为何许多大学毕业生不继续攻读研究生,哪怕只读一个学期? 1/3 的美国人拥有高中文凭,1/7 的美国人拥有本科文凭,难道我们应该相信,这些高中毕业生都没有能力上大学吗?这些本科毕业生都没有能力考上研究生吗?你可能会说,"大学的知识比高中难多了,很多人就算在高中阶段表现不错,也很可能在大学碰壁"。然而,现在的高中课程和大学课程在知识结构上是高度雷同的,据统计,走传统学术路线的本科生中,约 40% 的人修读过一门基于高中基础知识的补习课程。

还有一些质疑者不肯让步,他们坚称:"一旦让我们找到更好的能力指标,'羊皮效应'就会消失。"坦率地说,这样的预测只是在开空头支票。"羊皮效应"看起来如此巨大,想要证明它不存在,研究人员必须找出一些异常强大但遭到忽视的能力指标。此外,他们还得确保,对那些能力偏差进行修正后,学位回报(不是受教育年限的回报)将会大幅削减。不过,我还有一点小小的疑惑,哪有什么"异常强大但却遭到忽视的能力"呢?本身这种说法就是一个悖论。

理解完所有关于"羊皮效应"的证据之后,现在,请你扮演一下睿智的"所罗门王"的角色(在后文中,你还将多次扮演这个角色),帮助我们做一下英明决断。看,人力资本和信号出现在你面前,争吵着请求你来裁决:在教育回报中,它们各占多大份额。有一个做法听上去很合理:"在教育回报中,受教育年限的回报应归为人力资本,而学位的回报应归为信号。"这意味着,高中和大学的人力资本与信号的份额比约为 60∶40(高中)和 40∶60(大学)。

但仔细一想，这对人力资本未免太过慷慨了。"羊皮效应"≠信号。相反，"羊皮效应"只是为信号的价值设定了下限。作为睿智的"所罗门王"，你应该做出以下裁决：学位回报应归为信号。此外，受教育年限的回报中有一部分也是信号应得的——剩下的一点点就恩赐给人力资本吧。

为什么呢？假如有一个地方，那里没有"毕业"一说。难道我们敢断言，那里没有教育信号吗？当然不。即便不发文凭，教育仍然能发出智力、责任心和服从力的信号。这片想象之地不同于现实世界的主要地方在于：其信号波动较为平缓，人们将通过拉长受教育年限来增加自己的就业率。

在现实世界中，我们知道毕业意味着什么——毕业生和辍学者被视为完全不同的"物种"。然而，这并不意味着我们应该无视那些"未带来学位"的教育经历。

当今社会看重文凭的程度无须赘言，不过，一个人受教育年限的长短，亦能反映出关于他的一些有价值的具体信息。请看看下面这则小故事：

> 简拿到了高中文凭，却没上过大学。多丽丝高中毕业后上了一年大学。你会雇谁？

假设多丽丝在大学那一年没有学到任何工作技能。你仍然会觉得，多丽丝是更好的人选。为什么？因为简达到了最低社会期望，而多丽丝超出了这份期望。如果你想找一个服从力更强的员工，选择多丽丝显然更为稳妥。因此，一些"羊皮效应"的研究者发现，即便只上一年大学，也能带来可观的回报。这不足为奇，因为在雇主看来，尝试后失败总比不敢尝试要好。

如果你没有生活在"象牙塔"内,你可能会认为,"羊皮效应"研究乃多此一举。凭常识我们就知道,劳动力市场对文凭给予充分的回报,何必费神去研究呢?"文凭主义"在现实生活中无处不在。如果你碰巧也是"象牙塔"里的一位教授,你的感受一定更加强烈。"象牙塔"本身就是这个星球上最看重文凭的地方。没有"合适"的学位,想在"象牙塔"谋得一个教职简直是天方夜谭。难道大学教授会怀疑文凭没有用吗?

不过,"羊皮效应"研究终归是有些价值的。生活常识告诉我们,"羊皮效应"巨大,但具体有多大呢?通过相关研究,我们看到一些惊人的数字;我们还戳穿了一些看似合理的谬论,比如,"文凭已经不重要了,看看,好多亿万富翁都是辍学生"。或许最重要的是,通过研究我们发现,人们对于"羊皮效应"的常识与社科研究的结论是一致的。因此,即便你不认同凭"亲身经验"得到的常识性结论,也请你看看社会科学研究的结论吧,两者如出一辙!

就业失衡(Malemployment)与文凭通胀

许多工作者的教育程度比工作所需要的高出不少。教育界之外的人士称这类人为"资历过高的员工"——他们的教育程度超过实际工作需求;专业研究人员经常称这类人为"就业失衡的员工"——他们从事的工作匹配不上他们的教育程度。然而,本质上,这两个说法是一致的:在餐馆吃饭的时候,如果为你服务的侍者拥有天文学博士学位,准是什么地方出了大问题。

研究人员为就业失衡现象提出三大衡量标准。第一种是"非典型教育（Atypical Education）"研究方法，即衡量研究对象的教育程度是否远超出职业要求。使用这种研究方法通常会得出10%—20%的就业失衡率。"非典型教育"方法最大的缺陷是忽略了一种可能性：从事同一工作的普通员工都接受了过度教育。比如，假如所有的调酒师都拥有博士学位，那么，使用这种研究方法，我们得到的调酒师就业失衡率为0。

第二种是"自述式"研究方法：研究人员询问员工，比起工作要求，他们的教育程度如何？答案有三个：超出要求、低于要求、勉强满足要求。使用这种研究方法通常会产生20%—35%的就业失衡率。"自述式"方法有一大主要缺陷：任何人，如果称自己的"资历超出工作要求"，就等于承认自己是一个失败者，可想而知，真实的就业失衡率可能比研究发现的要更高一些。

第三种是"职位分析（Job Analysis）"法：研究人员逐一剖析各大职业，判断每项职业"真正需要"的教育程度，然后，以此为依据，判断员工的教育程度是否超出要求。这种方法通常也会得出20%—35%的就业失衡率。这种研究方法也有一个主要缺陷：工作对于技能的要求并非永恒不变。比如，现代社会中，各种创新层出不穷，曾经复杂的工作也许变得简单多了，曾经简单的工作也许变得更为复杂。

无论你的偏好如何，三种方法都揭露了一个共同的事实：就业失衡现象严重。在这个问题上，经济学家和社会学家居然罕见地达成了共识。要想否认就业失衡现象的存在，很可能只有一个办法——冥顽不灵地坚称："读了这么多年书，拿了这么高的学位，工作中肯定都用得上。"那么试试把这句话讲给一个拥有天文学博士学位的服务员听，看看他会作何反应。

大多数研究人员普遍认为，就业失衡问题越来越严重。一个权威研究团队发现，美国大学毕业生的就业失衡率从2000年的25.2%上升到 2010 年的 28.2%。在 2008 年经济大衰退（Great Recession）最严重的时期，刚毕业的大学生的就业失衡率接近 40%。另一个研究小组观测了多达 500 个不同的职业类型，旨在研究员工教育水平的长期演变史。从 20 世纪 70 年代初到 90 年代中期，员工的平均受教育年限提高了 1.5 年。其中，大约 20%（0.3 年）反映了工作中技能要求越来越高的趋势；剩下的部分来自文凭通胀：各行各业中员工的平均受教育年限增加了 1.2 年。一项历时数十载（1972—2002 年）的研究得到了几乎相同的结果：员工平均受教育年限增加了 1.75 年，其中，仅有 19% 是因为工作对技能的要求不断提高造成的。文凭通胀把学术界也搅得不得安宁。20 世纪 60 年代的大学教授中，拥有博士学位者并不普遍，而今，博士学位几乎成为谋得一份高校教职的基本条件。总有人搬出"信息时代"这一陈词滥调，称当今工作的要求一涨再涨、持续走高，然而，真实情况是，工作要求提高的速度远远不及员工教育程度飙升的幅度。

就业失衡与人力资本模型之间有一种天然的契合。为什么呢？毕业生可能会遭遇"就业失衡"问题，因为他们没有在学校里学到市场需要的工作技能。可能性有两点：第一，他们在校期间学到的实用知识不多，而学到的那一丁点儿有用的知识在毕业后没几年就忘了个一干二净。还记得之前讨论过的"全国成人读写能力评估"吗？其中，超过 50% 的高中毕业生和近 20% 的大学毕业生的读写和计算能力低于中级水平。第二，他们在课程中学到的知识与职场毫无关联。回想一下，超过 40% 的高中课程和超过 40% 的大学专业在有用性指标上得分很低。当一名拥有文学学士学位的调酒师不解地问："哦，为什么？为什么我不能找到一个更好的工作呢？"人力资本模型坦率地回答："虽然你有文凭，但是你没有学会怎么把工作做得更好。"

信号模型却提出一个截然不同的说法——就业失衡反映了一种"内

耗",即工作者为超越彼此进行的无休止消耗战。请把职场竞争想象成一场你追我赶的军备竞赛吧!员工的教育程度不断提升,造成文凭通胀;随着文凭激增,学生必须更加努力地学习,才能说服雇主、赢得工作机会。假如人人都拥有学士学位,如果有人想从事清洁事业,他可能需要"清洁学研究"的硕士学位,才能找到一份擦洗厕所的工作。当拥有文学学士学位的调酒师不解地问:"哦,为什么?为什么我不能找到一份更好的工作呢?"信号模型只能悲伤地回答:"因为太多的竞争对手比你拥有更强的教育背景。"两位著名的社会学家曾解释道:

> 劳动力市场中,资历过剩现象严重,雇主自然把资历"最高"的人放在"最高"的职位。教育过度的结果是:资历高的求职者比比皆是,其中的一些人必然会被降级分配到"中级"职位上,如此一来,中级职位的数量受到挤压,许多具有中等资历条件的员工,只能被迫角逐"低级"职位。

既然人力资本模型和信号模型都承认了就业失衡问题,那还有讨论的必要吗?当然有。两个模型在一大关键点上存在分歧:劳动力市场是否会奖励用不上的教育经历呢?人力资本模型的答案是否,信号模型的回答是肯定的。以拥有文学学士学位的调酒师为例。我们提出一个合理的假设,大学并不能将学生培养成为更好的调酒师。人力资本模型预测,学士学位将无法提高调酒师的收入。信号模型预测则刚好相反:拥有文学学士学位的调酒师肯定比没有学位的调酒师赚得多。为什么呢?所有雇主,包括酒吧,都在寻找智力高、责任心强、服从力强的员工——拥有学士学位,恰好能向外界发出这3大特征的信号。因此,二选一,酒吧肯定会毫不犹豫地选择拥有学士学位的求职者,尽管他上过的学术课程与这份工作毫无关联。

用不上的教育经历在职场的回报有多大呢？回应这个问题的最佳数据来自一些鼓吹大学扩招（College Expansion）的机构（颇具讽刺意味的是，这些机构的研究结果充分反映了严重的文凭通胀，他们居然还在大肆鼓吹大学扩招）。乔治城大学（Georgetown University）教育和劳动力中心的研究人员使用了2007年9月"美国社区调查"的数据，将500个职业类别下超过25万员工的收入按教育水平分类，然后制成表格，他们得到的研究数据充分证实了以下两条规律：

> 第一，几乎所有的职业中，高中毕业生的收入都超过了高中辍学生。研究者从500个职业中选择了214个职业，选择标准是从业者需同时包括高中辍学生和高中毕业生，且人数分别不少于10名。研究发现，93%的职业中，高中毕业生的收入高于高中辍学者，平均收入溢价多出37%。

> 第二，几乎所有的职业中，大学毕业生的收入都比高中毕业生高。在同样的500个职业中，研究者又选择了270个职业，选择标准是从业者需同时包括高中毕业生和大学毕业生，且人数分别不少于10名。研究发现，90%的职业中，大学毕业生的收入比高中毕业生高，平均收入溢价多出28%。

然而，要判定在人力资本和信号的"角力"中谁是赢家，我们还得把注意力放在那些与传统学术课程联系很小甚至没有实质联系的职业上。尽管有些职业与教育的联系尚不明确。我们总能找到一些公认的纯技能型的工作，比如，调酒师、收银员、厨师、清洁工、保安或服务员，几乎没有人上高中是为了从事这些工作，更没有人上四年制大学时怀揣着从事这些工作的梦想。但是，如图 4.1 所示，在劳动力市场中，从事调酒师、收银员、厨师、清洁工、保安和服务员的人中，如果拥有高中文凭和大学文凭，将会获得丰厚的回报。

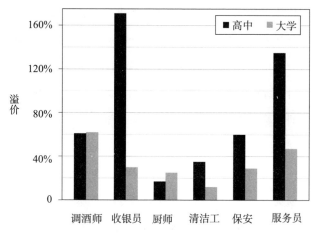

图 4.1　部分非学术职业的教育溢价

资料来源：Carnevale et al. 2011 的补充数据，由合著者 Stephen Rose 提供。
注：高中溢价 =（高中毕业生收入中位数）/（高中辍学生收入中位数）−1。
　　大学溢价 =（大学毕业生收入中位数）/（高中毕业生收入中位数）−1。

上述职业并非特例，许多技能型工作的情况同样如此。的确，调酒师、收银员、厨师、清洁工、保安和服务员大都没有大学文凭。

然而，在现代经济中，这些都是大学毕业生经常从事的工作。为减少争议，我们继续选用图 4.1 中列出的职业来讨论。大学生最常从事的工作岗位中，收银员排第 48 位，服务员排第 50 位，机械工程师排第 51 位。从事保安（排 67 位）和清洁工（排 72 位）的人数，均超过从事网络和计算机系统管理员的人数（排第 75 位）。做厨师（排第 94 位）和调酒师（排第 99 位）的人比当图书馆馆长（第 104 位）的人还要多。唯人力资本论者可能坚持认为，大学为从事电工、房地产经纪人或秘书提供了实用的训练。然而，即便是人力资本理论最坚定的支持者，也很难一本正经地说出这样的话："大学为下一代的收银员和清洁工做好了职业生涯准备。"

现在，我们放眼看一下更多的职业。研究人员对"美国社区调查"中包含的职业进行筛选，筛选条件是：从业者教育背景需涵盖各教育层次（高中辍学，高中毕业，四年制大学毕业），且每个层次下至少有10人。经筛选后发现，近1/3的职业符合条件。在筛选结果中，约1/3的职业与传统偏学术的课程联系甚密。其余的职业与学术课程之间的联系微弱，甚至无联系。图4.2试比较了偏学术职业和非学术职业的教育溢价中位数。

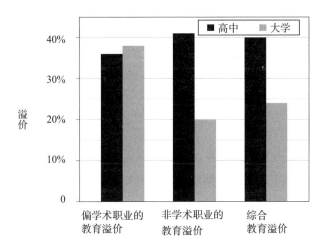

图4.2　按职业类别划分的教育溢价中位数

资料来源：Carnevale et al. 2011 的补充数据，由合著者 Stephen Rose 提供。

如图4.2所示，大学毕业后，比起从事非学术职业，从事偏学术职业收获的溢价几乎翻了一番，也许人力资本论者可以从这一事实中得到一丝安慰。但是，不要过度乐观，看看图中的高中溢价指标，高中毕业后，比起从事偏学术职业，从事非学术职业收获的溢价略高。总体上，如果高中辍学生和大学毕业生在同一行业工作时，大学毕业生通常能多挣 70%—90%——即使他们从事的是高中和大学都刻意回避的非学术职业。

教育溢价中，有多少是人力资本的功劳？又有多少可以用教育信号来解释呢？两者各占多大份额？图 4.2 中的"综合教育溢价"指标直观地反映了人力资本和信号之和。而"非学术职业的教育溢价"几乎完全是信号带来的。那么，怎么计算信号的具体份额呢？合理的做法是将"非学术职业的教育溢价"除以"综合教育溢价"。结果发现，高中阶段的信号份额几乎为 100%，大学阶段的信号份额为 80%。

为什么文凭的回报如此丰厚？即使在明确的非学术职业中也是如此？乔治城大学的研究人员在整理完庞大的数据后，给出两个"荒唐"的答案选项：（1）雇主都是傻瓜；（2）学校教育大大提高了几乎所有行业的生产力。

> 要么我们承认，其实很多工作要求的技能和以前一样，只不过，现在雇主更愿意招聘有文凭的员工，心甘情愿奉上丰厚的薪水。这显然是一种荒唐的经济行为；或者，我们更应该承认，拥有学士学位的员工能够将他们的额外技能转化为更高的工资。再说，很多工作在几十年前不需要学士学位，但现在对技能的要求越来越高——大量的工资溢价就证明了这一点。

信号显然是更加合理的答案。学校通过颁发文凭，对学生的就业能力进行认证。是的，如果毕业后想当服务员，比起上 4 年的学术课程，花 4 个小时学习怎么当服务员更有用，但是现在讨论的重点不是学术课程与餐饮服务业之间的"鸿沟"。从雇主的角度来看，只有一件事是重要的：雇佣优秀学生是获得优秀服务员的捷径。同样，从当服务员的角度来看，只有一件事是重要的：成为优秀学生是通往优质餐厅的捷径。

质疑者总是想方设法摆脱信号模型的影响力，能力偏差模型成为他们的最后一根救命稻草。按照能力偏差模型，如果一位服务员既拥有学士学位，又领着丰厚的薪水，这样的人即使没上学，也同样能取得成功。我们没必要去附和这种极端的说法。对能力指标进行修正，教育溢价的规模会缩小，但绝不会消失。在任何情况下，综合教育溢价和非学术职业的教育溢价几乎是相等的。不过，只有当能力高于平均水平的员工不太可能在工作中使用他们的书本知识时，这个等式才成立。反之亦然。批评信号模型的人往往极力推崇教育在"塑造品格"上的作用，称学校能把学生培养成品德优秀的调酒师、收银员、厨师、清洁工、保安和服务员，这看似有些道理，但是，这种说法有一个主要的问题：并不只是教育能"塑造品格"，工作也能"塑造品格"。如果一年的学校教育能比一年的工作更好地灌输职业道德，那就太棒了，但是，可能吗？

就业失衡现象不是为了吓退那些想就读"难就业"专业的人故意制造的噱头。一个不争的事实是：职场中，文凭门槛不断抬高，远远超过实际工作的需求。现在，做调酒师、收银员、厨师、清洁工、保安和服务员已是大学毕业生的常见工作。无论在工作中是否用得上学校教的东西，良好的教育背景都是职业发展的助推器，每个行业几乎都是如此。此外，科技创新层出不穷，许多本身就不算复杂的工作变得无比简单（比如收银员），但是，如果某位收银员受过良好的教育，市场仍然会为他奉上不错的报酬。

面对这些令人费解的事实，只有信号模型能给出合理的解释。当今社会，只要完成一个阶段的教育后，学校就会颁发文凭，就好像在毕业生的脑门儿上摁上一个金灿灿的"通过认证"印章。对雇主和工作者来说，文凭的重要性不言而喻。随着文凭数量激增，工作者需要获得更高层次的文凭，才能在职场中获得一席之地。你永远不会应用你所学的大部分知识，那又如何呢？只要从学校顺利毕业，职场就会为你敞开大门。显然，我们的教育乱套了，但是，如果你胆敢说半个"不"字，劳动力市场就会为你打上"失败者"的烙印。

雇主学习（Employer Learning）的速度

教育信号理论是经济学家所说的"统计性歧视（Statistical Discrimination）"的一个特例。所谓的统计性歧视，是指人们依据"平均情况下正确"的刻板印象来行事，以便节省时间和金钱。比如说，一位年轻男子买车险时，即使他开车一贯谨慎，也往往需要向保险公司支付比较高的保费。为什么呢？保险公司不会花大钱雇佣私人侦探，逐一评估每位投保人开车出事故的风险。因此，出于谨慎考虑，保险公司采取所谓的"平均情况下正确"的策略——对所有年轻男性收取高额车险费，因为一般情况下，年轻气盛的男性开车出事故的风险更大。

"统计性歧视"这一经济学术语中含"歧视"两个字，许多人可能因此感到不快，但是，生活中，谁没有实施过统计性歧视呢？当你收到一封标题为"加入我们，快速赚钱！"的电子邮件，你并没有点开，而是直接删除；路上，一个肌肉发达的文身大汉向你凑近，你本能地闪躲，头也不回地冲到马路对面。那封电子邮件可能提供了一个合法的商业机会；那位肌肉发达的文身大汉可能是一位友善的马戏团演员——他靠近你只是想问个路。但是，出于谨慎考虑，你做出了基于统计性歧视的判断。拒绝统计性歧视的理想主义者则不同，他们为了做出理智的判断，常常需要耗费大量的时间和精力仔细研究事实。

不过，令他们感到一丝安慰的是：耗费大量的时间和精力来消除统计性歧视，的确能获得一定的回报。拿恋爱关系举个例子，坠入爱河之初，一对恋人会向彼此释放大量无用的信息。但是，随着交往的深入，他们对于彼此的了解会逐步加深。随着时间的推移，"一般情况"和"真实情况"之间的区别逐渐凸显出来。出于谨慎考虑，这对恋人会根据这些区别调整自己的行为。同理，如果一个年轻男子在投保后的5年没有不良驾驶记录，再精明的保险公司也会主动降低他的保险费，以期望留住这一优质客户。

这些不言自明的道理同样适用于教育信号理论。在招聘阶段，文凭的重要性不言而喻。然而，一旦你被录用，雇主很快就会发现你的真实能力。如果你拥有超过文凭的能力，老板肯定会担心你另谋高就。所以，你就等着加薪，甚至升职吧。如果你的真实能力低于文凭，雇主巴不得你快点儿挪窝。即便你获得加薪，幅度也会很小，甚至，惨遭解雇可能是你最终的命运。随着时间的推移，单单一纸文凭已经提不起雇主的兴趣。

这种逻辑看似无懈可击，但却回避了关键问题：雇主最终会了解"真正的你"，但"最终"是什么时候？最后，雇主会付给你"真正值得"的薪水，但是，"最后"又是什么时候呢？为了寻找问题的答案，经济学家花了20年的时间计算了所谓的"雇主学习速度"。

经济学家在研究雇主学习速度时，从未将研究的重点放在雇主身上。相反，他们根据工资推断出雇主对员工的了解程度。随着员工的工作经验增加，文凭的回报会下降吗？认知能力的回报会上升吗？研究人员发现：随着雇主对员工的了解越来越多，他们仅为一纸文凭所支付的费用将越来越少，而为员工潜在的技能支付的费用却越来越多。研究人员推断，当员工文凭和认知能力带来的回报趋于稳定时，雇主才能了解到员工的真实能力。

这种研究做法为我们揭示了什么呢？对于大多数员工来说，雇主的学习过程需持续数年甚至几十年，而非短短数月。两项有关雇主学习的开创性研究发现，工作的头 10 年，能力溢价会急剧上升，而教育溢价会下降 25%—30%。随后，一篇获奖论文发现，工作约 10 年后，员工的教育溢价和能力溢价趋于稳定，此时，教育溢价停止下降，能力溢价停止上升。

雇主似乎不太擅长发现教育程度较低的员工的真实能力，相反，他们更善于发现大学毕业生的真实能力。早期的一位研究人员证实，无论是在蓝领工作还是白领工作中，员工的学术能力越强，工作表现越佳。然而，与大学毕业生不同的是，高中毕业生在参加工作的头 8 年里，因学术能力得到的回报很少，甚至根本不存在。最近一项备受瞩目的研究声称，大学毕业生一进入劳动力市场，雇主就能"近乎完美"地发现他们的真实能力。该研究还指出，对受教育程度较低的员工来说，往往他们要等上 10 年才能得到充分的认可。雇主学习的规律也表明，随着员工职业生涯的深入，"羊皮效应"的影响越来越小。只有一篇论文检验了这一说法，该论文发现，"羊皮效应"历经 20 年左右才能消失。

鉴于上述研究证据，我不禁感叹，雇主的学习速度太慢了！诚然，部分研究称赞雇主能"完美"或"近乎完美"地认知员工能力。然而，仔细研读后才发现，雇主获得员工能力的认知速度极其缓慢。以一项观点略显激进的研究为例，该研究称，雇主能"近乎完美"地发现大学毕业生的能力。同时，该研究还提出，高中辍学生、高中毕业生和大学辍学生首次加入劳动大军时，他们的能力几乎没法带来任何回报。通常，这类人群需要工作 10 年以上的时间，能力才能得到充分认可。换句话说：要想在这个世界上赢得应有的地位和尊重，你最好苦读4年拿到大学文凭。否则，你需要在职场工作10年以上才能获得认可。对于那些"未经雕琢的璞玉"来说，这无疑是一个令人沮丧的消息。

你可以使用上述研究的结论来计算教育信号的重要性。但是，我不得不提出3大注意事项——权威研究人员普遍注意到了，但普通读者很少会关注。

首先，雇主学习领域的研究普遍忽略了员工非认知能力的研究。当研究人员说，"7年之后，雇主就能完全发现员工的全方位能力"，他们所说的"全方位能力"，实际上仅局限于员工的智力，其他方面的能力则遭到忽视。如果研究人员测量诸如责任心和服从力等其他能力，他们所预期的雇主学习速度可能——甚至很可能——会大幅下降。毕竟，高智商是很难伪装的，但是，伪装成一副具有高度责任心和服从力的样子，绝非难事。比如，老板过来视察工作的时候，我们该给员工什么建议呢？"老板来了，假装聪明点！"还是"老板要来了，假装忙一点！"显然，后者才是明智的建议。

雇主的学习进入停滞期，并不意味着雇主已对员工能力获得了完美的认知。有些人可能会把学习停滞期和完美的认知画上等号，但是，"停滞"和"无所不知"是两码事。如果一个人的认知趋于完美时，当然会进入所谓的学习停滞期。但是，无知也是学习停滞的一种表现。比如，我这一辈子都对斯瓦希里语一无所知，我也从未期望过自己提高这方面的认知。当然，除了"无知"和"完美认知"这两个阶段，任何时候，我们都有可能陷入学习停滞期。

雇主也一样，他们的认知随时可能陷入停滞期。老板对你的认识越深，你的薪水得到调整的可能性越大。但是，当老板不再调整你的薪酬时，你不要误以为老板已经认识到你全部的能力。即便教育溢价跌到谷底，这并不意味着雇主已经发现了员工的所有能力，也不意味着教育信号的作用消失殆尽。在大多数欧洲国家的研究中，教育溢价不会随着时间的推移而下降；难道我们可以武断地说，欧洲的雇主都有一双"火眼金睛"，能一下子认识到员工的能力吗？

假设在员工参加工作后的第一个10年中，教育溢价从10%降至5%，然后进入停滞期。这可能意味着，在你从事这份工作10年之后，雇主会了解关于你的一切。根据这种说法，最开始，人力资本与信号的溢价分别占5%，接下来维持在5%的人力资本和0信号。所以两者溢价的比例从最开始的50∶50演变到100∶0。不过，一种更务实的说法是，在你工作10年之后，雇主会以一种最为便捷的方式了解关于你的一切。在这种说法中，人力资本与信号溢价的比例可能从1%的人力资本和9%的信号开始，然后维持在1%的人力资本和4%的信号。所以，两者溢价的比例从最开始的10∶90演变到10∶40。

一直以来，雇主对员工的真实情况知之甚少，如果你很难相信这个事实，那请你联想一下婚姻关系吧。结婚多年后，事实上，你已经停止继续了解自己的配偶，但是，这很难表明你对她已然非常了解。很多男性不解地问："结婚都20年了，她为什么突然要求离婚呢？"同样的道理也适用于劳动力市场。如果连丈夫都永远无法真正了解自己的妻子，我们又怎能期望雇主能真正了解每一位长期雇员呢？

即使雇主了解到员工的真实情况，信号也会影响薪酬。雇主学习领域的研究人员中流传着这样一个说法，一旦雇主了解到员工的真正价值，教育信号的回报就结束了。但我认为，这样说未免有些武断。首先，一旦有新员工入职，公司通常会提供一些有益的在职培训，而这给了信号一个间接提高生产力的机会。整个过程是这样的：第1步，学生上学，向雇主发出信号；第2步，获得文凭，找到一份好工作；第3

步,在工作中学习实用工作技能;第4步,持续获得回报。如果你的教育信号有些"夸大"了你的能力,而雇主在你刚入职后就发现了你的真实能力,那雇主一定会后悔,当初为何那么愚蠢录取了"名不副实"的你。然而,真实情况是,雇主往往需要很长一段时间,才能发现自己的误判,等到那时,你已经掌握了具有市场竞争力的新技能,完全配得上拥有更高的薪水。

然而,信号之所以会持久地影响薪酬,更根本的原因在于,即便了解了员工的真实能力后,雇主也未能做出合理的反应。为什么?因为雇主总是想两头兼顾:一方面希望员工的生产力水平能配得上他们的工资,另一方面希望在团队中营建起一种和谐、公平的工作氛围。照理说,如果雇主发现员工表现不佳,他们理应迅速做出减薪、降职或解雇的反应。可问题是:雇主如采取那些"不公平"的措施,会打击团队的士气——此外,从情感的角度,雇主自身也会感到内疚。

说到加薪,即便幅度不大,也总是好事。但是,同一个岗位上,有人总获得大幅加薪,有人却总是小幅加薪,最终员工的薪酬差距会慢慢变大,造成一种"不公平"的现象。为避免这种"不公平"的现象,大多数公司采用正式的工资等级:为每个岗位建立起一个工资等级表,为每个工资等级划定工资浮动范围。多年坚守在一个工作岗位上的优秀员工,最终会达到该职位对应的工资等级的上限,同样,蹩脚的员工的工资可能是下限值。但是,这个增、减薪过程比听起来要慢,因为很少有公司只根据工作表现加薪。相反,公司倾向于给全部员工加薪,然后对业绩突出的员工给予额外的奖励。但是,从长远来看,如果雇主总是心怀仁慈,采取这种所谓的"公平原则",结果就是:即便有些员工表现不佳,他们的薪水也不会被落下太多。

这种做法带来的副作用是:雇主早已看清了"蹩脚员工"的"真

面目",但"蹩脚员工"仍能从光鲜亮丽的学历中获益。学位帮他们找到了一份好工作。随着真相——真实能力——逐渐浮出水面,通常,雇主仍然会给"蹩脚员工"小幅加薪,而不是光明正大地减薪或降职。这时,文凭的信号作用才开始慢慢减弱(别忘了,在雇主认识到"蹩脚员工"的真实能力之前,文凭发挥了多大的信号作用)。如果雇主信誓旦旦地要开除某位表现极差的员工,出于谨慎考虑和怜悯之心,他们会采取一种迂回的方式来"辞退"他,而不是公然炒他的鱿鱼。如果他找到下一家公司,从事另一份与文凭相匹配的职位,开启下一趟的"欺骗"之旅,"接手"他的雇主可能会经历同样的失望和怜悯。

在梳理了雇主学习相关的研究后,我们似乎又有了底气,准备再一次扮演睿智的"所罗门王"的角色——裁决教育溢价中人力资本与信号的份额比。什么样的份额比与研究结论高度吻合呢?我们可以从两篇重要的论文中寻找答案。第一篇论文发现,如果人力资本与信号的初始比例是 50∶50,那么,从长远看的合理比例应在 60∶40 和 70∶30 之间。第二篇论文发现,从长远看的合理比例应在 50∶50 到 100∶0 之间,该文作者也提出了自己的个人估计:人力资本占 86%,信号占 14%。两篇论文的结论有所不同,与我一直主张的 10∶40 比例有所偏离。我想从两方面解释一下原因:第一,两篇论文都坦承自己的研究结果并非确凿的结论,如研究基于其他的假设,得出的信号份额可能要大得多。第二,这两篇论文都回避了他们方法中的一个明显的漏洞:他们在衡量雇主学习的速度时,只测量了雇主容易察觉的员工认知能力,忽略了雇主难以察觉的员工非认知能力。

开展雇主学习研究之初,研究者提出了"乐观"的假设:谨慎的雇主将逐渐消除统计上的歧视,又快又好地发现员工的真实能力。然而,出乎部分读者的意料,研究发现,即便雇主发现了员工的真实能力,文凭的信号作用也没有立即消失。因此，当有学者宣称雇主的学习"速度快"，或者雇主能"完美"地发现员工的能力时，切不可轻信。为了诋毁信号模型，他们势必会提出一系列不合理的假设。拒绝那些毫无证据的假设吧，信号模型才是更为合理的选择。

个人教育溢价 VS 国家教育溢价

根据单一的人力资本模型，教育通过提高个人生产力来提高个人收入。工作者接受的教育越多，那么，个人的生产力就越强，收入就越高。如果一个国家的所有国民接受的教育越多，那么国民生产力就越强，国民收入也就越高。如果人力资本是解释教育溢价的唯一真理，教育无疑是通往个人成功和国家繁荣的必经之路：教育把国民经济这块"蛋糕"做大了，每位工作者都得到了更大的一块。

根据单一的信号模型，教育通过让你的生产力"看起来"更高来提高个人收入。工作者接受更多的教育，他们的实际生产力保持不变，但收入会增加。如果一个国家的所有国民都接受了更多的教育，国民生产力和国民收入会保持不变。教育的个人效应和国家效应之间出现差异，原因在于信号是一场激烈的内耗战，无论争斗多么激烈，排在"第一名"的永远只有一个人，位列"前三甲"的永远只有3个人。如果信号是解释教育回报的唯一真理，教育无疑是通往个人繁荣和国家经济停滞的必经之路：教育不能把国民经济这块"蛋糕"做大，因此，如果有人得到更大块的蛋糕，有人势必只能得到更小块。

现实生活中，教育介于两者之间。然而，上文描述的两种极端情况，为我们提供了一种全新的"三步走"策略，能帮助我们更好地判断教育溢价中人力资本与信号的份额比。第一步，计算一年的教育对个人收入的影响；第二步，计算一年的国民教育对国民收入的影响；第三步，将结果进行比较。用第一步得出的结果除以第二步得出的结果，就能得到人力资本在教育中所占的份额。而剩下的部分就是信号的份额。

假设上一年学可以使个人收入增加10%，然后，一旦知道了一年的国民教育对国民收入的影响，我们便可以推断出教育中人力资本与信号的份额比。如果教育对国民收入影响是10%，那么，人力资本与信号的份额比是100∶0；如果教育对国民收入影响是6%呢？人力资本与信号的份额比是100∶0；如果教育对国民收入影响是0呢？人力资本与信号的份额比是0∶100。不过，说起来容易做起来难。接下来，我们按照三大步骤操作，看看最后结果如何。

第一步，计算一年的教育对个人收入的影响。我们已经用了整整一章的篇幅研究教育对个人收入的影响，结论是教育的回报非常丰厚，不过，真实的回报比看到的要小一些。在当今美国，上一年学能使收入提高5%—10%。不过，如果要把美国的情况和别的情况做比较，我们需要找一找世界范围内的相关数据。幸运的是，有几个研究小组对各国的教育溢价进行了研究，并得出了两大事实。

第一个重要事实是：在所有富裕国家中，美国的教育溢价高得惊人，尤其是最近几十年。在经济合作与发展组织（OECD，简称经合组织）成员国中，美国的高中教育溢价最大，大学教育溢价也接近峰值。两个研究小组证实，在发达国家中，美国的大学教育溢价排名靠前，甚至可能居于首位。另一项研究计算了27个发达国家和菲律宾的教育溢价。平均而言，多上一年学使男性收入提高4.8%，女性收入提高5.7%。对比起来，美国的教育溢价至少高出50%。

第二个重要事实是：在更加富裕的国家中，教育溢价处于较低水平。一项针对50个国家的综合研究发现，高收入国家的年均教育溢价率为7.4%；中等收入国家的年均教育溢价率为10.7%；低收入国家的年均教育溢价率为10.9%；所有国家的年均教育溢价率为9.7%。经修正能力偏差后发现，所有国家平均教育溢价与美国教育溢价大致相等。

第二步，计算一年的国民教育对国民收入的影响。个人教育对个人收入的影响之大，毋庸置疑。世界上所有经济体的运作方式都如出一辙：上的学越多，赚的钱越多。虽然有些研究中的数据质量很低，比如，个别学生喜欢在接受统计调查时撒谎。然而，即便你无情地"拷问"世界范围内最佳的研究数据，这条黄金准则依旧存在：从个人的角度来说，教育是有回报的——至少在大多数情况下都是如此。

当我们把目光转移到国家层面，那些显而易见的回报却如水蒸气一样蒸发了。一些著名经济学家发现，提高国民教育水平会让国家更贫穷，而不是更富有。还有一些经济学家称，教育对国家有积极的影响，但影响甚微；研究者普遍估计，一年的国民教育可以使国民收入增加1.3%—1.7%。其他一些论文发现了国民教育对国民收入有着一定的积极影响。此外，国民教育对国民收入的影响与个人教育对个人收入的影响大致相等。无论结论如何，研究人员普遍承认他们的发现具有高度的不确定性。

也许你会将研究结果不一致归咎于使用了第三世界国家的统计数据。看看尼日尔、玻利维亚或阿塞拜疆的统计数据，你脑海中可能会不由自主地冒出那句电脑编程界的俗语，"垃圾进，垃圾出（Garbage in, Garbage out）"——即数据分析本身是没问题的，但这些分析却是建立在夸大或不实的数据之上。但是，即便是基于发达国家教育数据的研究，结论依然不明朗。一项全面深入的研究调查了21个经合组织国家，采用了来自5个独立研究小组的8种不同的教育标准。该研究估计，国民教育对国民收入的影响在"微弱的负面影响"与"一定的正面影响"

之间波动（见图 4.3）。对所有八个小组的结果进行平均后发现，国民教育对国民收入的影响率仅为 +1.3%。

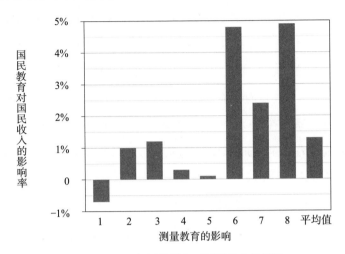

图 4.3　一年国民教育对国民收入的影响

资料来源：de la Fuente and Doménech 2006b，appendix，p. 52，table A.1.f.

有没有更好的测量方法呢？更好的测量方法会带来更大的影响率吗？答案取决于你调查的对象。当然，研究人员都会为自己的研究数据辩护。上述研究中，提出最后三种测量方法的研究者甚至高调地自我"推销"起来，他们称自己的方法是最新的，且经过了改良。如果站在中立的角度，情况就不那么乐观了。一篇大型述评性论文专门列出了一个"最佳教育数据"排行榜，并且对前几名进行了比较，最后得出结论："并没有任何一项数据明显优于其他数据"。

面对这种结果，大多数经济学家着实兴奋不起来：研究结果"令人困惑"，甚至"令人沮丧"。有些人哀叹缺乏定论，而更多人渴望看到支持教育的结论出现。经济学家深知，教育对国民经济的发展至关重要。但是，为什么这些研究数据如此可疑呢？

经济学家还有最后一根"救命稻草":抨击国家层面的教育数据存在计算误差。数个研究小组采用了一些晦涩难懂的统计技术来修正这一缺陷。其中,最引人注目的一项研究发现,教育在国家层面有巨大的回报:经修正测量误差后,一年的教育对国民收入的影响从 +1.3% 跃升至 +6.7%。然而,这一结论并没有让经济学家心安,因为该研究团队还提出,真实的影响率在-26% 和 +40% 之间的概率高达 95%。更令人担心的是:那些晦涩难懂的统计修正技术只针对教育数据进行了修正,而假设其他数据均已获得完美测量。因此,不管教育的真实影响有多大,这种疯狂的假设只会造成夸大的效果。

经济学家热衷于为教育的价值辩护,如果他们尝试从反向因果关系的角度来看教育溢价,很显然,教育不仅没被低估,反而是被高估了。"在教育上投入越多,国家会变得越富裕",这并非事实,真实的情况可能是"国家越富裕,对于教育的投入就越多"。从个人回报的角度看,几乎每个人都会相信这种反向因果关系。为什么富人愿意为昂贵的预科学校和夸张到离谱的大学学费买单? 因为他们有更多的钱可以花。

仔细一想,教育对国家影响的反向因果关系应该更为明显。毕竟,大部分教育费用是由政府承担,而非个人支付的。拿美国幼儿园至高中的教育阶段(K–12)来举个例子。绝大多数美国孩子上的是公立学校,2008 年,每个学生的个人教育支出平均约为 900 美元。相比之下,政府为每个学生的教育经费支出约为 11 000 美元。想象一下,如果美国突然变得更加富裕,比如说,美国的国家财富突然增加了 10%,接下来,国家催促私营部门和公共部门在教育上多花 10% 的钱,会发生什么结果呢? 学生的个人教育支出只会增加微不足道的 90 美元——反向因果关系并不显著。但是,政府为每个学生的教育经费支出将增加 1 100 美元——反向因果关系十分显著。

凭直觉，国家越富强、教育投入越大的观点颇具说服力。现实世界中，如果收缴的税款多得花不完，哪个国家不会在教育上投入更多资金呢？然而，令人遗憾的是，关于反向因果关系的专门研究甚少。不过，其中一篇具有影响力的论文证实了我的疑虑，该论文发现，所谓的"教育对国民收入的影响"中，只有1/3是真实的。不过，说实话，这项研究基于太多颇受争议的假设，很难令我信服。

还有一种比较可靠的做法，比较教育的短期影响和长期影响，这种做法的理论依据是，新获得的财富需要数年时间才能"像涓涓细流，一点一滴"地投入教育预算中，而提高教育预算需要数年时间，才能显著提高普通工作者的受教育年限。这一理论似乎符合事实：当一个国家的劳动力受教育程度提高时，其对国民收入的明显影响在5年内较小，在10年内适中，在20年内较大。因此，抑制反向因果影响的一种方法是计算教育对国民收入的短期影响。

第三步，比较。全球范围内，多上一年学大约能使个人收入增加8%—12%。相比之下，一年的国民教育似乎只能提高1%—3%的国民收入。就结论来看，波动范围很大，因此，教育溢价中人力资本与信号份额的比例也会出现相应的波动。不过，无论如何，信号所占的份额始终大于人力资本。如果睿智的"所罗门王"必须对教育中人力资本与信号的份额比做出精确的裁决，那么10∶40的比例分配是最为合理的。

信号模型的批评者经常搜罗世界范围内的研究证据来诋毁信号模型。"如果教育只有信号作用，为什么在有些国家，多一些教育会对国家的经济增长产生如此大的影响？"这个问题本身就非常片面。令他们失望的是，擅长宏观数据研究的宏观经济学家发现，教育对经济的增长并无显著影响。虽然各大研究的结论并不一致，但普遍来说，研究结论与信号模型的预测相吻合。

批评人士可能会谴责宏观数据质量不佳。当然，这无可厚非。的确，当研究人员对研究过程中的任何一个细节进行微调，结论都可能大不一样，如改变教育的衡量标准、采用不同的统计策略、选择不同的国家，或不同时代的数据。然而，这些都只是托词罢了，无法挽救"教育是通向国家富强之路"这一思想的没落。面对各大研究的结论，人们众说纷纭。有人可能会说"既然大多数的研究都证明了教育对国民经济的影响很小，那我姑且承认教育只是起到信号作用吧"。这是一种正常的反应。还有人固执地说，"看看这些研究吧，结果都不一致，我为什么要相信呢，我还是选择相信常识"，似乎这样说也不无道理。也许，将这两种说法折中后，我们能得到一个更合理的结论："尽管研究证据不甚完美，但确能表明教育对国民经济的影响微乎其微。教育溢价中占优势的一方是信号，而不是人力资本。"

有没有研究证据能证明教育纯粹只是发挥了信号的作用呢？没有。"为什么教育有回报"是一个棘手的现实性问题，而不是一道数学计算题。再次提醒一下，本书所推崇的观点是"教育主要是信号"，而并非"教育纯粹只是信号而已"。这一说法是在梳理了一揽子研究实证后才提出的，所有这些证据都能表明，正如我们所讨论的，教育更接近（非等于）纯粹的信号，而不是纯粹的人力资本。表4.3将前文所列的所有研究证据进行了汇总，以供参阅。

表4.3 信号汇总表

议题	唯人力资本模型的观点	唯信号模型的观点	谁胜出？
学习与收入之间的联系	与职场有关联的学习才有回报	与职场无关联的学习也有回报，只要学习能体现出学生的生产力	信号模型

（续表）

议题	唯人力资本模型的观点	唯信号模型的观点	谁胜出？
大学对非官方教育的排斥	大学不允许非本校学生旁听，所以本校学生得付学费	大学不在乎学生是否旁听，因为反正职场无视非常规的教育方式	信号模型
课程挂科VS忘记课程知识	雇主仅看重学生还记得的课程知识	雇主还看重学生之前学过的课程知识	信号模型
得高分很容易、课程临时取消和作弊	学生只看重在市场上有用的技能，不关注毕业要求和成绩	学生只看重毕业要求和成绩，不关注在市场上有用的技能	信号模型
"羊皮效应"	毕业年的回报并没有特别丰厚	毕业年的回报尤其丰厚	信号模型
就业失衡问题	工作需要学位的原因在于工作看重学生在获得学位的过程中展示的能力	随着高学位越来越普遍，工作对学位的要求越来越高	信号模型
雇主学习	雇主立刻发现员工的真实生产力，并给予回报	雇主永远无法发现员工的真实生产力，或者永远不会对真实生产力给予合理回报	信号模型
个人回报VS国家回报	教育使个人和国家富足	教育使个人富足，但无法使国家富足	信号模型

如何看待考试分数？

社会科学家通常用一种"偷懒"的方式来衡量一个人的教育程度——受教育的年限。然而，在过去的10年里，业界领先的研究人员已经不断升级研究方法。他们不再计算学生在学校投入了多少时间，而是测量学生从学校"带走"了多少知识。更具体一点说，他们希望弄明白，到底是哪些知识促成了个人成就和国家繁荣。

这种研究耗费了研究人员大量的心血，结果也令人眼前一亮。《洛杉矶时报》密切关注洛杉矶教师带来了多大的"附加值"——在一年多的时间里，每位教育工作者让学生的分数提高了多少。教师的"附加值"因人而异,且差异巨大:全洛杉矶市"最高效"的教师让学生的数学成绩提高了11个百分点以上,英语成绩提高了6个百分点以上。学习上的进步在几年内会逐渐消失,但研究人员发现,短暂的分数提升对未来成就具有持久的影响。著名经济学家拉吉·切蒂与合作者在"幼儿园研究"中提出,从幼儿园到小学三年级,学生得分越高,未来的大学入读率和收入越高。切蒂和其他几位合作者开展了另一项研究,得到了类似的结论:从小学三年级到初中三年级,附加值高的教师教出来的学生,在未来往往拥有更高的大学就读率和收入。平均下来,一位附加值高的老师能给每位学生未来带来每年数百美元的收入提升。这个数字看起来不大,但是,如果乘以班级人数30,再乘以学生的职业生涯年数,最后得到的总收益将达到数十万美元。

许多观察家注意到,教师附加值研究和教育信号模型之间存在严重的冲突。冲突何在呢?"高附加值"的教师的确能为学生在未来获得更高的收入,但是,比起就读一些高中课程和大学专业带来的回报来说,只是算小巫见大巫。乐观一点说,优秀的教师能帮助学生建立起少许额外的人力资本优势。由于考试分数的提高往往不具持续性,也许,高附加值教师的优势在于他们更擅长培养学生的责任心和服从力。悲观一点说,优秀的教师能帮助学生在信号内耗战中获得微弱的优势。在他们的循循善诱下,学生笃定,教育对未来的成功至关重要,因而加倍努力学习,接受更多的教育,而更多的教育经历最终会给雇主留下深刻的印象。然而,这两个说法都与我的结论"教育主要是信号"相背离。

其他一些研究发现,全国性的考试分数高低,很大程度上预示着国家的繁荣程度,其中,以埃里克·哈努舍克与其合作者的研究最为著名。与受教育年限不同的是,考试分数对于国家繁荣的影响远比对个人成功的影响更大。哈努舍克等人坚称,如果全国性考试的分数提高,将大幅提高国民经济的增长率。他们的推论是：最终，一定的分数提升会带来数万亿美元的价值，从而使美国更加繁荣。他们认为：考试分数（尤其是数学和科学的分数）与这些天文数字之间必然存在着某种因果关系。

不过，我倒是不赞同这一观点，主要原因在于，在绝大多数现代工作中，数学知识很少用得上，而科学知识更是几乎完全用不上。那么，为什么考试分数看起来有如此大的"魔力"呢？可能，考试分数反映了一种更深层次的、几乎不具可塑性的能力，而这种能力能促进学生未来在各行各业大获成功——这种能力就是智力。但是，即使教育真如哈努舍克所说的那般重要，信号模型也必须站出来，客观地指出当前教育体系的低效和浪费。连哈努舍克自己都发现了两个问题：世界各地的雇主仅奖励学生的受教育年限，而不看重分数，此外，我们投入了那么多教育资源，但是学生的考试分数却一直都没见涨。就这两个问题，信号模型都能给出有力的解释。

劳动经济学家 VS 信号

信号模型一直被视为经济学家比较成功的知识输出之一。斯宾塞和阿罗在 20 世纪 70 年代提出教育的信号模型之后，这个理念很快就传播到了社会学、心理学和教育研究领域。虽然很少有专家对信号模型公然表示支持，但大多数人认为这个理念是可信的，且有证可循。然而奇怪的是，总有一群专家认为信号模型价值不大，甚至没有价值——主要是那些劳动经济学家，尤其是研究教育的劳动经济学家。

在应用劳动经济学领域，人力资本理论占据着至高无上的地位。大多数学者认为信号理论只是一种干扰，无关痛痒。对于我们提出的教育溢价中人力资本与信号的份额比 10 : 40，几乎无人赞同，甚至嗤之以鼻。《教育经济学》（Handbook of the Economics of Education）一书中，有一章甚至高调地摆出了劳动经济学家的共识："我们梳理了职场信号相关的研究实证后发现，没有实证数据支持这一点——职场信号能很好地解释观察到的教育回报。"

这种狭隘的学术发现，着实令人不安。诚然，经济学家的研究有不少盲点，不可能面面俱到，但他们花了多年时间研究经济理论。我们自然会期望劳动经济学家已经对信号模型获得了清晰的见解。然而，历经40 年的研究，资质最为显赫的专家不但没有更好地理解信号模型，反倒扛起了反对的大旗。如果我拍着胸脯，称自己根本不在乎劳动经济学家投来的轻蔑目光，我一定是在撒谎，因为他们站在我的对立面：如果他们是对的，那我就是错的。

我与主流劳动经济学家的分歧具体在哪里呢？大多数情况下，我接受他们的研究实证——尤其是他们采用标准公开的统计方法得到的实证。令我不满的是，主流劳动经济学家在对研究证据解读时，总是采用双重标准。一旦他们发现的证据似乎符合人力资本模型，他们就会立刻搬过来为人力资本模型歌功颂德，从不进行二次考证；当他们发现的证据符合信号模型时，他们会绞尽脑汁否认信号的价值。

看一看他们对"羊皮效应"的态度。几乎所有人都意识到，"羊皮"（文凭）带来的丰厚回报能很好地证实信号的价值，削弱人力资本的影响。但是，只要任何一项研究发现文凭的回报存疑，劳动经济学家就笃定"羊皮"与信号之间不存在任何联系。然而，一旦我们找到大规模的"羊皮效应"的证据，劳动经济学家发现没法抵赖了，便马上设法把话题移开。理论上，"羊皮效应"与个人选择密切相关：也许那些获得学位的学生具有不俗的能力，就算他们在毕业前一天退学，也能在职场获得同样高的薪水。但是，经过标准能力修正后，我们发现，"羊皮效应"毫发无损。唯人力资本论者可能会提出异议："还有好多能力没有修正呢！"如果劳动经济学家非要亲自找出所有未经修正的能力，即便整个劳动经济领域的专家倾巢出动，也注定徒劳无功。

或者，我们再回顾一下世界范围内的教育研究数据。信号模型预测，教育在个人层面的回报远远超过国家层面的回报。这是研究人员普遍得出的结论。然而，极少数劳动经济学家愿意承认"信号在这一轮中获胜"。相反，大部分人急于找出是哪个环节出了问题，导致出现了他们不愿见到的结果。他们盘算着，怎么找到更"高"质量的数据，或者有没有什么"新奇"的统计方法能帮他们扳回一城呢？没有？那他们就会蛮横地抛出一句，这个问题超出我们的研究范围了。换个问题吧，这里没什么值得研究的。我想声明一下，我搬出世界范围内的教育研究证据，并无意对人力资本发动致命一击，从而为人力资本与信号之争盖棺定论。但是，劳动经济学家呢？如果他们发现有确凿证据支持唯人力资本论，他们绝不会像我这样对证据进行二次考证，而是迫不及待地在信号模型的坟墓上跳舞了。

劳动经济学家不仅错误解读了自己找到的证据，还忽视了其他领域学者的证据。许多心理学家、教育学家和社会学家对人力资本及信号的争论都提供了独到的见解，但从论文引用情况来看，劳动经济学家很少阅读他们的研究——换句话说，就根本不承认他们的存在。这是非常典型的"非本地发明（Not Invented Here）症"的表现——认为只要不是自己所在的领域提出的，就都是不好的。

举个例子：人力资本模型认为，教育通过传授实用的技能提高学生未来的收入；信号理论则认为，教育确实能提高收入，但并没有传授太多实用的技能。为了权衡这两种理论，你必须调查学生在学校学到了什么知识，以及留存了多少知识。显然，心理学家和教育研究人员是这方面的专家。然而，劳动经济学家几乎从不去参考这些专家的意见。如果他们"屈尊"去听听那些内行人的看法，将听到数不清耸人听闻的故事——真实学习情况和收入回报之间的鸿沟大到离谱——正如信号模型所预测的那样。

　　劳动经济学家的根本问题在于：在找到实证支撑之前，他们打心里就认可了教育的价值。因此，当他们偶遇人力资本理论时，立刻庆幸，终于找到了主心骨。他们最喜欢这样的说法，"教育和国家的繁荣总是携手同行"。要是劳动经济学领域的新锐学者发现信号的存在，这些资深专家会马上跳出来予以否认。大多数劳动经济学家支持的是"信号没有意义"的观点，比如在第一章中遭到我们有力辩驳的种种说法，"如果教育是无用的，为什么雇主不直接做个智商测试来招聘员工""文凭没有那么大的用处，你不可能长期欺骗雇主，雇主很快能发现你的真实能力""如果教育很大程度上只是一种信号，雇主为什么不使用成本更低的方法来招聘人才呢"。即使他们有一天自己从学术研究中发现了信号模型的重要作用，他们也依旧不愿正视这一理论。

　　即便对于教育价值的盲目崇拜不会蒙蔽劳动经济学家的双眼，但是，每位劳动经济学家的个人经历不同，这也许会影响到他们的判断。为什么呢？因为学者在学校学到的知识和他们的工作内容的联系非常紧密。我称为"智力上的近亲繁殖"。像他们这样的大学教授（也包括我）还是学生的时候，他们坐在教室里学习各种材料，多年后，他们在象牙塔里谋得一份教职，在教学中，他们讲的还是当年自己学习的材料。年轻教授可以循环使用老教授的课堂笔记来"获取人力资本"。结果是：当学者反思自己的教育生涯和过往人生时，学校里的一切看起来都与现实世界如此"相关"。但是，要清楚地发现劳动力市场的情况，穴居于象牙塔的教授需要考虑到这一点：绝大多数学生最终并不会进入学术界，他们将进入现实世界中的各行各业，而教授对这其中很多职业的情况根本一无所知。

当我就此与一些主流的劳动经济学家"讨论"时，他们似乎有些懊恼。"教育的一切都是信号吗？读书只是为了得到那张文凭来展示能力，这个代价未免也太大了，难道没有成本更低的办法吗？我不信！"他们愤愤地说。我本能地想回一句："难道教育的一切都是人力资本吗？""学习拉丁语能让你成为更好的银行家吗？我不信！"但是，话到了嘴边还是没有说出来。我耐着性子给出了一个更有建设性的答案：当然，教育不只是信号，学生肯定能学到一些实用的工作技能。学校教育持续了十多年，如果学生在离开学校前一丁点儿东西都没有学到，连我自己都不信。我的观点是，教育并非纯粹的信号，信号是教育的主要价值所在。考虑到所有的证据，如果要为教育溢价中的人力资本与信号资本定一个合理的份额比例，10∶40是可以接受的。此外，我很乐意与所有学者交流讨论，看看如何得出一个更加确切的比例。然而，在劳动经济学家与唯人力资本论断绝关系之前，我不可能相信他们的研究，其他人也不应该相信。

第五章

教育的个人回报

人力资本理论声称，教育把蛋糕做大了；信号理论则认为，蛋糕没有变大，只是教育重新分配了蛋糕。区别何在呢？谁在乎教育溢价中人力资本和信号的比例呢？50∶50、10∶40还是0∶100？要想找到这些问题的答案，你必须从两个角度来审视教育的真谛：教育的个人回报和社会回报。

从个人回报角度来说，人力资本及信号份额比只是一种茶余饭后的谈资罢了。更大的蛋糕，个人分到的那一片更大？谁在乎这些说法呢？对追逐个人收益的学生来说，迫在眉睫的问题是："我上学会有回报吗"而不是"为什么我上学有回报"。的确如此，不过，窥探一下教育的本质也无妨，说不定什么时候能派上用场呢。人力资本理论则鼓吹，打分严苛的优秀教师比容易及格但水平拙劣的老师更受欢迎；而信号理论的观点恰恰相反。然而，在大多数情况下，怀揣雄心壮志的学生大可蔑视理论，关注自己的利益即可。

但是，从社会的角度来说，了解人力资本及信号的份额比是非常重要的。人力资本的份额越大，教育就越能促进人类发展。可是，如果信号的比例上升，教育的社会效益将逐渐减弱。当信号比例接近100%时，教育将变成了一个"焚化炉",烧光大量的社会财富,焚掉巨额的时间投入,燃尽学生的聪明才智;教育声称为每位学生插上了梦想的翅膀,但却没有教会他们如何飞翔。

在权衡如何使用个人的资源时,大多数人都仅从私利(个人回报)的角度看问题。我亦如此。当我在加州大学伯克利分校读本科时,我自然而然地笃定,读书纯属我的私事,得第一名是我的目标,我压根儿没考虑过个人的教育对人类有什么影响。相反,在权衡如何使用纳税人的资源时,大多数人总是怀揣着崇高的梦想,希望让世界变得更美好。当我们在讨论公立学校教育拨款的时候,很少有人宣称:"因为我没有孩子,所以我们应该削减对公立学校的拨款。"或者"因为我是当教师的,所以我们应该提高财产税,让教师的工资翻倍"。相反,讨论政治时,人们的焦点往往在政策的社会影响上:总体而言,哪项政策能带来更好的社会收益?

在成功学大师看来,每个人关注自己的利益实乃天经地义之事。公共政策专家常把教育的社会回报摆在首要位置。哪一种观点是"正确的"? 这可真是个棘手的问题。在接下来的两章中,我将站在中立的立场,对从以上两个角度收集到的证据进行筛选,以便让读者在"得第一名"和"让世界变得更美好"之间找到一个合适的平衡点。

本章将探讨教育的个人回报问题:当你为自己的教育投资时,你的投资能为你带来多大的回报? 这个问题包罗万象,异常复杂。你必须考虑收入、附加福利、失业风险、工作满意度、健康,以及其他因素——最重要的是,别总惦记着这些好处,虽然励志演说家总说,"只要敢想、敢做,你一定能成功",但是实际上,并非人人都能得到上述的一揽子回报。

下一章将从社会的角度对教育回报进行反思:当你为自己的教育投

资时，你的投资能给包括你自己在内的社会整体带来多大的回报？教育信号的作用是巨大的，梳理相关研究时，我发现，比起教育带来的个人收益，教育的社会回报实在是微乎其微。因此，如果成功学大师说，"你需要更多的教育"，而公共政策专家说，"我们需要更少的教育"，可能两者说的都是对的。

教育的个人回报：启蒙知识

想象一下，假如给你一个神奇的机会，唱一次迪士尼经典音乐剧《欢乐满人间》，从唱完之后到退休，你的收入将提高 0.1%。任何研究人员，只要懂得基本的数学计算，知道这部音乐剧的难度不大，都能算出这 0.1% 的 "《欢乐满人间》溢价" 意味着多少钱。这是一笔不错的回报吗？是的！唱这部音乐剧只需要花 3 个小时。如果你的年薪是 5 万美元，0.1% 的溢价意味着你在整个职业生涯中每年可以多赚 50 美元。很不错的回报，即使你讨厌这部迪士尼经典音乐剧。

再设想一下，如果让你自费在全价迪士尼游轮上演唱《欢乐满人间》，答案可能就会变了。除非你本来已经计划好要去度假，否则，让你自掏腰包支付游轮票价，你心里肯定会犯嘀咕，这可是迪士尼游轮之旅啊，票价太虚高了。假设这一趟邮轮之旅票价是 2 000 美元，你觉得自己真正能享受到的只值 800 美元。现在，为了获得 0.1% 的溢价，你必须花超过 3 个小时去表演，同时，你还得承担游轮票价和个人享受的价值之间的那 1 200 美元差额。想象一下，要是 0.1% 的收入溢价只会在表演 5 年后出现，那就更糟糕了。

所以，重点来了，当你计算教育的价值时，仅知道教育的回报是不够的。你还需弄清楚教育的成本和回报的时间点。即如果你对自己的教育进行投资，你会得到多少回报？你需要等多久才能得到回报？经济学家用一个数字回答了这两个问题。他们称这个数字为"教育回报率"（rate of return to education），或者更简单点，"教育回报"（return to education）。

当经济学家使用单一的指标——回报率——来评估债券价值、住宅隔热层项目的价值，甚至上大学的价值时，非行业人士往往表现出反感——难道没人告诉过你们，有些东西不能用金钱来衡量吗！对于这一批评，略显敷衍的回应是：绝不只有经济学家把教育看作一种投资。自20世纪70年代以来，美国高等教育研究所（Higher Education Research Institute）就对大学新生的人生目标进行了调查。绝大多数人毫不避讳自己对于名利的向往和对物质的追求。2012年，近90%的受访者认为"能够找到一份更好的工作"是上大学"非常重要"的原因或"根本"原因。"经济上非常富裕"（超过80%）和"赚更多钱"（约75%）这两个原因，在大学生的心目中同样占据重要位置。而对于"培养一种有意义的人生哲学"，只有不到一半的人选择了这一项。考虑到人们在接受采访时，往往会给出一些偏理想化、淡化个人名利的答案，可想而知，真实的结果可能比研究结果更为夸张。比起嘴上说的，学生更看重世俗的成功。

然而，对于非专业人士的批评，更为严谨的回应是，身为经济学家，他们当然很清楚有些东西不能用金钱来衡量，并且他们提出了一个正式的解决方案，即计算人们关心的一切。这种方法的诀窍在于：对于每一项回报，思考一下，"我要花多少钱才能得到它？"对于每一笔支出，思考一下，"我要花多少钱来避开它？"也许你认为一份年收入5 000美元的工作很有价值，又或者，你觉得花3 000美元上一年无聊的课程没有意义，这纯属个人追求，无可厚非。虽然大多数东西都没有明显的价格标签，但你可以给任何东西贴上"心理价格"标签。通过数字来体现物品价值，并无不妥之处。要是给任何物品都贴上远低于其实际价值的标签，那才是不可取的做法呢！

在确定了教育的所有回报和成本之后，我们就可以像分析其他形式的投资一样来分析教育。世界上最简单的投资形式是借钱给别人，按一年收回本金和利息。如果你借出 100 美元，正常情况下，一年后，你收回 100 美元的本金，外加一些利息。投资回报率等于利息除以你的初始投资额。如果你靠 100 美元本金赚取 7 美元的利息，回报率则是 7%；如果你赚取到 2 美元的利息，回报率则是 2%；如果你没有赚取到利息，只收回本金，回报率则是 0；如果你没有赚取到利息，只收回本金中的 90 美元，回报率则是 -10%；最坏的情况是遭到违约，你借出 100 美元，只收回了 0 美元，回报率则是 -100%。

简单的一年期借款是解读投资逻辑的"金钥匙"。一旦你掌握了一年期借款的回报率，你就可以解读任何投资形式的回报率。假设某一项复杂的投资能带来"7% 的回报率"，你可以通过以下逻辑来理解——你按一年期借钱给别人，到期后，你将本金和利息再全额借出，如此往复，直至投资结束。最后，将得到的利息总额除以本金，就能得到 7% 回报率。

想象一下，你选择了一种复杂的投资策略，本金 1 000 美元，投资期为 10 年。前 5 年你得不到任何回报。第 6 年开始，你每年可以收回 300 美元，持续 5 年。每新收回一笔 300 美元，你就原封不动地借出。第 10 年末，你收回所有贷款，清点现金。为方便计算投资回报率，我们搬出另一种投资方案——一年期借款，你借出 1 000 美元，为期 1 年，到期后把本金和利息全额借出，如此往复，持续 10 年。问问自己：如果两种投资策略带来的回报相同，回报率是多少？把两种投资方案放进电子表格，很快就能得到答案：5.2%。按照 5.2% 的回报率，无论采用哪种投资策略，10 年期满后，回收的总金额是 1 665 美元。

但教育投资就没这么容易计算了。单列出教育带来的主要回报和所需耗费的成本，就是一项艰苦卓绝的工作。因此，在实践中，大多数经济学家选择了一种相对简单的方法。在计算对教育的个人回报时，他们只关注一种回报（即教育溢价）和两大成本（学费和因上学放弃的收入）。

"教育溢价"。我发现，即使在一丝不苟地修正能力偏差之后，教育还是能增加收入。关键问题是，增加了多少呢？经济学家回应这个问题时，通常假设所有的教育年限都是"平等的"，即受教育年限中每一年的教育溢价完全相同。

"学费"。学费无疑是最大宗的教育支出，不过，我们应该仔细区分学费和食宿费。不上学也有食宿开销，所以食宿费不是真正意义上的"教育成本"。准确地说，你只需计算在学校生活的成本和相同质量的校外生活所需成本之间的差额。

"因上学放弃的收入"。上学和工作之间必然存在冲突。很少有人在上学的同时还能从事一份全职工作。因此，教育的另一个主要成本就是放弃的收入，即如果不上学，你能额外挣得的收入。

如果这 3 大因素是计算教育投资的全部，计算教育的回报就很简单了。从你每年从事全职工作的年收入开始，比如 5 万美元。加入经过核心能力修正后的教育溢价率，比如 10%。再加入一年的学费，比如说 1 万美元。最后，如果接受一年的教育，你需要投资 6 万美元（5 万美元收入加 1 万美元的学费），目的是在未来的职业生涯中每年多挣 5 000 美元。假设你 40 年之后退休，那么，数学高手靠心算都能计算回报率，我们这些普通人用电子表格也能很快得到答案：7.9%。直观一点看，这一年如果你不去上学，而去职场工作，你把节省的 6 万美元以 7.9% 的回报率进行循环投资，实际你得到财富总额和上一年学后得到总回报是相同的。

要想讲清楚有关教育个人回报的启蒙知识，我们还得从技术的角度提出一个警告：我们在进行教育回报估算时，必须按通货膨胀率进行调整。用经济术语来说，教育的回报必须是"真实价值"而不是"票面价值"。相比之下，在日常投资公布的回报中，很少有根据通货膨胀调整的，要得到真实投资回报，我们必须自行调整。近年来，30 年期美国长期国债的票面利率为 4% 左右，剔除平均的通货膨胀率后仅为 2%。同样，经常被引用的"10% 的股票长期回报率"，剔除长期通胀率后跌至 7% 左右。

最后一个问题是：回报率高或低的评判标准？拐弯抹角的答案是，"这取决于当前的利率、风险、风险承受能力、资金流动性、杠杆，以及你的其他投资组合等"。这一答案非常正确，但却毫无用处。为了找一个更为直观的答案，我们用一些生活中有用的经验法则进行判断：经过通货膨胀调整后，10% 的回报堪称优秀；7% 的回报是很好的（约等于股票的平均市盈率）；5% 的回报很不错；3% 的回报只能算勉强凑合；2% 的回报是差劲的；如果回报只有 1% 或更少，那就太糟糕了。

教育的个人回报：计算所有重要的因素

启蒙知识已经讲完了。如果按照简化的方式计算教育回报，的确省时省力，这种方法在学生中应该最受欢迎。然而，如果想获得实用的见解，我们不能想当然地认为教育只有一项回报和两大成本。相反，你必须尽力计算所有重要的因素。

要采用这种"开放式"的方法，单凭一个人的力量是不够的，我们必须开展"头脑风暴"——确定所有可能存在的教育回报和成本。幸运的是，几十年来，大批的研究人员一直为此默默付诸努力。他们发现，教育不仅可以提高薪酬和就业率，还可以提高工作满意度、健康、幸福和其他方面。然而，要获得这些好处，你不仅需要付出大笔学费，还得承受因为上学损失的工作收入。此外，你可能还会错过宝贵的工作经验，忍受无聊至极的课堂授课。还有一个大问题，无论你支付了多大的教育成本，你永远不要忽视一种可能性：有人最终无法获得学位。

进行"头脑风暴"时，一定要避免重复计算。教育带来更高的收入，更高的收入带来更好的人生体验——更大的房子、更好的汽车、更专业的医疗服务。然而，在汇总各种教育回报之时，切勿把"收入"和"收入能买到的东西"重复计算。实际上，两者只是从不同的角度反映同一种教育回报而已。这一道理同样适用于任何公认的教育回报——工作满意度、健康等。

现在，我们把各种不同教育回报和教育成本摆在了台面上，并且已经确认过任何一项都没有被重复计算过。一切准备就绪后，我们终于可以做一些实质性的工作——调查每一项所谓的教育效果是否属实。若属实，我们必须计算回报的多少，并细致地修正能力偏差。接下来，我们必须估算每种回报的美元价值。最后，我们将获得公平计算教育回报所需的一切。

这项任务的工作量巨大，我把其一分为二来讨论。第一项任务：在脑海中构思一位"好学生"的形象，系统地分析他能享受到的教育回报；第二项任务：系统地分析造成回报率高低的主要原因。到最后，我们将得到一些"数字化"的教育建议，这些建议适用于任何人，包括你，也包括我。

请注意:"数字化"的建议与确切的建议有很大不同。处理庞大的教育回报数字与数学上的"常数计算"不同。我们的计算中含有推测得来的数字,所以我们只能得出"平均值"或"期望值",无法得出精准的预测。听到这里,请不要惊慌,我们将尽可能基于权威数据和严谨的学术研究进行预测。庆幸的是,对于每一项主要的教育回报来说,我们都能找到理想的数据来研究。然而,对于不那么重要的教育回报项来说,我们往往很难找到翔实的数据和充分的论据作为支撑。我并没有像很多学者那样,拿所谓的"不可知论"作为退缩的挡箭牌,而是充分运用自己的判断力。如果在计算某项回报时,我的判断有待商榷,请用你自己的判断来代替。不能再等待、不能再畏缩,难道我们总能找到全面翔实的论据吗?难道我们还要苦苦等待学术界新证据的出现吗?此时此刻,多少学生、工作者、选民和政策制定者正面临着各种教育决策,亟须建议。与其总是幻象自己生活在一个没有猜测的世界,倒不如选择大胆而谨慎的猜测。

教育的个人回报:以"好学生"为例

如果你是一位大学升学顾问,一位高中九年级的学生向你请教:我以后该上大学吗?怎样才能在大学里当一个好学生呢?你应该给出直率的答复,而不是搪塞了事,如果你总是含糊其词,兜圈子,年轻人可不买账。优秀的顾问总是会站在学生的角度,仔细权衡问题的复杂程度,不遗漏重要细节。只有如此,你的意见才具有说服力,能为学生接受。接下来,我们细致梳理一下教育错综复杂的回报和成本,并进行相关计算。我们将勾勒出一幅典型的"好学生"形象,探索教育能给"好学生"带来什么样的个人回报。

怎么样才能称得上"好学生"呢？现在，我们一起在脑海里勾勒出一位"好学生"的形象。当然，这位"好学生"可能是男性，也可能是女性（我们暂且用"他"做代称）。他可能是一位全日制学生，也可能在从事全职工作的同时兼顾学业，无论如何，他总是像辛勤的蜜蜂一样，忙个不停。他目前单身，没有孩子，在家附近的公立学校接受各个阶段的教育。最关键的是，他应符合这一基本特征：获得了学士学位，但最终没有继续攻读研究生或专业学位。严格意义上说，"符合基本特征"应包括所有具体的细节，换句话说，该生在认知能力、性格、背景和其他一切特征上，应该与学士学位拥有者的普遍特征相匹配。但实际上，我们可能永远无法获悉所有这些信息。因此，我们只能"管中窥豹"，专注在当前能获得的信息上。按照认知能力测试的结果，所谓的"好学生"排在第 73 个百分位。

根据这一结果的解读，大学毕业生群体中所谓的"好学生"能享受到现实世界中大学毕业生普遍享受的待遇。然而，如果"好学生"在高中阶段就退学了，会得到什么样的待遇呢？即便他具有大学毕业生普遍拥有的认知能力，也只能享受到高中辍学生的待遇。如果"好学生"只完成高中学业，那么，即便他具有大学毕业生普遍拥有的认知能力，也只能得到高中毕业生的待遇。相反，如果"好学生"最终获得了硕士学位，即便他只具有大学毕业生普遍拥有的认知能力，也能享受到硕士毕业生的待遇。

"薪酬"。关于教育对薪酬的影响，我们已经了解了 3 个重要的事实。首先，由于能力偏差存在，教育的实际回报（现金收益和非现金收益）比看起来要小。据合理估计，表面上规模巨大的教育溢价中只有 55% 是真实的。其次，教育的经济收益中，很大一部分是由"羊皮效应"带来的。就百分比看，高中最后一年的价值约为普通高中学年的

3.4 倍，大学最后一年的价值约为普通大学学年的 6.7 倍。针对硕士阶段的"羊皮效应"研究很少，我估计情况与大学本科阶段类似。最后非现金收益是一笔不容小觑的财富。平均而言，员工薪酬比收入高出 44%。虽然受教育程度越高的工作者能获得更高的回报，但随着教育程度的提高，薪酬/收入比略有下降。

这对一位"好学生"意味着什么呢？如果他在大学毕业后便不再接受教育，显然，他将获得大学毕业生普遍薪酬水平的待遇。但是，如果我们的"好学生"提早辍学或继续深造呢？我们可以通过表 3.1 的全职全年工作者的原始收入数据来计算教育对收入的影响，然后根据能力偏差和"羊皮效应"对其进行修正。为得出教育对非现金收益的影响，我们假设收入和薪酬的能力偏差和"羊皮效应"相同，然后使用美国国会预算局（Congressional Budget Office）披露的私营部门员工的薪酬/收入比进行计算。

图 5.1 显示了计算结果。在高中、大学或研究生阶段的普通学年中，多上一年学带来 2 000—3 000 美元的涨薪。然而，毕业年的回报要丰厚得多：获得高中学位，每年可多获得 9 000 美元的薪酬；获得学士学位，每年可多获得 20 000 美元的薪酬；获得硕士学位，每年可多获得 13 000 美元的薪酬。

"就业率"。图 5.1 显示了全职全年工作者的收入，按照定义，全职全年工作者每年至少工作 50 周。然而，在实际的劳动力市场，那些想要从事全职工作的人有时根本找不到工作。

劳动统计学家将"未就业"分为两种情况：如果你正在找工作，但还没有找到，你属于"失业人员"；如果你根本无意找工作，你被归类为"无业人员"——不在劳动力大军中。在计算教育的回报时，一些研究人员就这两种情况都进行了修正。但仔细想想，实在没有必要。降低

182　教育的浪费

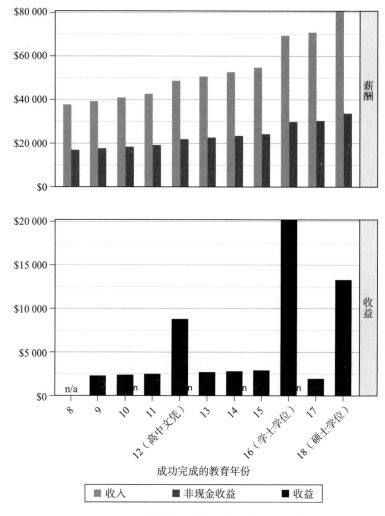

图 5.1　教育对"好学生"薪酬的影响（2011 年）

资料来源：美国人口普查局（2012d，2012e）。
注：假设条件如下：
（1）受试者：全职全年就业人员。
（2）男女比例：50/50。
（3）能力偏差：45%。
（4）私营部门按教育层次分类的总薪酬/现金薪酬比（Falk，2012，pp. 6，10.）。
（5）完成高中的最后一年带来的薪酬回报是普通学年的 3.4 倍；完成四年制大学的最后一年带来的薪酬回报是普通学年的有 6.7 倍；完成硕士阶段最后一年带来的薪酬回报的是普通硕士学年的 6.7 倍。

失业风险显然是一种教育回报,因为教育能提高你找到工作的概率。相反,降低无业风险并非明确的教育回报,因为教育只是增加了你找工作的意愿而已,没有带来实质性的收益。

虽然所有工作者都存在失业的风险,但这种风险随着教育程度的提高而降低。从2000—2013年,高中辍学者、高中毕业生、本科毕业生、硕士毕业生的平均失业率分别为10.0%、6.3%、3.4%、2.7%。显然,一个只拥有学士学位的"好学生"的失业率为3.4%——本科毕业生的平均水平。为了预测其他教育层次中"好学生"的失业率,我根据能力偏差和"羊皮效应"修正了原始数据的差距。不幸的是,很少有论文计算失业率的能力偏差,而且据我所知,也没有论文计算过失业率的"羊皮效应"。鉴于证据缺失,我们姑且假设教育对就业率的影响与对薪酬的影响是一样的(见图5.2)。

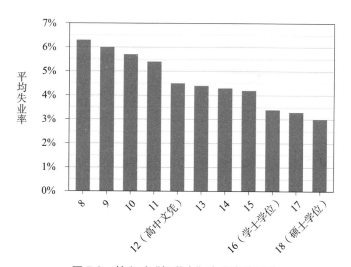

图5.2 教育对"好学生"失业率的影响

资料来源:2015年圣路易斯联邦储备银行数据库。
注:假设条件如下:
(1)男女比例:50/50。
(2)能力偏差:45%。
(3)参照图5.1"羊皮效应"细分图。

"政府税收和转移支出政策"（government transfers）。好不容易拿下一个学位，你终于能领到了一份更高的薪水，但是，甭想把所有的钱都收入囊中。山姆大叔（Uncle Sam，美国的戏称）也要分一杯羹。如果你因为没有学位而找不到工作，也不至于在大街上挨饿。山姆大叔会给你寄一张失业支票。这些税收和福利政策是怎样影响教育回报的呢？

美国的税法制度和福利制度是出了名的复杂。我们可以参考2011年美国税法，估算一下工作者平均收入中的应缴税额。估算的步骤如下：用平均收入减去标准扣除额，然后乘以固定税率为10%的州税及地方税。非现金收益享受免税，不应该纳入计算。按照我们的假设，"好学生"的特征是单身、无子女，且在上学的同时从事一份全职工作，那么，他/她只有资格享受一项重大福利：失业救济。我们假设失业人员2011年平均每周领取300美元的失业救济金。对比一下全美各州的失业救济金计算方法，就会发现，工作者的收入越高，失业后获得的救济金就越高，但是，鉴于福利水平有法定限额，全职工作者失业后所能领取的救济金仅在300美元/周上下小幅波动。

"工作满意度"。我拥有一份梦幻般的工作——我尽情地思考，与学生分享我的想法，还能与最好的朋友共进晚餐，这些都是我的工作日常。我把这一切都归功于我所接受的教育：要是没有博士学位，我根本没有机会在乔治梅森大学任教；要是没读过研究生，我可能在其他行业赚更多的钱，但是，我的工作满意度会直线下降。

显然，像我这样的人也许有些"异类"，因为对一般人来说，受教育程度更高，工作满意度上似乎并无显著提升，即使有一点提升，很大程度上也源于教育带来了更高的收入。如果比较一下那些收入相同但受教育程度不同的员工，你会发现，受教育程度对工作满意度并无显著影响。一些研究人员甚至发现，教育水平越高，工作满意度越低。我们可以找到一个看似合理的理由，即教育提高了人们的期望值。大学毕业生很难得到满足，因为他们总是拿自己和其他大学毕业生做比较，坚信自己完全有资格得到一份"好工作"。但总的来说，我们应该坚持一个相对温和的立场——抛开收入因素考虑，教育对工作满意度的影响平均为零。

"幸福感"。一般来说，受过良好教育的人幸福感更强。教育真的能让你变得更快乐吗？只要你不陷入"重复计算"，我们几乎找不到相关证据。教育可能会略微提高幸福感，即使对收入指标进行修正后也是如此。一个研究小组发现，大学毕业生的幸福感比高中毕业生可能高出 2 个百分点，高中毕业生比辍学者的幸福感可能高出 4 个百分点。然而，另一项研究对收入和健康两项指标进行修正后发现，教育实际上还会降低幸福感。再强调一下，也许教育提高了人们对一切的期望值：大学毕业生总是期待自己事事皆顺意，否则，他们就会觉得自己遭受到"不公"的待遇。由于相关研究不多，且得到结果不一致，我们预测，教育对幸福感的影响为零。

"学习的苦与乐"。人们听说我是大学教授的时候，总是禁不住感叹他们自己在学校的时光，追忆起那段在知识的海洋里尽情徜徉的岁月。不过，很少有人告诉我，"因为我上了大学，所以我现在很幸福"。的确，很多人都向往昔日的美好时光："要是有机会再做学生多好啊！每天都能沉迷于各种新奇的知识中！"然而，我仔细端详现在大学生的模样，却怎么也找不到一丝"沉迷于知识中"的痕迹。脸上写满了乏味的学生挤满了教室。哦，也许用"挤满"这个词不恰当——很多人甚至都懒得来教室上课。

有人反对说："有些学生喜欢学校，有些学生讨厌学校。这很正常啊！"但是，这种说法根本站不住脚。普遍来说，学习生涯里总是充满了无聊之苦。"高中学生参与度调查"可能是针对高中生上课感受的最佳研究，该调查发现，66%的高中生坦承他们每天在课堂上感到无聊至极；17%的学生称他们每一天、每一节课都感到无聊；只有2%的学生声称他们在课堂上从不感到无聊。至于无聊的原因，82%的人称对学习教材不感兴趣；41%的学生认为教材和现实生活没有任何联系。另一个研究小组给每位受试的中学生身上安上一台微型传呼设备，通过该设备实时捕捉学生上课时的感受。上课期间，学生在36%的时间里感到无聊，而在其他活动中，只有在17%的时间感到无聊。难怪盖茨基金会（Gates Foundation）的一项重要研究将无聊列为孩子从高中辍学的最重要原因。

虽然研究大学生上课感受的研究较少，但为数不多的研究均证实，这种无聊之苦从高中一直延伸到了大学阶段。一项针对英国大学生的研究发现，59%的学生对一半或更多的课程感到无聊；只有2%的人声称他们的课一点儿也不无聊。研究人员还对出勤率进行了调查。通常来说，大学里课堂出勤并非强制要求，这为我们推断学生上课的感受提供了很好的视角。看看出勤率吧。有研究发现，学生非常讨厌上课，缺勤率在25%—40%之间波动。

有人可能抗议道，大学里总会有一些心怀不满的逃课生，但是，同样也有许多求知若渴的学生，他们渴望在大学里汲取真正的知识。这么说只是一厢情愿罢了。请记住：大学里，学生通常可以旁听任何课程，但是，逃课的学生多的是，旁听的却寥寥无几。我的教学受到了外界高度的评价，并且，我曾公开宣布过，我所有的课程对地球上的每一个人开放。但是，当我站上讲台时，100个学生中旁听的不足5个。

残酷的现实是，大多数学生在学校里总是与痛苦为伴。要是有人在回首往事时，把自己当年的教育经历描绘成一场知识盛宴，这人要么是骗子，要么是异类。举个例子，在动画剧集《辛普森一家》中，3个孩子的特征大相径庭，巴特调皮捣蛋，丽莎是乖乖女，最典型的学生是霍默。以下是"2个坏邻居"这一集中的一幕：

霍默：玛姬，我好无聊……
玛姬：为什么不找本书读呢？
霍默：读书？开什么玩笑，那更无聊！

在计算"好学生"的教育回报时，我们必须考虑他在课堂上所"遭受"的痛苦。请注意，这是一个关键前提，既然我们要对比学业和工作，那就不应该只是单方面盯着学习。我们应该将学习之苦与工作之苦进行比较，并用金钱来量化这种情感上的差异。如果工作之苦大于学习之苦，这份差异对应的差额就是教育的回报之一。

关于工作和学习的相对愉悦度，最有力的证据来自普林斯顿情感和时间调查（Princeton Affect and Time Survey，PATS）。调查者随机打电话给一些美国人，引导他们回顾前一天所参加过的各项活动，找出以下2个问题的答案：（1）受访者是如何度过他们的时间的；（2）每项活动当时让他们感觉如何——快乐、紧张、悲伤、有兴趣，还是倍感痛苦？所有的PATS情绪量表都包括了7个等级：从0分（完全没有感觉到这种情绪）到6分（非常强烈地感觉到这种情绪）。

该研究的主要发现是：在受访者为各项活动的愉悦度打分时，工作和学习这两项活动都接近垫底水平，不过，工作的得分稍高一些。从细分指标来看，与学习相比，在工作时，人们的压力和悲伤会少一些；和学习时一样，他们在工作时同样会感到无聊；此外，工作时感受到的痛苦稍多一些。最大的区别在幸福感上：工作的平均得分为3.83，而学习的平均得分为 3.55。在这一点上，学习的得分居然仅超过"照顾老年人"这项活动，听上去委实糟糕。

我们应该给教育情感"成本"贴上什么样的价格标签呢？想象一下，如果用金钱为 0—6 级愉悦度量表上的等级赋值，合理的估计是每一级约等于 5% 的全职收入。假设你的全职收入是 2 万美元，那么，由于上学比工作更为痛苦，你必须付出的教育情感成本为 280 美元。这个数字很小，可以忽略不计，但是进行初步计算时也应纳入考虑，方便我们在后面计算那些喜欢学习或讨厌学习的学生的教育回报。

"健康"。自我孩提时起，各种千奇百怪，甚至荒唐无比的教育"赞美词"总是不绝于耳，"读完高中吧，不然你会生病的""上大学让你活得更久"或者"你的健康有问题吗？读硕士可能是最佳疗法"。不过，近年来，"教育万能、包治百病"的言论不再甚嚣尘上。几十年来，医学、经济学和社会学的研究却发现，教育的确对健康有益。一些高质量的研究主动修正了收入因素后，测量教育对健康的影响，旨在发现教育是否能提升健康状况，即使教育未能为人们带来高薪工作。

在外界看来，教育带来明显的健康收益的说法是站不住脚的，但各大研究却共同指向了这一事实：在修正了收入、智力、责任心、时间跨度、风险承担能力等因素之后发现，受教育程度越高，寿命越长，健康状况越好。这些收益大多看起来不像"羊皮效应"，与教育带来的工作收益不同，教育的健康收益是实实在在的。

从基本生存说起。多个研究小组利用全美纵向死亡率研究（National Longitudinal Mortality Study）来估计教育对美国人死亡率的影响。这些研究的设计各不相同，但均对年龄、人口和收入因素进行了修正。结果普遍表明，一年的教育可以使平均寿命延长 0.1—0.4 年。但是，坦率地说，这一结论不够具体。一项著名的研究发现，修正收入和生活方式因素后，教育可能会减少平均寿命。另一项研究的结论则截然不同，该研究指出，接受一年教育，平均寿命会增加 1.7 年。另一个研究小组发现，"羊皮效应"对死亡率的影响甚大；通常，接受教育的年限不同，死亡率区别不大，但获得高中文凭会使平均寿命延长一年或更长时间，如果获得大学文凭，平均寿命的增幅则更显著。

不过，许多研究者坦承，上述数字可能有所夸大。我们忽视了一大事实：与教育程度不同的是，收入每年都在变化。长远来看，收入增长显然会促进健康，而教育"偷走"了收入的功劳。此外，一些研究发现，教育和收入对健康有显著影响，不过，有些影响反映了反向因果关系，比如，有研究提出，如果一个人的健康状况不佳，势必将影响学业成功和职业成就。

更深层次的问题是，教育可以提升健康状况，但往往需要付出代价——沉重的个人"成本"。很大程度上，受教育程度越高的人越健康，因为他们拥有健康的生活方式。他们很少抽烟喝酒，体重保持得不错，并且经常参加体育锻炼。但是，一个问题浮出水面：有些人热衷于抽烟嗜酒、吃喝玩乐，那么，对他们来说，摒弃根深蒂固的生活方式，转而选择那些所谓的健康生活方式，当真是一种"好处"吗？再假设一个人沉迷于学习，无暇谈对象，所有的性病风险自然都与他无缘，这将提高他的平均寿命。请问，我们是否应该将这种情况定义为一种明确的"教育回报"呢？如果答案为"是"，未免太奇怪了。同样，如果把经常锻炼身体（或者少抽烟、少喝酒、不暴饮暴食）定义为明确的"教育的回报"，不也很奇怪吗？

也许，本能的回应是，"教育的健康收益"本身不在于所谓健康的生活方式，而是在于受教育者能做出明智的健康决定。你对健康知识了解得越多，个人花费的健康成本就越低。然而，研究人员在直接测量了人们的健康知识后，却发现健康知识对于生活方式几乎没有影响。如果你觉得这一结论可信度不高，请看看一些社会现实，尽管当前美国的吸烟率下降了不少，但事实上，有关吸烟有害的知识在过去几十年早已得到极为普遍的宣传。同样，很多其他的健康知识早已广泛普及，比如，酗酒的恶习、肥胖症的危害、运动的益处和独身的利弊等，但是这些知识对美国人的生活方式影响甚微。综上所言，我给出的最合理推测是，一年的教育带来的真实生存收益仅介于 0—0.2 年之间。在后续的计算中，我们将采用中位值 0.1 年。

因为健康不仅关乎生存，所以研究人员也仔细审视了教育对"身心健康"的影响。他们通常采取的方法是：发放一份健康量表——一共 4 个健康级别。请受访者根据自己的情况对号入座，进行打分。"综合社会调查"的问题是，"你认为自己的总体健康状况是优秀、良好、一般还是较差"，其他一些调查使用了四级量表或七级量表；量表的等级越多，每一级分配的分数就越小。这种方法看似极其主观，但是自我评估健康状况是预测客观健康情况和死亡率的一项优质指标。

教育程度越高，自我评估健康水平越高。例如，在"综合社会调查"的四级量表中，多接受一年教育可使自我评估的健康水平提高 0.08 分。修正竞争因素会降低测量的效果，但某些健康收益几乎没变。在"综合社会调查"中，经修正收入和人口统计数据后，教育的收益减半，从每年 0.08 分降至每年 0.04 分。另一些研究团队使用了其他数据来源，也得到了类似的结果。经修正收入、人口和一系列其他因素后，接受一年教育带来的健康收益在较大范围内波动：最高值为五级量表的 0.07 分；最低值为七级量表的 0.01 分。

不过，教育对自我评估的健康水平有些夸大，原因和教育对平均寿命的影响如出一辙——忽视了收入的影响。收入每年都在增长，而教育在一定程度上"偷走"了收入对健康的影响。此外，在研究人员所测量的"教育对健康的影响"中，有一部分可能是"健康对教育的影响"。一定程度上，教育似乎鼓励一种"清教徒式"的生活习惯，提高了人们自我认知中的健康水平，但是，研究人员修正了生活方式后发现，教育对于人们自我感知的健康水平的影响下降了约 1/3。综上所述，我给出的最合理推测是，一年的教育带来的真正健康收益在四级量表中介于 0—0.02 分。在后续的计算中，我们将使用中位值 0.01 分。

由于我们的目标是计算教育的回报，现在最后一步就是给这些健康收益贴上价格标签。首先来看看寿命的收益。成本效益分析师对于"一年的健康生活的价值"的标准是 50 000 美元，但是，按照这一标准，休闲时间被视为毫无价值，着实荒谬。因此，更为合理的做法是，假设一年健康生活的价值等于潜在的年收益——约等于两份全职收入。因此，如果一年的教育让你的寿命延长了 0.1 年，而你的全职收入是每年 5 万美元，我们就可以得到平均寿命的收益：1 万美元。注意，这是总额，并非每年 1 万美元。

至于自我评估的健康状况，研究人员尚未确定任何"标准的美元价值"。事实上，他们甚至很少提出这个问题。不过，根据较为合理的经验法则，在四级健康量表中，一个完整的等级相当于你全职收入的 20%。因此，如果一年的教育使自我评估的健康水平提高了 0.01 分，而你的全职收入是每年 5 万美元，那么一年的健康生活能带来 100 美元的收益。注意，不是总额 100 美元，而是每年 100 美元。

"学杂费"。精英学生为教育支付了巨额费用。菲利普斯埃克塞特中学（Phillips Exeter Academy）当前的学杂费标准是 37 000 美元/年。哈佛大学的学杂费超过 45 000 美元/年。如果学生住校内的宿舍，还得付更多的钱。权贵家庭的孩子在找到第一份工作之前，能轻轻松松花掉

50万美元的教育成本。

"好学生"的学费要低得多，因为根据我们先前的假设，"好学生"就读于附近的公立中学，费用低不少；他们没有选择诸如埃克塞特中学之类的昂贵的私立学校，能省下每年3.7万美元的学费。他们不用每年为哈佛大学支付4.5万美元的学费，而是就读当地公立大学，支付较为便宜的州内学费（in-state tuition）——而且与精英学生不同的是，"好学生"还能获得大笔经济资助。为计算"好学生"读一年大学的最低费用，请参阅美国大学理事会（College Board）发布的年度大学费用趋势（Trends in College Pricing）。这份报告列出了大学的各种费用，减去平均经济资助后，便能得出"净学费"。对于我们的"好学生"来说，学费不高，完全可以接受。如果他就读四年制大学，自己每年需承担的费用 =（学杂费 + 书本费 + 生活用品费用）− 经济资助，结果是 3 662.59 美元/年。

再加上食宿费，这个数字就翻了三倍多。住读生的食宿费平均一年为 8 890 美元。然而，大多数研究人员却公然无视这些费用。接受教育可不只是上课而已，学生总得有地方住，总得吃东西。既然我们已经设定"好学生"上的是附近的大学，不妨认定他和家人同住，走读上学，那么对他来说，大学费用就只需 3 662 美元。

如果你是精英学生或准精英学生，也许在你看来，每年 3 662 美元的大学学费低得不可思议。你也许嗤之以鼻："哪有这么低的学费啊？"不过，别总是生活在自己的世界里。如果精英学生真去上公立大学的话，他们要付的学费将与我们计算出的费用相差无几。家境优厚的学生选择学费昂贵的私立学校，这无可厚非，但是，不要否认另一个事实：还有很多孩子上四年大学的学费还比不上哈佛大学一个学期的学费。

当然，走读的大学生往往会向往传统的"住校生活"——与室友、同学和朋友打成一片，想着法儿消遣时间。虽然很少有人研究这一现象。不过，显然许多学生喜欢大学教育中这些"非学术"活动。住校也有缺点，学生需要额外支付食宿费。为进一步探讨住校的收益，我提出两个假设：首先，住家的学生可以享受到和住家工作者一样的娱乐消遣。其次，住校的学生重视校园住宿体验，愿意为此付出不菲的成本，这样，校园社交和娱乐消遣的净收益为零。这种说法对于性格外向、爱好玩乐的学生来说过于悲观，而对于性格内向、独来独往的学生来说，又未免过于乐观。

研究生阶段的净学费呢？我们很难找到可靠数据，但是，在这一阶段，学生能享受大量的经济资助。总的来说，如果我们假设研究生的净学费等于本科生的净学费，应该不会有太大的出入。后文我们将使用这一假设值。

"因上学放弃的收入"。即使学费为零，教育也绝不是免费的午餐。我们的"好学生"如果没上学的话，很可能去从事一份全职工作。因此，所有因上学导致的薪酬损失都应计入教育成本。事实上，考虑到"好学生"需支付的净学费不高，对他来说，因上学而放弃的收入是他的主要教育成本。

"放弃的收入"有多少呢？能计算出来吗？可以，我们已经有了答案。请再看看上文中的图 5.1。在前文中，我们用该图推断"好学生"多上学会带来多少收入，现在，我们也可以用图 5.1 推测，如果他少上学，把省下的时间投入工作，可以多挣多少钱。

全职工作者享受全部的收入和福利——当然，除非他们失业。我们是否可以用全职工作的总薪酬乘以就业概率，从而准确衡量学生因上学放弃的收入呢？差不多。但是，有一个主要疑问：许多全日制学生从事的并非全职工作，而是兼职工作。因此，我们应该从全职薪酬中扣除他们的工资。尽管如此，由于兼职工资很低（更不用说那些无薪水的实习），我们只需要做一个微调即可，比如说，减去全职薪酬的10%。

"计算工作经验"。当你从事一份工作时，你不只是赚取一份固定收入。随着工作经验的增加，你的工作技能会不断提升，劳动力市场为这些额外增加的技能开出不菲的报酬，简称为"工作经验溢价"。你在学校待的时间越长，必须得等更久才能学到这些"额外"的工作技能，自然而然，你的工作经验回报就会来得更晚一些。

计算工作经验的回报是一项复杂的工作。平均来说，多一年的工作经验，收入增加2%—3%。然而，参加工作头几年的经验回报最大，而职业生涯晚期的工作经验几乎毫无价值。不过，现实生活中，工作经验越丰富，获取收益的渠道越多。因此，总体上来说，早期和晚期工作经验带来的收入应该持平。所以在计算工作经验回报时，我认定一年的工作经验带来平均2.5%的收入增长。

"毕业率"。假设银行对一年期贷款收取10%的利息。这并不意味着银行平均每笔贷款能获得10%的利息。总有少数借款人违约。他们花光所有的贷款后，要么逃离贷款地，要么宣布破产。即使违约情况很少发生，贷款方的回报率也会受到较大影响。如果每20个借款人中有一人违约，银行的回报就会下降55%——从10%下降到4.5%。

教育投资也面临着同样的风险：上一年学，也无法保证能够顺利毕业。交一年学费，消磨一年时光，期末考试不及格，这种情况会偶有发生。即便这种概率很小，但是，就像贷款违约的风险一样，一旦这一年的教育投资失败了，都将严重拉低教育回报。任何严谨的教育回报研究都必须充分考虑到这种学术"破产"的可能性。"羊皮效应"的影响进一步放大了这个事实。除非你克服漫漫求学路上一个又一个的学术障碍，否则你不可能赢得跨越终点线后的大奖——文凭。当然，如果学生一年的学习以失败告终，学校通常会允许学生重修一年，但这无非是给那些浪费了一年青春和学费的学生又一个"豪赌"的机会，再赌上一年的青春和再掏一份学费。这和去拉斯维加斯赌场赌博有什么区别呢？

研究人员如果不够小心谨慎，经常会忽视这种未完成学业的情况，因为这种情况大大超出了他们个人的经验感知。研究人员们当然都完成了他们的学位，并且，他们的圈子里几乎每个人都是如此。教育的"损耗率"有多大？触目惊心！美国各级教育中，总体辍学率（也叫"未毕业率"）很高。大约25%的高中生在四年之内没有完成学业。大约60%的全日制大学生在四年之内没有完成学业。有一半的硕博学位攻读者根本就没有完成学业。

但这些只是平均值——我们的"好学生"完成学业的概率应该会有所不同。高中阶段，"好学生"好比是小池塘里的一条大鱼，所以他的毕业率比平均值高一些。然而，在高级学位课程中，"好学生"变成了大池塘里的一条小鱼，所以他的毕业率比平均值低。

高多少？低多少？计算"好学生"的毕业率颇为棘手，而且，相关的研究比你想象的还要少。在梳理了现有的研究证据后，本书在"技术附录"部分为"好学生"分配了以下的毕业率：高中毕业率92.3%，本科毕业率43.5%，硕士毕业率32.7%。不过，通往成功毕业之路上的"消耗"（即未能顺利毕业的情况）是渐进式的。为了修正教育的年度回报，我们需要计算出每一学年成功完成学业的概率。为简单起见，计算时，我们假定失败率保持不变。

给"好学生"提一个建议。现在就把所有的数字放进电子表格，计算一下教育的回报。如果你是一个"好学生"，教育能为你带来多少回报？图5.3显示了从两个不同角度计算的结果：年度回报率和学位回报率。年度回报的计算结果回答了这样一个问题："考虑到所有因素——包括失败风险——上一年学的价值有多大？"学位回报率的计算结果则回答了这个问题："考虑到所有因素——包括失败风险——在未来继续攻读下一个学位有多大价值？"前者会帮助你判断，"如果这是我再上一年学的最后一次机会，我应该上吗？"而后者会帮助你判断，"如果这是我再获得一个学位的最后一次机会，我应该坚持到底吗？"

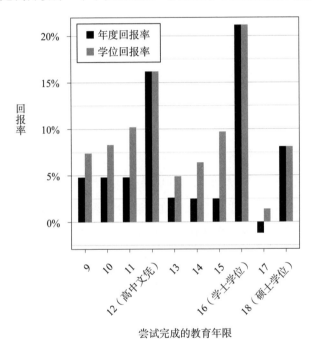

图 5.3 "好学生"的个人教育回报率

资料来源：图 5.1 和图 5.2 及文本。

显然，"好学生"可以享受高额的年度回报率；请注意，图中的计算结果已根据通货膨胀率进行了调整。高中毕业年和大学毕业年的回报率惊人——可比股票赚钱多了。甚至硕士课程最后一年的回报率也大致与股市相当。高中前3年，每年的回报率为4.8%，相当不错。本科前3

年，每年的回报率在2.5%左右，并不糟糕。唯一令人失望的是，硕士第一年的回报率为负。

学位回报也相当丰厚。从"好学生"上九年级开始，接下来高中四年的平均学位回报率为7.4%[①]，但是实际上算的是年度回报率（黑色的指标）。每当他成功完成一年的高中学业，学位回报率就会上升。一旦他开始读十二年级（高中毕业年），学位回报率就上升至16.2%，与当年的学年回报相等。为什么学位回报率会随着学生的进步而上升？因为每当他们顺利完成一个学年的学习，他们就离找到"宝藏"（获得学位）又近了一步。

相比之下，大学的回报就低得多了，但仍然是一笔不容小觑的数目。当一个"好学生"开始上大学时，接下来四年的平均年回报率是4.9%。考虑到这一数值已经根据通胀因素进行了调整，上大学的回报堪比买公司债券的回报。这项投资的回报虽称不上丰厚，但还算可观。硕士学位的回报更低。在开学的第一天，"好学生"就应该知道，即使拿下硕士学位，回报率也是微不足道的1.4%。

因此，抛开硕士阶段不谈，教育对"好学生"来说似乎是一笔不错的买卖，你可能会心生质疑，"这本书为什么单单要对'好学生'的教育回报大费周章呢？这不是故弄玄虚吗？"我这样做的部分原因（你很快会在后文看到）是，教育对"中等学生"的回报并不丰厚，更不用说"差学生"了。而剩下一部分原因是，虽然教育回报看似极其丰厚，但是，如果你注意到我提出的两大质疑——能力偏差和毕业率，情况就会有所变化。如果所有学生（包括辍学生和博士生）拥有同等的基本能力，并且所有学生都能顺利完成尝试完成的教育年限，我们就不需要单

[①] 此处这个百分比应该是作者自己弄混了，这里说的本来应该是学位回报率（灰色的指标）。——译者注

独针对所谓的"好学生"开展讨论了。图 5.4 展示了未经能力偏差和毕业率修正的原始数据。

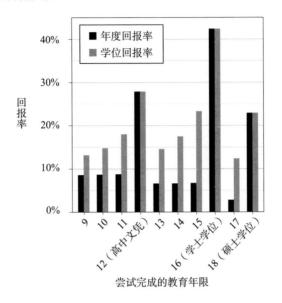

图 5.4 所有学生的个人教育回报率

资料来源：图 5.1 和图 5.2 及文本。

看图 5.4 中那些两位数的数据。毕业年回报率均超过 20%。当学生开始上高中时，他们可以期待得到 13% 的学位回报。对于学士学位来说，学位回报率为 15%；对于硕士学位来说，学位回报率为 12%。因此，在上文讨论典型的"好学生"的教育回报时，即便我提出了一些质疑，但经过论证后，我们的结论是：教育无论如何都不是一笔糟糕的买卖。然而，如果枉顾我提出的质疑，无视能力偏差和毕业率等因素，正如图中"膨胀"的数据所示，教育就变成了彻头彻尾的"快速致富的幌子"。希望你听过这句格言："如果什么东西好得令人难以置信，很可能它有问题。"

教育的个人回报：其他学生的情况

我们已经完成了过半的"旅程"。通过头脑风暴和收集研究证据，我们已经计算出"好学生"的教育个人回报。稍事休息后，我们准备继续朝终点迈进：计算几乎所有学生的教育个人回报。余下的这段旅程依旧充满风险，我们得小心谨慎，一步一个脚印，逐一审视教育的个人回报如何随着能力、专业选择、学校层次、对学校和工作的感受、性别、婚姻状况等因素而变化。下文提及的所有电子表格已放到了网上，作为读者的你，不仅可以审查其中的数据是否合理，还可以编辑假设条件，从而获得有用的个人建议。

"能力与教育的个人回报"。从定义上讲，"好学生"符合这类人的普遍特征：获得了学士学位但未继续攻读硕士学位或专业学位的人。现在让我们定义一下另外三种能力的原型："优秀学生""中等学生"和"差学生"。"优秀学生"符合持有硕士学位者的普遍特征；"中等学生"符合完成了高中学业，但没上大学的人的普遍特征；"差学生"符合高中辍学生的普遍特征。在此我需要赘述一下，理想情况下，所谓的"符合特征"应该包括各个方面的细节特征，包括基本能力、性格、背景和其他所有特征。根据已经测量的认知能力数据，"优秀学生"排在第 82 个百分位；"好学生"排在第 73 个百分位；"中等学生"排在第 41 个百分位；"差学生"排在第 24 个百分位。图 5.5 显示了每个原型的平均薪酬（收入加福利）。

学生的能力越强，教育带来的绝对收益越大。"差学生"如果选择在八年级（初中最后一年）后辍学，而不是勇往直前、一路苦读至硕士学位，那么，他的损失约为 4 万美元 / 年。同样的情况下，"优秀学生"每年的损失逾 65 000 美元。然而，这并不意味着"差学生"在教育投

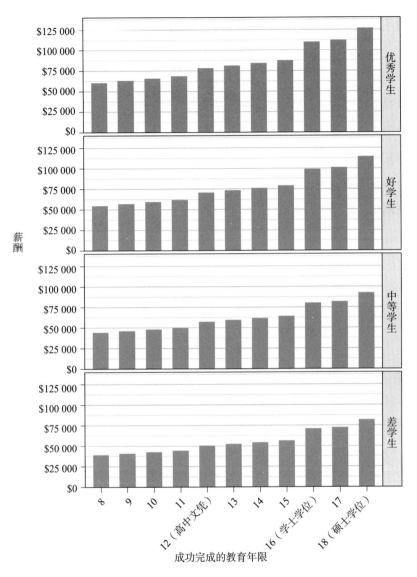

图 5.5　按学生能力划分的教育对薪酬的影响（2011 年）

资料来源：图 5.1 及文本。

资上的回报比"优秀学生"要少。如果有人放弃工作而注册成为全日制学生,他必然会遭受收入的损失,但是,"差学生"的损失比"优秀学生"的损失少得多。

正是基于这一推理,许多著名的劳动经济学家大力鼓吹教育的好处——尤其是大学教育——而罔顾学生的能力如何。不过,他们的逻辑存在严重的缺陷。图 5.5 显示了学生成功地完成了一年教育后报酬的变化。残酷的现实是,学业成功并无稳妥之道,它在很大程度上依赖于学习能力。但是,有多大程度呢?

技术附录筛除了不太理想的证据。图 5.6 显示了我的最合理估计值。

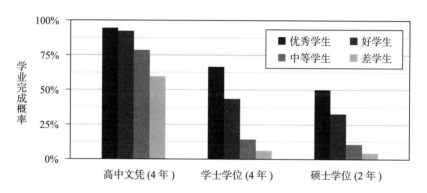

图 5.6 按学生能力划分的学业完成概率

资料来源:见技术附录。

图 5.7 根据完成学习的概率,计算出按能力划分的学位回报率。

计算结果与我们的常识高度吻合。对这四种能力原型的学生来说,高中教育都能带来丰厚的回报。所有的学生(即使是"差学生")都有理由相信,上高中的回报丰厚,幅度甚至比高收益的债券更大。相比之下,如果选择接受大学教育,"优秀学生"和"好学生"只能期待获得比较稳定的回报;"中等学生"的教育回报仅为 2.3%,很大程度上,这

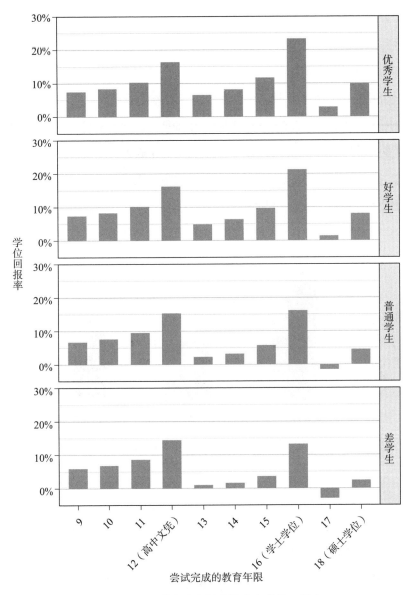

图 5.7　按照学生能力划分的个人学位回报率

资料来源：图 5.5 和图 5.6 以及文本。

归咎于他们相对较高的辍学率。对于"差学生"来说,大学的教育回报更是不足挂齿,仅为1%。最后是攻读硕士学位,对"优秀学生"来说,回报只能算得上一般,不高不低;对"好学生"来说,无疑是个灾难;对"中等学生"和"差学生"来说,无疑等于发现了一座金矿。

"专业选择与教育的个人回报"。谈到教育回报时,我们常常把所有的专业都一概而论,但是,这种做法颇具误导性。实际上,回报的多少与专业背景脱离不了干系。虽然这一结论可能适用于所有的教育层次,但研究人员把目光主要集中在大学专业上。在此,我并未选择列出所有的主要大学专业,而是将商业这一具有代表性的专业——与2个职业前景截然不同的专业进行了比较:电气工程和美术(见图5.8)。

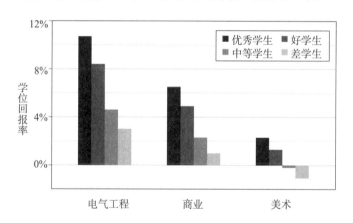

图 5.8　按专业划分的大一新生个人学位回报率

资料来源:图5.7及文本。

结果居然与父辈口中"吃香专业排行榜"出奇地吻合。电气工程学位带来丰厚的回报,学生能力愈强,待遇愈丰厚。美术学位的回报低得可怜,对那些实力较弱的学生来说,更是如此。请记住:图5.8中的零回报和负回报,并不意味着美术学位在劳动力市场中毫无价值。美术学位能使平均收入提高20%以上。零回报和负回报只是意味着，对"中等学生"和"差学生"来说，"20%以上的收入提升"只是看起来美好，却很难牢牢抓住。

无论如何，从经济的角度考虑，如果你热爱学习艺术，并渴望从事艺术事业，你得到的回报可能是灾难性的，至少从数据上看是如此。为自己喜爱的专业的回报赋予一个美元金额，然后编辑我的电子表格，重新计算得出你的"个性化"数字。请记住，你最好选择你"喜爱"的专业，而不是仅使用到该专业知识的"工作"。

"大学层次和教育的个人回报"。如上所述，大学专业对未来的职业生涯有巨大的影响。但是，就读学校的层次高低对未来工作有何影响呢？那些望子成龙、望女成凤的家长总是不遗余力地把孩子送进"顶尖名校"。母校排名的重要性有多大？种种研究得到的结论并不一致。但是，几乎所有的研究都同意：学什么专业比在哪个学校学习更重要。正如一些早期的研究人员所说，"虽然把孩子送到哈佛大学深造似乎是一项超值的投资，但把他送到当地的州立大学主修工程专业，学习大量的数学知识，获得一个较高的GPA，回报更大"。

专家很难达成更深层次的共识。似乎，顶着名校光环的毕业生总能取得巨大的成功，每当人们津津乐道地讨论这一点时，能力偏差这个"幽灵"总会不期而至。也许你会说，常春藤盟校（Ivy League）的孩子个个天赋异禀，即使不上名校，去读三流大学，毕业后同样能在职场闯出一片天地。名校毕业生的成功完全归功于名校光环吗？他们身上是否存在能力偏差现象呢？为解答这一疑问，不少研究人员选择了来自不同大学的毕业生作为调查对象，利用统计平衡法分析了他们入学时的学业能力倾向测验（SAT）成绩、高中平均分（GPA）、家庭背景等因素。但是，在对研究对象的母校展开比较时，他们碰到了一个障碍："大学层次"（也有称"大学录取率"）这一概念听起来通俗易懂，却难以界定。一些研究人员以学生的 SAT 平均分来为大学分级，另一些采用了美国著名的金融刊物《巴伦周刊》对美国大学的分级，还有一些研究人员以大学学费为标准对学校划分层次。

各大研究的结果却得出了截然不同的结论。由史黛西·戴尔和艾伦·克鲁格共同撰写的两篇著名论文发现，名校"血统"几乎毫无价值。尽管他们研究的范围仅仅局限在一小部分名校上，但是，他们在一个颇具代表性的样本中得到了类似的结果。他们最引人注目的发现是，那些向许多顶尖名校同时提交入学申请的学生都获得了非凡的事业成就，无论他们的名校梦是否最终得以实现。说到原因，雇主当然不傻，不会荒唐到根据某位员工 17 岁时向名校寄出的申请邮件数量来定工资。合理的解释是，那些胸怀大志、全力以赴的大学申请者往往充满了异于常人的雄心壮志——这样的特质在劳动力市场上会得到丰厚的回报。如果你觉得戴尔和克鲁格的研究结果难以置信，试想一下，假设有一位大学申请者，他拥有极为强大的实力，并且敢于向哈佛大学提出申请，即便最终未能如愿，但只要他愿意来特拉华大学（University of Delaware）就读，那里的教师一定会对他不吝支持，倍加爱惜。

尽管戴尔和克鲁格的研究结果颇有新意，但是无法代表广大研究者的呼声。几乎所有其他专家都发现了大学血统或大或小的好处。事实上，在戴尔和克鲁格的其他研究中，他们自己也发现了名校血统的丰厚回报。一些研究人员用《巴伦周刊》的美国大学评级来衡量大学层次，他们的研究普遍发现，"顶尖"学校的毕业生收入要比"最差"学校的毕业生高出约 20%。用学生 SAT 平均分来衡量学校层次的研究人员发现，SAT 平均分每提高 100 分，毕业生的收入就会提高 1% 到 11%。用学费来衡量学校层次的研究人员发现，学费每提高 1 000 美元，毕业生的收入就会提高 0%—1%；学费每提高 10%，毕业生的收入就会提高 0%—1.4%。研究还比较了私立学校和公立学校的毕业生，结果喜忧参半。最令人印象深刻的一项研究，将各种衡量标准进行合并，得出大学层次的综合指数。关键性的发现是：如果综合指数从最低值跃升至最高值，男性收入将提高约 12%，女性收入将提高约 8%。

这是否意味着，对那些为了钱而去上大学的人来说，只要有名校发放录取通知书，就应该毫不犹豫地接受呢？答案不一定。从直觉上看，我们都知道，学校层次越高，学业难度更大，学生的毕业率就越低。你能在加州理工学院（Caltech）这所世界级名校熬过四年，顺利毕业吗？但是，从毕业率数据来看，名校学生完成学业的概率出乎意料地高达86%，有一个简单的解释：名校的学生足够优秀，能够轻松完成这个星球上最难的课程。

奇怪的是，大多数专家最终拒绝接受这个常识。相反，他们普遍认为，顶尖名校就像一顿免费的午餐，人人都能享用，人人都应享用。任何学生，只要有机会上普林斯顿大学，他毕业的概率都将大增，毕业后的工资水平也会猛涨。为什么这样说呢？也许，学习上的刻苦精神，抑或是懈怠的态度，都会互相传染；如果你被一群勤奋的学生包围，即便你生性懒惰，也会受到一种无形的催促，进而发愤图强。就我个人而言，我比较赞同研究人员的发现，顶尖学校的学生本身并无所谓的"过人之处"。因此，鉴于上述研究证据，在计算学位回报率时，我认定，大学本身的层次和学生的毕业率并无关联。

那么，比起末流的学校，从一流学校毕业的回报有多大呢？由于各大研究结论并未达成一致看法，我在图 5.9 中对大学层次的溢价进行了 3 种不同程度的估计——低、中、高。按照低估值，大学层次的溢价为 0；按照中位估值，毕业于顶尖学校会带来 5% 的薪酬回报，毕业于末流学校只会让薪酬减少 5%；按照高估值，顶尖学校的光环能带来 +10% 的回报，而毕业于末流学校的回报为 -10%。目前，我们姑且将学费条件设定一个固定值：3 662 美元 / 年。

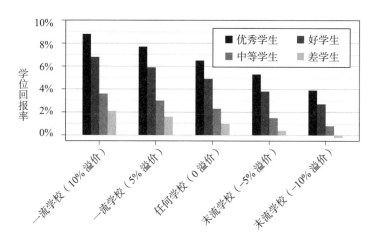

图 5.9　按大学质量划分的大一新生个人学位回报率

资料来源：图 5.7 及文本。

如果上更高层次的大学既不会提高学费，也不会降低毕业率，每个学生只有两种选择值得考虑：对比一下录取你的学校，哪个层次最高就上哪所，要是不满意呢？就干脆别上大学。这个结论令人疑惑，既然大学层次越高，教育溢价越高，对学生来说只会造成两极化的结果：大学对"优秀学生"和"好学生"更为友好，对"中等学生"和"差学生"来说，上大学实在是一笔糟糕的投资。为什么这么说呢？实力强的学生可以选择上"精益求精"的大学，最终实现自己的名校梦；而实力弱的学生只能迫于无奈，最终选择"层次不那么高"的学校——那些愿意接收"差学生"的学校，层次也高不到哪里去。

"自付费用和教育的个人回报"。我在计算学士学位和硕士学位的回报时，使用的标准是，学生为公立学校支付年均 3 662 美元的净学费。但是，如果学生在私立大学就读，情况如何呢？如果学生在私立大学获得全额奖学金或者全额缴纳私立大学的高额学费，回报又会发生什么变化呢？

图 5.10 显示了学生的自付费用对教育回报的影响，假设大学层次不取决于成本（或者劳动力市场不看重大学层次）。

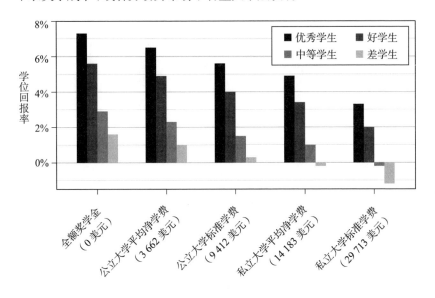

图 5.10　按自付费用划分的大一新生学位回报率

资料来源：图 5.7，S. Baum and Ma 2011 和文本。

注："标准学费"="学杂费"+"书本与学习用品费"；"平均净学费"="标准学费"−"联邦补助金和税收优惠"−"州补助金"−"校内补助金"−"校外补助金"（S. Baum and Ma 2011，pp. 6,15）。

学生自付费用的情况与你预期的一致。对于"中等学生"和"差学生"来说，即使大学提供全额奖学金，上大学对他们来说也算不上一笔好投资。按学校类型来看，选择上公立大学，支付标准的学费，对"优秀学生"来说是一笔还算不错的交易，对"好学生"来说，更是推荐之选,而对"中等学生"和"差学生"来说,这实在是糟糕透顶的决定。说到私立大学的情况,如果你不在"优秀学生"之列,上私立大学就谈不上优秀的投资——即使你能获得一定的学费减免。此外,最顶尖的大学通常会为来自低收入家庭的"优秀学生"提供慷慨的经济援助。例如,如果你的家庭收入低于 75 000 美元,上哈佛大学所需自付的费用通常比乔治梅森大学的学费还低。因此,来自寒门的"优秀学生"的最佳选择是申请多所顶尖名校——如有幸获得多所名校青睐,直接选择学费最便宜的那所。

支付高额学费,难道不能获得更好的学位吗?事情远没有这么简单。以《巴伦周刊》的评分或 SAT 平均分数来衡量,许多公立大学——如加州大学伯克利分校(UC Berkeley)、弗吉尼亚大学(University of Virginia,)和密歇根大学(University of Michigan)——都接近大学排名的顶端。只要你所在州最好的公立大学录取了你,你根本无须支付高额的学费。

最后一点:虽然很多家长心甘情愿支付高额学费,但很少有人问他们的孩子,"上学要花这么多钱,干脆别上学了,把这笔钱直接给你花如何"?家长对于孩子的教育如此上心,总是愿意无条件付出。正因为如此,对家庭来说,教育可能带来莫大的财力损耗,但对学生来说是一项堪称伟大的投资。假设你是一所私立学校的"好学生",你的父母支付全额学费。从家庭的角度,学位回报是 2%,然而,从你个人的角度来说,你会得到 5.6% 的"全额奖学金"回报(如图 5.10 所示)——此外,要是你的父母额外给你一些零花钱的话,你个人的教育回报会更高。

"'学习感受 VS 工作感受'与教育的个人回报"。作为一名经济学教授,我总是期待我的学生为经济学"疯狂",但实际情况往往事与愿违。诚然,大多数人既不喜欢工作,又不喜欢学习。不过,总体上,讨厌工作的人还是少一些。许多人中途辍学，希望早一点迈入职场一展身手，因为上学太过无聊；很少有人因为工作索然无味而断然辞职、重返校园。然而，这是普遍情况，难以进行量化计算。我们不妨换个思路——如果有人痴迷于学习，有人极度憎恨学习，教育回报会有什么不同呢？

本章前文已指出，如果用金钱为 0—6 级愉悦度量表上的等级赋值，合理的估计是每一级约等于 5% 的全职收入。想象一下有两个学生，一个极其喜欢学校，极度憎恨工作——他甚至愿意舍弃全职收入的 30% 来留在学校。另一个极度憎恨学校，极其喜欢工作——他甚至愿意舍弃全职收入的 30% 来逃离学校。对学习两种截然不同的感受，对学位回报有何影响呢？请见图 5.11。

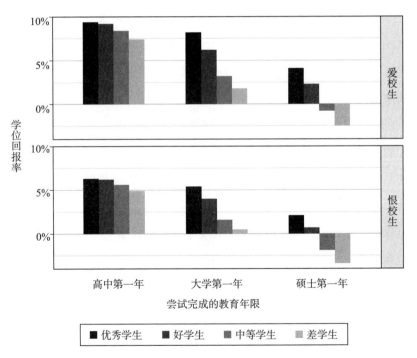

图 5.11 爱校学生和恨校学生的个人学位回报率

资料来源：图 5.7 和文本。

我们得到的最大启发是：对任何人来说，从高中辍学绝对是个轻率之举。即使是憎恨学校的"差学生"，只要完成高中学业，也有望获得接近5%的回报。另一个启发是：高等教育对"优秀学生"来说是一笔好买卖，即使他们打心底讨厌学校。然而，对于"好学生"来说，如果对学校抱有深深的"敌意"，他们的大学之旅将如履薄冰。另外，对于真正热爱学校的"中等学生"来说，上大学的回报不好不坏。要是"中等学生"和"差学生"并没有发自内心地热爱学校，他们顺利完成学业的概率极低。除非他们运气足够好，否则学费很可能会打水漂；倒不如早点儿辍学，去找份工作更加实在。最后，对于那些热爱学校的"优秀学生"来说，攻读硕士学位是值得尝试的。其他人要是也想试试，需万分小心为妙。

"性别与教育的个人回报"。假设所有的学生毕业后进入职场，一直工作到退休年龄，那么与女性相比，男性的教育回报情况如何呢？女性的教育回报率通常更高。女性有一大优势，比起男性，她们毕业率更高，无论在哪个教育阶段都是如此。当前，女性的总体高中毕业率比男性高8%。女性的四年制本科毕业率比男性高33%。即使过往学习成绩与男性相当，女性完成下一阶段学业的概率也超过男性。一直以来，女性比相同教育程度的男性的薪水低。但是，女性在主要的回报率上——高中和大学的总体回报率上则稍稍超过男性。图5.12列出了相关数据。

女性的高中回报最为显著——在四大能力原型的学生中，女性均超出男性2个百分点。但是，女性的大学教育回报逐步下降。男性大学毕业生的总工资更高，更有可能超过学费。对于攻读硕士学位，男性的硕士学位回报更为显著：虽然他们拿下硕士学位的概率相对女性较低，但一旦成功，他们的薪水增幅更大。

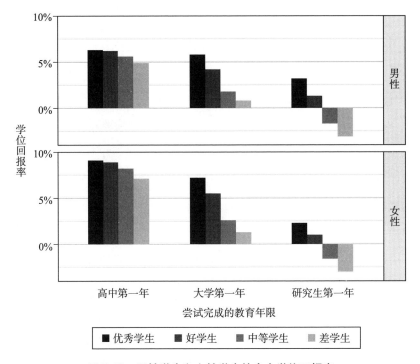

图 5.12　男性学生和女性学生的个人学位回报率

资料来源：图 5.7 和文本。

"婚姻与教育的个人回报"。从一开始，我们就设定了"好学生"的一项特征：单身。然而，大多数人最终都会结婚——而婚姻将极大地改变教育回报。论及主要原因，我们可以用一句老生常谈的俗语来概括，门当户对的婚姻才更容易得到幸福。当你的教育水平提高时，你不应该只是预见自己将获得更高的薪水。你同时可以预见的是，未来配偶的薪水也会更高。这对优秀的学生来说无疑是一个好消息，婚姻成为一种所谓的"强强联合"的形式；经济学上有一个理论叫"涓滴效应"（trickle-down effect），可以用来解读这种婚姻关系——夫妻两方的盈余财富像水滴一样，由上至下渗透、涓滴到对方的钱包中。

虽然在校期间，很少有学生怀揣这种"淘金"的想法，但是，多接受几年教育仍然会提高你淘到金子的概率。生活中，情况大体相似。在找到最终的配偶之前，你总归需要结识一些异性。在我们的社会中，你的学历越高，你就越有可能结识一些富有的异性或即将变得富有的异性。即使你随便找一个人结婚，若你学历越高，找到高收入伴侣的概率也越大。

当然，很少有人会随随便便找个人结婚。异性相吸乃人之本能，但最后俩人能否喜结连理，往往取决于诸多因素，比如年龄、宗教、种族、阶级、爱好，当然还有一大不容忽视的因素：文凭。据调查，如果你多上一年学，未来你配偶的受教育年限将提升 0.5—0.6 年。即便修正了智力、年龄、种族、性别和宗教信仰等竞争因素之后，我们仍然能在婚配关系中发现高达约 80% 的"羊皮效应"。如果借用"综合社会调查"的数据，我们可以更直观地发现，文凭不仅带来"收入"上的"羊皮效应"，也带来了"婚姻"上的"羊皮效应"。高中毕业会让你与高中毕业生结婚的可能性增加近 30%。大学毕业会让你与大学毕业生结婚的可能性增加 25%。因此，有人说美国的婚姻是一种以文凭为基础的种姓制度（caste system），也就不足为奇了。

过去，教育只能为女性带来巨大的婚姻回报，因此，许多女性毕业后很快找到了家境殷实的对象，专职当起了"阔太太"，再也不需要在职场上摸爬滚打。当我在加州大学伯克利分校读本科时，男生会开一些不太礼貌的玩笑，调侃班上那几个成绩不好的女同学，称她们赖在学校只是为了拿个文凭，方便以后嫁个好老公。今天的世界已经完全不同——文凭依旧能帮女性找到优秀的丈夫，不同的是，现代的男性通过文凭认证后，亦有更大的概率找到优秀的妻子。

教育的婚姻回报有多丰厚？奇怪的是，针对女性婚姻回报的研究少得可怜，而对男性婚姻回报的研究更是几乎不存在。虽然学者都很清楚婚姻"市场"，但他们很少思考，"多上一年学会增加你嫁/娶有钱人的概率吗"。尽管如此，仍有少数学者对此类问题展开深究，并挖掘出了颇有价值的信息。

针对相关研究的缺乏，有一种解释：婚姻关系的双方之间似乎存在一种零和（zero-sum）关系。如果已婚夫妇先平均分配他们的家庭收入，然后各自支付自己的开销，那么低收入一方的经济收益与高收入一方的经济损失相同。比如说，妻子一年挣6万美元，丈夫一年挣4万美元，那么，婚姻成就了丈夫——成为妻子每年损失1万美元，丈夫每年获得1万美元的婚姻回报。

然而，仔细一想便知道，已婚夫妇往往共同承担家庭开销，而这能省下一大笔钱。"两个人的生活成本和一个人的一样低"，这句俗语虽然有些夸大的成分，但不无道理。想想，两人组建家庭后，会有哪些方面的开销需要共同承担呢？住房、家具、交通、公共设施、家务，请注意，像Costco这样的商店还售卖各种各样的"家庭优惠装"或者"情侣超值装"的日用品呢。显然，如果俩人还处于单身的状态，每个人必须得独立承担所有这些开销。夫妻共同承担家庭开销到底能省下多少钱呢？学者用一系列科学的方法来分析这个看似有些乏味的生活话题。研究发现，夫妻共同承担家庭开销能为家庭节省20%—40%的总开支，最合理的估计值大约在35%。诚然，婚姻关系能使收入较低的一方获得"显性"的婚姻回报，不过，收入较高的那一方也能通过夫妻共同消费、节省开支，获得"隐性"的婚姻回报。

我借用"综合社会调查"的结果来估算教育的婚姻回报。首先，我初步估计了婚姻关系中，双方的教育背景匹配情况。其次，我计算了教育背景更强的一方为普通教育背景的配偶带来多大的收入提升。最后，我假设已婚夫妇平均分摊生活开支，且节省了35%的生活成本，并基于此开展教育回报计算。为确保数字运算可控，选择调查对象时，我设定了以下筛选条件：（1）25岁结婚；（2）夫妻双方均从事全职工作；（3）婚姻关系正常存续（见图5.13）。

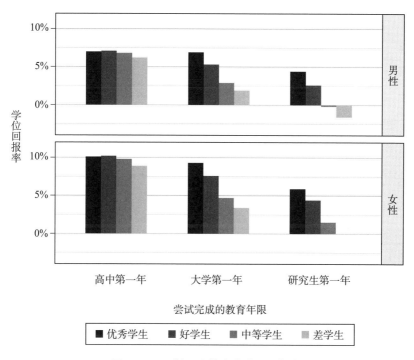

图 5.13　已婚男女的个人学位回报率

资料来源：图5.12及文本。

正如预期的那样，无论男女，不管能力层次如何，婚姻都能进一步放大教育回报。婚后男性的教育回报率提高大约1%，婚后女性的教育回报率提高约2%。虽然看起来回报不算惊人，但是当你犹豫不决、不确定是否应该上学的关键时刻，这些数字仿佛在耳边催促你，赶紧去学校吧。毕业之后早点儿结婚，还能得到一点儿额外的回报，何乐而不为呢？

顺便说一句，为什么人们争相拥入私立名校，心甘情愿地支付高昂的学费呢？最具说服力的一个答案是———张优质文凭是未来婚姻市场上的"金字招牌"。上哈佛大学可能不会给你带来更好的工作，但几乎可以肯定的是，顶着名校光环的你将备受瞩目，为一众优秀的异性所包围。虽然针对这一话题的研究并不多，但已有的研究结果均能证实这一点。一个研究小组发现，女性因拥有名校文凭所享受的经济回报中，超过一半来自婚姻。年轻人每每向往婚姻时，总会憧憬，自己未来的配偶是某名牌大学的高材生。如果你上了哈佛大学，你可能还是原来那个你，但你会遇到许多"精英"级别的异性。俗话说得好："别为了钱而结婚，去有钱人的世界寻找真爱吧。"这种观念可能听起来有些过时，但依旧无比正确。随着性别歧视不断缩小，女性的婚姻回报也逐渐缩小，而男性的婚姻回报则逐步上升。这一点我能感同身受——我是一位大学教授，我的妻子是一名律师，比起她的收入，我的收入实在相形见绌。

"劳动力参与率和教育的个人回报"。到目前为止，我一直假设每个学生都希望毕业后从事全职工作，一直干到退休年龄，中间不间断。用专业术语来说，所有的计算都基于两大假设条件："100%的劳动力参与率"（Workforce Participation）和"100%的全职工作"——即毕业生可能在找工作时，有过一时的彷徨与挣扎，但最终会找到一份朝九晚五的工作，一直干到65岁才退休。假如有学生向你寻求教育建议："我该多上几年学吗？所有的投入值得吗？"我们可能会下意识认为，这样的学生志存高远，渴望在毕业后拥有一份完整健全的职业生涯，从而实现自己的个人抱负。

但这种想法有些过于理想化了。即使是现在看来抱负最大的学生，也有可能在未来的某一天辞去工作,在家里专职带孩子;还有一些人可能会疲于应付职场中"虚假"的人情世故,心生倦意,想借故离开,去"寻找真正的自我";还有人可能将备受慢性疾病的折磨,不得已只能辞职调养身体。更重要的是,如果你对那些寻求教育建议的学生和盘托出这些实情,他们的心里可能会打起退堂鼓。有些人可能不再发愤图强,还有人甚至会打消继续深造的念头。虽然整体劳动力参与率随着整体教育程度的增加而节节攀升,但是与100%的比例仍有明显差距(见图5.14)。

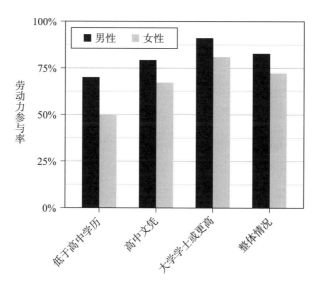

图5.14 按教育程度划分的25—64岁年龄段劳动力参与率(2011年)

资料来源:Snyder and Dillow 2013,p.620.

更复杂的情况是:相当多的劳动力市场参与者——约9%的男性和22%的女性——只从事兼职工作。兼职人员的收入只占全职人员收入的一小部分:男性兼职人员的收入等于全职人员收入的31%,女性兼职人员的收入等于女性全职人员收入的38%。为直观起见,我在计算时做了一个简单的换算，将"一位兼职工作者"计为"全职工作者 × 相应的分数"，即一位兼职男性＝一位全职男性×31%；一位兼职女性＝一位全职女性×38%。

暂且不谈兼职情况为计算带来的复杂性。如图 5.14 所示，受教育程度越高，劳动力参与率越高，但是我们不应该只是从表面看数据，数据上的差距一定程度上反映了参与者能力上的偏差：坚持学习的人往往在毕业后也会坚持工作。不幸的是，关于劳动力参与率和能力偏差关系的研究少得可怜。最可靠的做法是对图 5.14 进行标准的能力偏差修正和"羊皮效应"修正，修正得到劳动力参与率后，重新计算个人教育回报（见图 5.15）。进行基本的数学运算后，我们发现，学位回报全面下降。

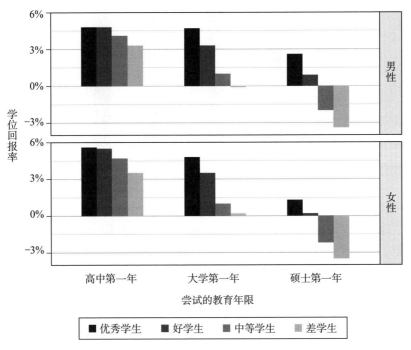

图 5.15　修正劳动力参与率后的个人学位回报率

资料来源：图 5.12 和图 5.14 及文本。

值得注意的是，个人教育回报的跌幅之大，令人咂舌。如果把劳动力参与率纳入计算，将在很大程度上消除女性在教育回报上的优势。总体上，"职业女性"比"职业男性"依旧获得更多的高中教育回报和大学教育回报。但是，如果从能力水平的角度来看，除了"优秀"这一能力层次外，女性学生在高中教育回报上的优势并不明显，在大学教育回报上的优势更是几乎为零。同样值得注意的是，对于"差学生"来说（无论男女），上高中不再是拍一拍脑袋就做出的决定；对于女性"差学生"来说，高中学位回报从 7.1% 骤降至 3.5%。为何会有如此大的变化呢？因为在这些女性中，只有不到一半的人从事全职工作。

实用建议——献给对教育持谨慎态度的学生

每当学生抱怨："到底要不要上学？您就不能给个直接的答案吗？"老师总是陷入尴尬的境地。给出一个简短的答案很容易，但对追求真理、践行真知的大学教师来说，若无法提供科学合理的解释，绝不可敷衍了事。然而，在我看来，教育决策对学生来说是如此重要的事情，我宁可冒着被骂的风险，也要斗胆净言几句。由于我在估算教育的回报时，考虑了一些"非现金"的教育价值，听上去也许缺乏科学性，但是，我的估算绝非臆断，而是建立在学术界现有的最佳研究证据和我个人所能做出的最合理的推测之上。因此，我坚信，估算的结果具有充分的说服力。世界上充满了种种机遇，每个人的人生轨迹难以预测，我自然没法提出适合所有人的教育"黄金法则"，因为例外情况总会发生。但是，如果那些对教育持谨慎态度的学生遵循我的一些具体建议，他们在漫漫求学路上，可能会走得更加踏实一些。我的建议如下。

去读高中吧，除非你是一个糟糕的学生（或者未来不想从事全职工作)。任何人,如果想在毕业后从事全职工作,接受高中教育都是一笔不错的投资。上高中的第一天,"优秀学生""好学生""中等学生"甚至"差学生",都可以指望获得至少5%的学位回报。没有学历、没有经验的工人的工资低得可怜,所以,孩子们,别担心上高中让你损失多大的工作收入,用如此小的成本押注自己顺利毕业,获得那一纸价值巨大的文凭,多么划算啊!即便一些人会赌输,但损失微不足道。

即使是在最为糟糕的情况下,高中的回报也不容小觑。虽然对这3类人(不婚主义者、"差学生"和憎恨学校者)来说,上学的回报没那么显著。但是,据前文总结,即便一个人把所有"负面"条件集于一身(拒绝结婚、讨厌上学、能力差),也能得到4%的学位回报。只有两个主要群体应该跳过高中,转而从事低技能的工作。第一个群体:毕业后不打算从事全职工作的"差学生";第二个群体:比"差学生"还要差劲的学生,也就是在班上垫底的学生。如果你在学业排名中处于垫底的10%—15%,你毕业的概率非常小,干脆退学去工作吧。不管你从事什么工作,也别琢磨着怎么拿到GED证书(美国高中同等学力证书)。在没有拿到高中毕业证的情况下,去考一张同等学力证书,听上去是一个颇具吸引力折中方案,但是GED证书的实际意义并不大,只能告诉雇主一个喜忧参半的事实,"我的脑袋够聪明,但是完全没有毅力读完高中"。

如果你的能力够强,就去上大学吧(当然,不排除个例存在)。如果你是典型的"优秀学生"或"好学生",愿意遵循以下3条简单的原则,上大学绝对是一笔不错的买卖;第一,选择一个"实用性强"的专业。STEM专业(科学、技术、工程和数学四大学科)排在首位,经济学、商学,甚至政治学亦是不错的选择。第二,上一所公立名校。即便这所学校的收费比标准学费高一点,也物有所值。第三,毕业后从事全职工作。大学毕业后，如果不选择全职工作，三天打鱼两天晒网，教育的回报将大打折扣，这无异于辛苦耕种后，只有不到一半的收成。如果无视以上原则，那些年寒窗苦读的日夜就白费了。

对于能力较弱的学生来说，上大学通常是一笔糟糕的投资。如果你是典型的"中等学生"，建议你只在一些"特殊情况"下才赌一把。如果你有志于就读工程之类的专业，或者某一所精英学校为你提供了一份丰厚的奖学金（你自己都不敢奢望这种"天上掉馅饼"的机会吧），又或者你是一位女性，早就坚定这辈子迟早会结婚的决心，那么，大学可能是适合你的地方——即便你的学习成绩平平。否则，别上大学，找份工作吧。特别提醒，"差学生"就别上大学了，原因无须赘述。

除非你感受到了"神灵的指引"，否则不要轻易选择攻读硕士学位。在开始攻读硕士学位的那一天，即使是优秀的学生，也只能期待获得2.6%的学位回报，这着实是一笔糟糕的投资。因此，你需要有一个很好的理由——或者许多很好的理由——相信自己能够奇迹般地熬过这几年，你才能下定决心攻读硕士学位。首先，你的学术能力必须超过优秀级别，达到顶尖水平。未能通过研究生课程的案例比比皆是，只有能力水准位于前5%—10%的天之骄子，才能自信地越过那道终点线。其次，专业领域同样重要。虽然按学科划分的毕业生收入数据不多，但毫无疑问，工程学、计算机科学和经济学的回报远远高于美术、教育和人类学等学科。因此，对有志于修读美术、教育和人类学专业的同学来说，除非你对自己的专业有着超乎寻常的热情，否则，即便拿到学位也没多大意义。最后，对女性来说，婚姻计划也很重要。对一位优秀的女学生来说，硕士学位带来两极化的结果：如果她将来步入婚姻的殿堂，攻读硕士学位是一笔划算的投资；如果她选择不婚主义，攻读硕士学位就成了一个糟糕的投资决定。

我的建议激怒了许多人：一些人批评我鼓吹"精英主义"，按能力把人分成三六九等；有些骂我"庸俗不堪"，贬低文化艺术的价值；还有人抨击我对女性的论述不当，涉嫌"性别歧视"。这些"标签"都代表不了真实的我，我只是坦率地说出了实情。教育的回报取决于文凭，这不是我的错；学生过往的学习成绩能预示毕业率，这不是我的错；美术学位薪水很低，这不是我的错；已婚女性比单身女性从教育中获益更多，这不是我的错；许多毕业生没有从事全职工作，这也不是我的错。我只是个"信使"，仅此而已；我只是诚实地披露事实——那些具有重大现实意义却不受人待见的事实。

然而，一听到我的建议，一些人马上斥责我为虚伪之辈："当然，他会建议别人家的孩子在上大学之前三思，但他绝对不会对自己的孩子这么说。"他们根本不懂我的情况。我给我的孩子们的建议和给其他人的建议一样：先分析学生的特征，然后与我的建议对号入座。我首先询问孩子们的学习成绩、动机、有意学习的领域、婚姻计划等。然后，我告诉他们，像他们这样的典型学生，应该选择何种道路才能获得成功。我的大儿子和二儿子对经济学感兴趣，并且成绩优秀，我当然会敦促他们上大学。我的两个小儿子刚开始上学，一切还尚未定论。如果他们中任何一人的学习表现只在 C 等级，我会用温和但坚定的语气建议他们，高中毕业后马上找一份全职工作吧。

最后，我想声明一下，我提出的教育建议中，没有任何一条基于这样的设想：人类的教育决策应该建立在对教育回报的精细计算之上。如果人们做出教育决策前，都要对教育回报精打细算一番，那他们完全不需要我的建议——因为计算结果会告诉他们：教育回报丰厚，别犹豫了，赶快去上学吧！相反，我的假设是：我们的教育决策受到了严重的干扰——有人经验不足，踌躇不决；有人盲目从众，缺乏谨慎；有人傲慢自负，固执己见。而我的目标是通过铲除——或者至少是遏制这些干扰，从而为读者节省时间与金钱，驱走他们的烦恼。

存疑之处

计算教育个人回报的研究和论文数不胜数。为何偏偏要选择相信我的计算结果呢？第一，据我所知，我是唯一同时考虑能力偏差、"羊皮效应"和学业完成概率的研究者。三大因素的影响力如此之巨，若忽视其一，将大大降低计算结果的可信度。第二，据我所知，我的计算结果最具全面性。对于任何可能存在的教育收益和成本，我各个击破，展开细致入微的调查，最后将调查的发现纳入计算。第三，每次碰到未知情况，我从不退缩，亦不会拿"不可知论"作挡箭牌。研究过程中，我多方收集当前学术界存在的最佳研究证据。但是，即便是那些质量最佳的研究，也总会时不时得出不一致的结论。此外，在某些议题上，研究证据较少。每每碰到上述情况，我都果断提出个人的最合理推测，并将推测值纳入计算。

面对不确定性，我拒绝保持沉默，转而大胆使用个人推测，这种做法可能会吓坏其他学者。然而，现实世界的教育问题日益严重，亟须解决，我们不能再白白地浪费时间，等待所谓确凿的研究证据出现。如果站在行业顶端的学者都不敢把自己最合理的推测告知学生，那学生能怎么办呢？他们只能按自己的猜测做出教育决定——由于自身缺乏经验，或者从众心理作祟，抑或自视甚高，他们往往会做出一些鲁莽的决定。话虽如此，作为一位治学严谨的学者，我依旧对自己使用不尽完善的证据感到些许"忏悔"。为安抚我作为知识分子的良心，下文中，我将坦承自己研究中的主要存疑之处。

"毕业率"。毕业率肯定很低，尤其是对成绩较差的学生来说，但相关证据却少得可怜。最终我分别依赖两个模型来判断高中毕业率和大学毕业率。不过，如果在每个教育层次上，我都能找到 10 个权威的毕业率模型，得到的数据将更趋完美。但这又谈何容易呢？

"学习感受和工作感受"。针对学生的学习感受和工作感受之间的比较，相关研究较少。大多数成年人都亲身经历过这两种情感，但很少有研究人员对两者展开详尽的对比研究。同样，针对教育对工作满意度的影响这一议题，研究同样不多。

"教育和健康"。针对教育的健康收益这一话题，现在研究日渐增多。尽管许多健康经济学家声称，教育给健康带来"很大"的收益，我仍对此持保留意见，在用美元量化教育的健康收益之后，我发现收益并不像公认的那么大。当然，如果你赞同一年寿命的价值比全职年收入的两倍还多，或者如果你认为健康状况"良好"的人会为了拥有"极好"的健康状况，而放弃 20% 以上的全职收入，那么教育的回报显然被低估了。

"被忽视的硕士学位"。关于硕士学位的研究证据很少。很少有人计算硕士学位的"羊皮效应"，即便有，结果也是大相径庭。因此，在对硕士学位的"羊皮效应"进行统计分析时，我借用了学士学位的数据。此外，虽然硕士毕业率低于学士毕业率，但据我发现，没有任何一个统计模型，研究过学生的既往学业表现对硕士毕业率的影响。同样，我也未能找到确凿的证据来证实这一结论：经修正学生能力后，不同学科的硕士学位带来的回报不同，虽然这一结论看似符合常理。

"疏漏之罪"。撰写本章的过程中，我有针对性地计算了最为常见的学位，而忽略了 3 种不太常见的学位：副学士学位、专业学位和博士学位。因此，如果有人批评我犯了"疏漏之罪"，我不会感到惊讶。副学士学位完成的概率极低。官方称完成这类学位需要两年时间,但是对于全日制学生来说,6年内毕业的概率只有58%。而且,即使你完成了学业,劳动力市场也只会提供适度的奖励——护理等职业性强的课程除外。相比之下,大多数专业的学生如果能拿下专业学位和博士学位,都能获得不错的回报。不幸的是,绝大多数学生并不具备博士阶段的能力要求。大多数博士生从小到大都是班上的尖子生,然而,多达一半的博士生在毕业论文答辩前,便不堪沉重的学业负担,草草中断了学业。专业学位的完成率往往更高一些。例如,超过80%的医科学生在规定的期限内获得了学位。然而,如此高的毕业率背后其实存在"蹊跷":学校在招生时,采用一种"近乎苛刻"的标准,精挑细选好苗子,因此,专业学位的攻读者往往都很优秀,极少有人挂科,毕业自然不在话下。

本章通过各种数字来计算教育的个人回报,有人可能会说,既然涉及数学运算,数字首先必须明确,其次必须精确。对于所谓的"确定性"和"精确性"要求,我均予以否认。在计算教育的个人回报时,我采用了一些猜测而得的数据,但是我的猜测不是凭空臆造,而是有根有据的科学推断。请记住这一重要事实:人们在做出任何一项重要的决定之前,往往会进行有根据的猜测。有根据的猜测本身没什么问题,也并非我的"专利",关键是我的推测合不合理,值不值得你信赖。显然,我对于自己的推测充满信心,也衷心希望获得你的认可。如果你不同意我的做法,请看看我的"竞争对手",他们在研究中忽略了多少至关重要的因素!

用电子表格计算你的个人回报

教育是成就职业生涯的关键所在。无论你做出何种教育决定,你押下的都是数年的青春"赌注",以及数万美元的金钱"赌注"。当然,你是自己生命的主宰,无论你是凭直觉做判断,还是随大溜做决策,都无可厚非。然而,现代教育世界中,"次级投资"现象越来越显著——即越来越多综合条件较差的学生,付出极大的成本代价,义无反顾地跳入教育洪流。请保持清醒的头脑,审视你的偏好,同时研究一下大众的做法,仔细计算各种方案的投入产出比,在权衡利弊之后,找到适合你自己的决定。

诚然,保持谨慎的态度和计算金额是两码事。但是,在做教育决策时,最谨慎的做法是为你所关心的一切赋予金钱价值,然后计算如何让价值最大化。你喜欢写期末论文吗?你对艺术史感兴趣吗?你憧憬过在普林斯顿大学田园般的校园里悠闲散步的情景吗?你讨厌上课吗?你能一动不动坐在教室里,一坐就是几个小时吗?你是否担心过自己能否顺利毕业? 是的,为你脑海中浮现的任何有关教育的念头,赋上金钱价值吧!花上几个小时的时间,好好计算一下上学的投入和产出。请参考上文中的电子表格,根据自己的特征对号入座。必要时,对其中的数据进行调整,最后选择一个适合你的最佳方案。

请记住,无论你花多长时间研究这些电子表格,你计算的仅是教育对你的个人回报。那些数字只关乎你自己,而并非你上学能为人类带来的价值。要计算教育的社会回报,你必须重新考虑每一个数字。你得摒弃"我上学花了多少钱"之类的个人化问题,而是高屋建瓴地提出"我上学给社会带来了多少成本"之类的社会化议题。最重要的是,你必须时刻牢记教育信号的巨大影响。或许,从我对教育的个人回报的计算中,你嗅到了些许悲观的情绪。我想说的是,轻微的悲观情绪只是"餐前小食"而已,下一章,我们将从社会回报的角度认真审视教育信号,你将亲眼见证一些更为"激进"的反对教育的理由。

第六章

教育的社会回报

教育的个人回报率直观地反映了个人教育投资的价值。你为教育倾注了大量时间和大笔金钱,收益有多大呢? 在某些情况下,这种纯粹以个人收益来衡量教育价值的说法是站得住脚的。比如说,学校里的学术顾问绝不会劝诫我的孩子们"怎么做才能对社会最好"。他们说的最多的是"怎么做才能对孩子们自己最好",或者干脆什么都不说。

　　然而,如果总是建议把"一己私利"摆在第一位,实乃糟糕之举。如果联邦、州和地方政府在社会上发起一场名为"向无知宣战"的教育改革,高等教育的投入即将增加3倍,那么,作为大学教授的我,可能会因此发上一笔横财。但是,让我个人致富,并不是发起这场教育改革的正当理由。为了客观评价这场改革的意义,我们首先必须考虑到所有人的利益,而不仅是我个人的利益。

　　乍一听,"计算所有人的收益"的说法,似乎有鼓吹集体主义、反对斤斤计较个人蝇头小利之嫌,但事实并非如此。以更广大的社会视角计算教育回报,并非全盘否认我们在上一章中的"精打细算",只不过,我们需要对先前的计算进行一定的复盘和调整。在计算个人的回报率时,我们用金钱来衡量学生所关心的一切。同样,在本章计算教育的社会回报率时，我们也将用金钱来衡量所有人共同关心的东西。

上一章，我们几乎很少讨论"信号"二字。当然，这是我有意为之，因为从个人回报的角度来说，最重要的是"我的教育回报会有多大"，而不是"为什么我接受教育能带来回报"。而在本章中，我们的主角——信号——将隆重回归。还记得我们之前讨论过的"雇主学习"吗？找工作时，我们通过文凭向雇主发出智力、责任心和服从力的信号，从而获得丰厚的回报。但是，一旦雇主发现了应聘者的真实能力后，信号的作用就将减弱，只能沦为雇主重新分配财富（调整员工薪酬）时的参考。不过，计算教育的个人回报时，你根本无须考虑这一点：人们只关心自己赚了多少，很少会在意这些钱来自何处，即便是来自别人损失的收入也无所谓。但是，从社会的角度来看，重新分配财富无法创造新的价值，毫无意义可言。因此，在计算社会回报之前，我奉劝各位，千万别指望教育能带来多大的社会回报——通常情况下，所谓的社会回报甚至根本不存在。

教育的社会回报：启蒙知识

计算教育的个人回报已经是一项不小的挑战，计算教育的社会回报有过之而无不及。在实践中，大多数经济学家都选择走捷径。他们首先计算教育的个人回报，接下来用两种简单的方式对结果加以微调，然后鸣金收兵。为什么他们要首先计算个人回报呢？因为大多数经济学家都默许了唯人力资本论：如果教育使你的收入增加了 1 000 美元，原因是教育提高了你的生产力，这 1 000 美元纯属生产力提升带来的价值。信号的份额呢？呃，信号？那只是个理论罢了。

不过，连唯人力资本论者自己都承认，教育的社会回报和个人回报之间存在差异。比如,学生不需要支付全部的教育费用,相当大的一部分费用是由纳税人买单:从幼儿园到高中阶段(K–12),只要学生选择上公立学校,他们就无须支付学费;高中毕业后如果选择上公立大学,学生将获得大量的补贴,即使上学费昂贵的私立大学,他们也能享受一部分补贴。还有一点,工作者无法把教育的回报紧紧握在手心。教育的确能帮助工作者在劳动力市场获得丰厚的回报,但与此同时,工作者的收入越高,他们需缴纳的税款就越多,此外,他们享受的政府移转支出政策(government transfers),如失业保险——将减少。为解决这些问题,研究人员通常采取两个做法:(1)将纳税人缴纳的税款中用作教育投入的部分视为教育的社会成本;(2)将工作者的全部薪酬视为教育的社会回报。

这些做法朝着正确方向迈出了重要一步。但是,要想准确地计算教育的社会回报,还远远不够。还记得吗?在上一章计算教育的个人回报时,我们没有走捷径,而是踏踏实实地考虑了所有相关因素。现在,我们同样拒绝走捷径。让我们再重复一遍之前的做法:先进行头脑风暴,找出任何可能存在的教育社会回报,然后再逐一审查。

教育的社会回报:重新计算所有重要的因素

幸运的是,我们的头脑风暴已经完成了一半,为什么这么说呢?上一章已经列举了常见的教育的个人回报和成本类型,因此,我们可以直接跳到审查阶段。逐项来看,教育的社会回报和个人回报有何区别呢?举一个显而易见的例子:教育能带来丰厚的婚姻回报。然而,从社会角度来说,这只是一种零和博弈。比如说,正常情况下,你的高学历帮你找到了一位富有的配偶;但是,假设你没能获得学位,你那位富有的配偶则会另觅对象，你的"丰厚"婚姻回报自然就会转移到他人身上。以此逻辑，计算教育的社会回报时，我们应该忽略教育对婚姻的回报。

但是，逐一复盘教育的个人回报，借此得出教育的社会回报，还远远不够。在计算教育的个人回报时，我们并没有将一些显而易见的教育收益纳入计算，为什么？因为那些收益（无论是否真实存在）纯粹只是社会层面的回报。比如，教育减少了暴力犯罪事件的概率，受益的不只是学生，社会上每一个人都会受益，因为人人都是潜在的受害者（包括为警局、法院和监狱提供财政支持的纳税人）。因此，我们必须进行新一轮的头脑风暴，挖掘出所有的"纯粹"社会意义上的教育回报，然后逐一展开审查。

"从薪酬到生产力"。教育的个人回报取决于薪酬多少：你因上学损失了多少收入，毕业后获得了多少额外的工资回报。相比之下，教育的社会回报取决于生产力的高低：在你上学期间，社会损失了多少生产力；在你毕业后，社会又获得了多少额外生产力？

按照单一的人力资本模型，任何情况下，薪酬都和生产力相匹配：如果你索求的薪酬超过你的产出，雇主不会雇佣你；如果雇主提供的薪酬低于你的产出，你不会为他们效劳。

相反，依照单一的信号模型，仅在平均情况下，薪酬和生产力相匹配。只有文凭和能力相匹配时，生产力和薪酬才能匹配，否则不然。如果你的文凭比与你能力相当的人差得多，你赚取的薪酬会低于实际产出；如果与你能力相当的人相比，你的文凭高出不少，那么你赚取的薪酬则高于实际产出。

计算教育的社会回报之前，我们必须搞清楚，为何教育能提高收入和福利？如果教育仅通过提高生产力来帮助工作者提高薪酬，那么教育的社会收益就等于工作者的收益。如果教育仅通过发送信号来帮助工作者获得高薪工作，教育的社会回报将会少得可怜。事实上，大多数情况下，教育的社会回报为零。诚然，如果雇主能发现工作者文凭之下的真实能力，经济效率将会提升，社会也会变得更加富裕。知识就是财富，照理说，为学生排名具有社会价值。但是，一旦能力排行榜最终确定，教育的社会价值就消失了。试想，如果所有人都少修一个学位，他们在雇主心中的"能力排行榜"上的位置基本上没有变化，对吧？用现在的经济学术语来说，尽管信号的社会整体效益颇为可观，但信号的边际社会效益（Marginal Social Benefit）几乎为零。

在教育对收入和就业的影响中，信号到底占据了多大的份额呢？根据前面章节我们审查过的相关证据，我们对信号的份额提出两种估计值，分别为谨慎估计值和合理估计值（见图6.1）。

持谨慎观点的人认为：教育信号仅局限在"羊皮效应"之上，换句话说，只有获得文凭才能发出信号。按"羊皮效应"指标分类，高中文凭的信号份额为38%；学士学位的信号份额为59%；硕士学位的信号份额为74%。不过，更为合理的说法是：普通学年也能带来回报，其中一部分回报也是出于信号作用。多上一年学可能不会大幅提高你的能力，但能在一定程度上发出信号，所谓的"一定程度"该如何量化呢？前文中，多种统计方法指向了一个合理估计：在任何教育阶段，信号所占份额均为80%。如果"羊皮效应"全部是信号，那么，普通学年的信号份额分别为57%（高中文凭）、47%（学士学位）和25%（硕士学位）。

在推断教育对生产力的影响时，比较激进的假设是工作者的收入普遍与他们创造的价值相符。一位拥有学士学位的"好学生"挣到的收入应该与其产出匹配。根据我们对"好学生"的定义，"好学生"的能力水平与普通学士学位拥有者的能力水平一致。然而，如果某位"好学生"高中毕业后没有上大学，直接进入职场，市场给他的薪酬必然很

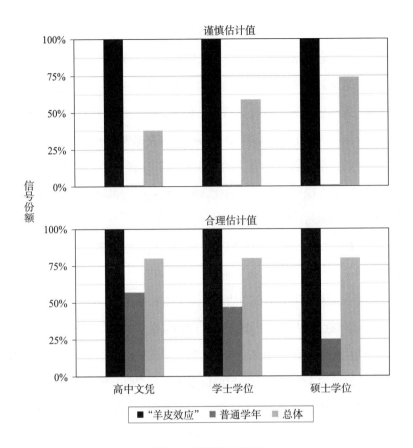

图 6.1　两种信号场景

少，甚至低于他实际创造的价值。这是为什么呢？ 因为缺少大学文凭这一张"羊皮"，雇主会低估他的真实生产力。同样，如果这位"好学生"继续深造，获得了硕士学位，市场会给他更高的报酬，甚至很可能远超他实际创造的价值。为什么呢？ 因为那一纸光鲜亮丽的硕士文凭，雇主会高估他的真实生产力。随着信号所占份额的上升，生产力和薪酬之间的差距也在扩大。图 6.2 显示了不同的教育阶段中"好学生"的薪酬和生产力的匹配情况。

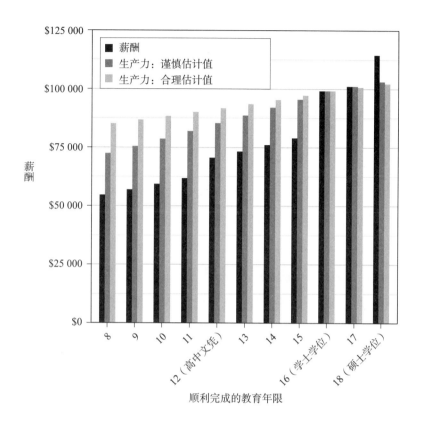

图 6.2　教育对"好学生"薪酬和生产力的影响（2011 年）

从个人角度来看，你因上学而不得不遗憾放弃的报酬和你毕业后得到的加薪是对称的。你错过的所有报酬都属于个人的教育成本。你得到的所有加薪都属于个人的教育回报。然而，从社会的角度来看，重要的是生产力，而不是报酬。教育的社会成本是你因上学未能提供的产出。教育的社会效益是你通过上学提高的生产力。如果教育的回报中信号占80%的份额，而一年的教育可以使年收入增加 5 000 美元，那么这其中，只有 1 000 美元是真正的社会收益，剩下的 4 000 美元是雇主对你获得文凭给予的"奖励"。

"就业率"。假设四年的大学教育将你的失业风险从9%降低到4%——降幅为5个百分点。但是,如果教育的回报中信号占80%的份额,你的真实失业风险只下降一个百分点(降幅为20%),这得益于你通过上大学提高了一定的生产力。而剩下4个百分点的降幅,则映射出一种零和博弈——大学文凭降低了你的失业风险,但同时增加了竞争对手的失业风险。

"税收和转移支付"。多上学的确能促进你的职业发展,但同时政府会拿走你更多的钱,并且给予你更少的帮助。从社会的角度来看,政府的宏观调控看似体现了公平原则,但本质上也是一种零和博弈。如果教育一定程度提高了你的生产力——"提高的"那部分生产力的价值为1 000美元,那么,社会就多了1 000美元的财富——即使你的税后所得只剩下500美元。因为教育让你获得不菲的收入,按照转移政策,政府将削减你所能享受的福利,假如政府在你的福利支出上减少1 000美元,社会财富总量不变——那么你亏空了1 000美元。因此,在某种程度上,社会回报比个人回报更为直接——计算个人回报时,晦涩难懂的税款计算公式和拆东墙补西墙的福利制度转移了人们的注意力,让他们把目光从"生产力"这一具有实质意义的话题上移开。

"工作满意度、幸福感和学习的乐趣"。虽然普遍来说,受教育程度较高的人对工作的满意度和幸福感较高,但是,很大程度上,这是出于物质方面的原因。受教育程度高的人更懂得享受工作和生活,这往往是更高的工作收入带来的,而并非源自工作本身带来的成就感。如果剔除工作收入因素,教育对工作满意度和幸福感有直接影响吗?一些研究人员发现,教育能对工作满意度和幸福感带来小幅提升,但另一些学者发现,抛开金钱这一因素,受过良好教育的人对生活的感觉更糟。如果你开出租车谋生,每每回想起当年的大学生涯,你只会感到一种深深的挫败感。

  从社会的角度来看，教育对工作满意度和幸福感的影响更值得商榷。追求地位乃人之本性，人人都希望在社会等级中处于高位。在我们的社会中，地位高低很大程度上取决于教育背景。不幸的是，对地位的无休止追逐显然是一场零和博弈。随着社会整体教育水平的提高，人们只有"疯狂"地提高自己的教育水平，才能获得相对优越的社会地位。在这一事实中，我们嗅到了一丝令人不安的气息，教育似乎是一条通向个人幸福的捷径，也可能是我们在追求幸福社会之路上的死胡同。

  关于教育与社会地位的研究不多，但结果颇有新意。"综合社会调查"发现，教育略微提升了个人的工作满意度和幸福感——即使收入保持不变。为什么呢？因为教育把他们的社会地位等级拉高了一些。对地位因素进行修正后发现，教育对工作满意度的影响不复存在，对幸福感的影响也缩水了 2/3。如果教育不能使一个人在工作上或生活中更快乐，那么我们更没有理由认定教育使全体人类在工作或生活中更快乐。在上一章中，我对教育对工作满意度和幸福感的影响设定为零，在计算社会回报时，我亦坚持同样的看法。

  课堂感受呢？正如上一章所述，普遍来说，上学是人们最不喜欢的活动之一。虽然人们普遍也不喜欢工作，但是如果拿工作和上学相比，人们往往更讨厌上学。这绝非个体感受，也不是一面之词，我们完全有理由"轻信"几乎人人如此。如果你在课堂感到无聊至极，让你感到些许安慰的事实是，成千上万的其他孩子也有同样的感受。

  "健康"。健康领域的研究人员常把教育比作一种卫生习惯：如果每个人都养成了洗手的好习惯，每个人都会更健康一些；同理，如果每个人都能顺利通过考试，每个人也会更健康一些。不过，一些学者总是时不时发出这一疑问——我们讨论的到底是什么？是"教育对健康的影响",还是"地位对健康的影响"?我们是否为"地位"披上了"教育"的外衣呢?种种动物实验均证实,地位对身体有好处——改变一个动物的社群等级会影响它的健康状况——人类社会概莫如是。从个人的角度来说,这可能只是百无聊赖时才会想起的话题——只要教育能改善健康状况,谁会在乎背后的机制呢?然而,从社会角度来说,教育、地位和健康之间的相互作用极其重要。学校教育通过提高你的地位,来让你获得更好的健康状况,但是,教育对健康的好处同样是一种零和博弈:如果你提升了自己的社会地位,你的健康状况更好,但是请注意,你的社会地位提升的同时,别人的地位势必下降,他(他们)的健康状况也会因此受到影响。

研究人员的结论共同证实了这一点:人类的健康和地位之间正相关。此外,教育的健康收益实际上等于地位的健康收益——至少有相当大一部分是地位的健康收益。经修正地位因素后发现,教育对受试者口述的健康状况的影响大幅下降,降幅在20%—60%之间。此前,我根据"综合社会调查"的四级健康量表发现,一年的教育对健康的收益估计值为每年0.04分。但是现在,经修正地位因素后发现,一年的教育带来的健康收益减半,仅剩0.02分。

上一章,我们列举了诸多理由,来说明教育对健康的真正收益比看起来要小。从社会的角度来看,有关社会地位的研究证据显示,教育的健康收益进一步走低。由于教育为个人带来的健康收益很小,而社会地位为个人带来的健康收益巨大,我将教育的社会健康回报设定为零。教育可不像鼓励每个人培养卫生习惯那么简单。如果人人都拥有学士学位或更高的学位,只拥有学士学位的人便会滑落至社会等级的最底层,这些人的健康问题也会随之而来。

"学费和其他费用"。从个人的角度来说,教育的主要成本是因上学而放弃的收入,而不是学费或其他费用。公立高中现在依旧免费。尽管当前公立大学的标准学费平均超过了9 000美元,但是,学生能享受到各种五花八门的折扣和补贴,因此,他们支付的实际金额往往不到4 000美元。但从社会角度来说,我们讨论的不只是学生的教育成本,而是所有人的教育成本,尤其是公立教育中的"被遗忘者"——纳税人的成本。

我们从公立教育系统K-12阶段(幼儿园到高中)的全部教育成本开始,但每位学生的"总账单"因所在州不同而各异。据我们能找到的最近的2009—2010学年官方数据,犹他州的学生需支付7 916美元的成本。华盛顿州的学生需支付的教育成本多一倍,达23 816美元。就平均而言,美国学生所需支付的学费总额为12 136.17美元,这个费用包括教学费、支持服务费、伙食费、运营费、资本支出和利息支付在内的所有费用。然而,在计算普通高中生教育的社会成本时,我们发现,这个数字并不完全正确。

最大的问题是:官方的数据包括了特殊教育,而特殊教育非常昂贵。按学校的定义,现在所有的美国学生中,约有13%是残疾人,而且按官方估计,特殊教育的费用是普通教育的两倍。如果仅从表面来看官方统计数据,非残疾学生的教育社会成本仅为平均值的88%。然而,依照我们的常识,高达13%的美国学生符合医学定义上的"残疾",这未免有些不可思议。不少批评家也纷纷跳出来支持这种基于常识的怀疑,他们认为,学校有强烈的动机去夸大他们的残疾学生数量。如果我们剔除最具"弹性"的特殊教育类别"特殊学习障碍"(specific learning disability),残疾人数的百分比将降至8.2%,这一数据显然更为合理一些。如果我们按照这个"瘦身"后的数据来计算,普通高中生的教育成本是平均水平的92%,共计11 165.23美元。

还有一个小问题：和大学的个人成本中应扣除食宿费一样，K-12 的社会成本中也应该扣除伙食费；不管上不上学，孩子们都得吃东西。除去伙食费（405 美元），每位学生的社会成本降至 10 760 美元，如果按 2011 年的用餐标准，每位学生的教育社会成本降至 11 298 美元。

计算大学的全部社会成本颇为复杂。按照大学官方的标准费用清单来计算似乎不难，但颇具误导性。大学的标准收费表上给出的标价往往过高，学生实际能享受到各种丰厚的折扣。尽管大学往往将"学费折扣"的做法描述为一种关爱学生的高尚行为，但这和经济学家所说的"价格歧视"（price discrimination）并无二致——即为商品标上高价，期望从那些富裕、不擅长研究政策条款的客户身上榨取额外的利润。我举个简单的例子解释一下何谓"价格歧视"，比如说：你在出行当天才想到买机票，此时机票的费用往往高得离谱，对吧？临行前买的机票的费用并不代表"真正的飞行成本"，同理，标准学费也并不代表"真正的上学成本"。

从这个角度来看，"机构拨款"（Institutional Grants，指学校自身提供的学费减免政策）和其他拨款（联邦拨款、州拨款、私人资助和雇主资助）之间存在本质区别。机构拨款不会真正消耗社会资源，学校之所以提供这些机构拨款，是因为教育成本本来就低于标准学费。相比之下，联邦拨款、州拨款、私人资助和雇主资助，则会消耗社会资源，有了这些资助，那些无力（或不愿）支付自己的教育成本的学生才能得以顺利入学。

为计算上大学的全部社会成本，接下来，我从标准费用中扣除机构拨款的平均数。美国大学理事会（The College Board）提供了所有相关数据。公立四年制大学为学生提供人均 1 133 美元的机构拨款。标准学费是 9 412 美元，扣除人均机构拨款后，我们可以得出每位学生的教育社会成本8 279.27美元。由于硕士课程的财务费用数据很少，我采取与上一章相同的做法，直接用本科教育的成本数据来代替硕士教育的成本。即便两者之间存在些许差异，我们也大可对最终的计算结果保持乐观的态度。为什么呢？研究生教育的成本要么等于本科生教育的成本，要么高于本科生教育的成本，不可能低于本科生教育的成本，因为研究生课程多为小班教学，这意味着，每位学生所需支付的成本较本科教育贵一些。

"计算工作经验"。训练有素的工作者往往不愿再返回学校上学。他们的工作经验越多，赚的钱就越多，他们赚的钱越多，返校上学期间牺牲的收入就越多。从社会的角度来说，情况类似。工作者的经验越多，产出越大，产出越大，他们返校期间社会牺牲的产出就越多。因此，我认定，一年的工作经验带来的社会回报率，与上一章得出的一年工作经验溢价率保持一致，均为2.5%。

"毕业率"。社会投资和私人投资一样，总是有失败的风险。一个百分点的风险会使预期收益减少1%。假设我们进行一项投资，如果投资成功将产生1 000美元的个人收益和200美元的社会收益。假设该投资有20%的失败风险，预期的个人收益将降至800美元，预期的社会收益将降至160美元。上一章已经计算了毕业率，在计算教育的社会回报时，我们必须继续把它们纳入考虑。

如果政府想方设法大幅降低学生不能毕业的风险呢？ 在其他条件不变的情况下，个人回报和社会回报会上升。但"其他条件不变"是关键所在。提高高中毕业率最便宜、最可靠的方法是"不分青红皂白"地向所有人颁发毕业文凭。然而，用不了多久，这种"仁慈至极"的做法将抹去毕业带来的个人收益和社会收益：如果每个人都能拿到高中文凭，那张高中文凭就变成了一张废纸。第七章将提出一些如何提高毕业率的建设性意见。目前,我们暂且不讨论教育发展的前景,而是把目光放在教育的现状之上。

教育的社会回报:纯粹的社会收益

经济学家在教育研究上总是精打细算,不愿放过任何一个数据,因而往往给人留下目光狭隘、斤斤计较的印象。普通人——也就是非经济学家——则倾向于一种整体思维的模式。他们企图通过微调一下个人教育回报的数据,来计算教育的社会收益,注定徒劳无功,无法反映宏观上教育给社会整体带来的深远影响。他们催促每个人扪心自问:"我们希望生活在一个什么样的社会,一个有教养的社会?还是一个无知的社会?"

不用说,正常人都会选择前者。的确,我们应该大力挖掘、积极探讨教育对社会的深远影响。但是,若用理想代替现实,用未知代替已知,实在是再糟糕不过的借口。我们应该积极收集教育带来深远社会影响的证据,我们同样应该收集不那么宏大抽象的微观证据。宏观证据应该与微观证据互为补充,而并非互相排斥。无论如何,着眼大局都不能成为无视数据的借口。有人说,教育能减少谋杀案件,这看似是教育的一种社会收益,但这种说法站不住脚,除非你能估算出:(1)取得该收益需要投入多少额外成本;(2)教育阻止了多少起谋杀。总之,我们不应该嘲笑那些"精打细算"的人,反倒应该认真地对待每一组数据。

"经济增长"。新思想是社会进步的源泉。今天的人们比公元 1800 年的人过得好得多,因为他们知道得更多。1800 年,地球上就存在制造飞机或 iPad 所需的全部材料。但是,伟大的想法出现之前,这些材料都处于闲置状态。为什么人类要等待如此漫长的时间,才能提出伟大的思想呢？部分原因是——伟大的思想一旦得以萌生，复制成本就很低。结果便是——创新者只能获得他们所创造价值中极小的一部分。

这些不言自明的道理激发教育者进行激动人心的布道，诸如"教育——打造社会活力的基石"。虽然大多数学生缺乏创造力，但是政府对 K-12 阶段的教育不吝巨额成本，创造各种条件，传授学生创新思维的方式，从而培育社会的创造潜力。同样，全社会对高校的大量投入，可以把顶尖学生带到科学研究的前沿，并为创新领袖提供就业机会和启动资金。假如我们将国民收入的 10% 持续投资于教育界，换来 GDP 年增长率从 1% 提高到 2%，那么，教育的社会回报将高达 11%，即便没有任何额外的教育收益，这也是一笔惊人的回报。

不幸的是，这一激动人心的布道只是一厢情愿的想法。第四章对国民教育溢价的研究进行了综述。尽管证据不甚充分，但教育对国家的作用似乎不如对个人的作用大。如果对"教育是否提高国民生活水平"的结论仍然存疑，我们自然也不能指望教育能持续提高国民生活水平。正如你有一台机器，你发现它状态堪忧，连启动都可能有些问题，你大可得出一个稳妥的推断：这台机器肯定没法持续运转很久。研究人员付出了大量的努力，希望找到教育推动社会持续进步的证据，但都收效甚微。

有人可能会反驳，考虑到长远视角下的宏观经济数据存在不少缺陷，我们应该干脆忽略学术研究的结论，凭常识做判断。何谓常识？举个例子，"受过教育的人更富有创新能力"。这话听起来很有道理，不过，如果仔细复盘一下读书时学过的奇怪的课程，你大抵是不会同意的。大部分学校课程和专业与创新毫无关联。即便少数课程和专业能为创新奠定坚实的基础，但是学生的真实参与度如何呢？据调查，学生只花大约四分之一的时间在数学和科学上。大学里，只有约 5% 的学生主修工程学；2% 主修计算机科学；5% 主修生物学和生物科学。因此，"教会学生创新思维方式"的说辞充其量只是马后炮而已。此外，在现代世界，最聪明的人往往最终会成为大学教授，他们将自己的创新能力应用于感兴趣的学术话题，而不是在职场中追求商业价值。诚然，"象牙塔"里偶尔会冒出一些新奇的想法，引发"象牙塔"外的行业革命。但是，按照我们的常识，若想要提出创新的想法，最佳做法是孜孜不倦地探究自己的真正兴趣所在，而不是一看到吸引眼球的东西，便不假思索地凑上去，默默祈祷自己能从中得到些好处。

"劳动力参与率"。随着教育水平的提高，劳动力参与率也在（即劳动力人口参与社会劳动的程度）不断提高。换句话说，随着教育程度的提高，自愿选择失业的人口就会下降。这在一定程度上反映了能力偏差。比如说，有些人总能坚守工作岗位——那是因为他们耐性强，不愿轻易放弃自己的承诺；也有一部分人的意志不坚定，一旦职场情况不妙，他们便溜之大吉。尽管如此，我们仍然有充分的理由相信，教育能显著提高劳动力参与率——至少在一定程度上是如此。多上学能增强人们参加工作的意愿。

从个人的角度，这并不是什么值得开心的事。把工作放在生命中更重要位置，到底是好是坏？ 想一想，教育使我们陪伴家人的时间变得更少，花在工作上的时间更多。奇怪的是，居然有很多人把这种趋势——教育让工作的地位越来越高——视为一种教育"回报"。然而，从社会角度讲，福利国家（Welfare State）中，自愿失业（voluntary unemployment）的人为那些勤勤恳恳的工作者带来了沉重的负担。由于政府提供医疗补助计划（Medicaid）、食品券，以及其他的福利措施，无业者得到的东西比创造的社会价值更多；而对于勤恳的工作者来说，因为需要缴纳个人所得税，他们得到的东西比创造的社会价值要少。但是，这并不意味着让每个人都工作是"对社会最好的"。毕竟，全职父母、退休老人和无业者也是社会的一份子。关键问题是，越来越多的人加入劳动力大军，对个人来说可能是一件坏事，对人类社会来说可能是一件好事。从个人的角度来说，一旦参加工作，工作者必须缴纳各种税款，并且无法再享受政府的转移支出政策，初入职场的工作者往往会忽视这些。既然教育能提升整体的劳动力参与率，计算教育的社会回报时，个人向政府缴纳的税款和政府提供的转移支出政策应统统纳入计算。举一个直观的例子，假设你不工作时，政府每年给你 1 万美元的失业补助金；假设你工作时，你的税前生产力的价值为 3 万美元/年，但你需缴纳 5 000 美元的税款，并且无法享受价值 1 万美元的失业补助金。什么情况下你会选择工作呢？从纯粹个人的角度，当你对自己生产力的估值低于 1.5 万美元时，你会选择工作。但是，如果考虑到税款和转移支出等因素，只有当你对自己生产力的估值低于 3 万美元时，你才会选择工作。

计算税收并不难。但是，计算转移支出却颇为棘手。政府认定，如果一个人从事全职工作且无子女，即使他只有八年级（初中）的教育水平，也能从职场获得足够"丰厚"的报酬，因此，他无法享受除失业保险之外政府的任何福利。但一旦工作者退出职场，他们的劳动收入下降到零，其中大多数人能自动享受各种各样的政府福利。

大型的转移支出项目包括医疗补助计划（Medicaid），贫困家庭临时救助（TANF，简称"福利救济金"），美国营养补充援助计划（SNAP，简称"食品券"）。随着《平价医疗法案》（*Affordable Care Act*）的颁布，无子女、无收入的单身成年人完全有资格获得医疗补助计划的支持，如果按成本计算这项福利，其价值为每年 4 362 美元。福利救济金仅向有孩子的家庭发放，因此，无子女的单身成年人无资格享受这项福利。食品券的领取规定非常复杂：无子女的成年人在领取食品券上有时间限制或工作要求，但可向州政府申请豁免。2011年，符合条件的零收入单身成年人可以领取价值约为2 192美元的食品券。在计算教育的社会回报时，我的认定标准如下：只要不在劳动力大军中，均能享受上述两项福利。

和之前一样，信号模型总是能提供最好的解释。给一个人更多的教育机会，他就会得到更好的工作机会，所以他更愿意加入劳动力大军。但是，让每个人都接受更多教育，并不会提高劳动力参与率，只会引发学历通胀。如果你不相信，我们来看一下：1950年，只有33%的成年男性完成了高中学业，但从社会整体来看，当年男性的劳动力参与率却比今天高。

"犯罪率"。大约65%的美国囚犯未获得标准的高中文凭。据2006年7月披露的统计，16—24岁的失学男性中有8.7%被监禁。35岁前大约15%的白人失学男性和70%的黑人失学男性曾在监狱里待过一段时间。相比较，高中毕业男性的被监禁比例大约要低2/3，大学毕业生被监禁的比例更是极低。差距之大，令我们对教育产生了很高的期望：也许社会可以依赖学校教育来预防犯罪，而不是用监狱来惩罚犯罪。这些数字表明，如果人人都能从高中毕业，犯罪将减少一半。不是吗？

几乎不可能。与之前我们说的一样，教育并没有看上去那么重要。辍学者的"麻烦"早在辍学之前就出现了。他们不仅智商低，成绩差，还普遍早熟，四处惹事。即便还在学校上学的时候，他们就已经表现出明显的将被停学甚至将被逮捕的倾向。他们抽烟、喝酒、吸食毒品、提早过性生活——很早的时候，他们就养成了这些危险的习惯。因此，将高中毕业生较低的犯罪率归功于教育之前，我们必须考虑到各种形式的能力偏差。与其询问："与高中毕业生相比，辍学者遵纪守法的情况如何?"不如问:"与智商、成绩、个性和青少年行为相同的高中毕业生相比,辍学者遵纪守法的情况如何?"

对智商和成绩两项指标进行修正后会发现,教育在预防犯罪方面的效果只是稍有下降。影响最大的因素是罪犯的个性。具有犯罪倾向的人和具有辍学倾向的学生一样,往往性格冲动、攻击性强、无视一切——并且不会控制自己的暴力行为。他们的违法生涯早在读书期间就已经开始。研究人员修正早期反社会态度和行为这一指标后发现,教育对犯罪的影响效果直线下降。据不完全估计,多接受一年的教育可使罪犯的平均终身监禁时间减少约四周,同时使服刑的概率减少约两个百分点。但是,如果将人口统计、智力、社会阶级、性格和早期异常行为等因素进行一一修正后,研究者发现,多接受一年的教育,将使平均终身监禁的时间减少不到一周,并使服刑概率减少 0.5 个百分点。

然而,即使教育对犯罪率的抑制作用极其有限,也可能带来巨大的社会价值,因为犯罪带来的社会成本是惊人的。目前监禁一名罪犯的预算费用大约是每年 3 万美元,但犯罪数量远远超过服刑人员的数量。除谋杀之外的犯罪事件很少招致逮捕,更别说坐牢了。只有 3%—5% 的强奸案、抢劫案和严重伤害案——以及不到 1% 的财产犯罪案——会以罪犯锒铛入狱而告终。然而,在每一起暴力犯罪和财产犯罪中,至少有一个受害者遭到伤害,并且伤害往往非常严重。任何人,如果采取代价昂贵的预防措施来避免受害,都需要承担额外的负担。撇开无受害人犯罪行为不谈,我们进行全面的统计,得到犯罪的社会成本:每人每年需承担 3 728 美元(按 2011 年的美元价值计算)。

社会成员需承担的犯罪总成本,必须等于社会成员造成的犯罪总成本。只要犯罪与监禁成正比,那么,我们就可以计算出按受教育程度划分的年均犯罪社会成本(见图 6.3)。如图所示,教育背景不同,犯罪率差异极大,即便扣除 75% 的能力偏差后,教育的社会回报仍然相当可观。

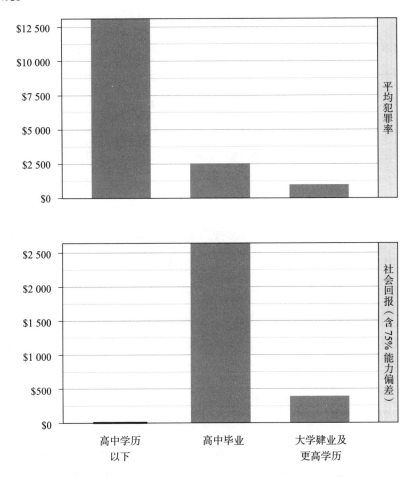

图 6.3　按受教育程度划分的年均犯罪社会成本(按 2011 年的美元价值)

资料来源:年犯罪总成本(D.Anderson, 1999);根据受教育程度划分的监禁率(Harlow, 2003)。

不过,我们也许高估了教育对犯罪的"安抚"作用,因为在教育对犯罪的影响中,信号也在悄悄地发挥作用。如果信号足够强大,教育可以平息个人层面上的犯罪，但是几乎不会影响社会的总体犯罪率。道理非常简单：给某个不良少年发一张高中文凭，雇主会高看他，他因此会得到一份不错的工作，从此安居乐业，远离犯罪。但是，请注意，如果把高中文凭随意发给所有人，这张文凭就失去了其应有的价值。它再也不能帮助人提高合法收入，很多人会和没有文凭时一样，轻而易举便从事犯罪活动。如果你觉得我的说法有点牵强，请看这一事实：1950年，高中辍学的成年男性与高中毕业的成年男性的比例是2∶1，但是，当时美国的谋杀率并不比今天高。究其原因，信号模型可以给出一个合乎情理的解释：1950年，辍学生的平均成绩处于第33个百分位，雇主对辍学生的歧视较小；如今，辍学生的平均成绩处于第10个百分位，因此雇主对辍学生的歧视非常严重，辍学生不愿老实地工作，反倒轻而易举地走上犯罪之路。

我们回顾一下"羊皮效应"。学生寒窗苦读，一旦跨越学习的终点线（取得文凭），便能享受到巨额回报。可见，"羊皮效应"就是一种明显的信号表征。如果学校平时就教导学生怎么去尊重法律和顺从社会秩序，那么，学生是否能顺利毕业对犯罪率应无明显影响。然而，相关犯罪数据显示，在高中毕业年，犯罪率骤降。据美国人口普查局（U.S. Census）披露的数据，高中辍学的男性和初中毕业的男性的监禁率大致相同。但是，如果学生顺利从高中毕业，他们的监禁率将减少50%。几乎没有学者对犯罪率的"羊皮效应"展开专项研究。但是，经梳理现有的青少年犯罪研究成果后，我们发现一个无法回避的事实：修正各种形式的能力偏差后，只有在高中毕业年，犯罪率才出现明显下降。鉴于证据不足，我认为，犯罪率的"羊皮效应"与收入的"羊皮效应"是一致的：高中毕业年相当于3、4个普通学年，高级学位阶段的毕业年相当于6、7个普通学年。

最后一个复杂的问题是：犯罪是年轻人的"游戏"。如果教育能抑制犯罪，那么大部分的抑制作用应该在年轻人身上尤为明显。由于教育的社会回报往往在早期比较明显，我们必须考虑到这种"前期负荷"（front loading）。在后面的计算中，我会将拘禁人口的年龄与人口的年龄分类结合起来，展开对比分析。

"政治"。民主参与度随着教育水平的提高而提高。受过良好教育的人更可能参与投票；他们对政治表现出更大的兴趣，并且更愿意加入政治团体。为便于讨论，我们假设更高的政治参与率完全来自更多的教育经历。最大的问题仍然是公众的政治活动参与率对公共政策的影响：公众的政治活动参与率的提高能改善公共政策吗？还是让公共政策更加糟糕？不幸的是，要回答这一宏大的问题，我们必须分两步走：(1) 找出那些所谓最好的公共政策；(2) 然后计算教育是否增加了选民对那些政策的支持。无论你的政策主张是什么，参与政治的社会回报都取决于参与活动的质量。

在这本书中，反对知识上的搪塞推诿是我一贯的立场。但是，如果让我在这本探讨教育的书籍中提出所谓最佳的公共政策，无疑是在绕弯路，毕竟，专业的事情得让专业的人来做。不过，公共政策数量之巨，涉及领域之繁复，似乎无法进行简单的横向比较。在本书的第九章中，我将分析教育对价值观的影响，包括对政治价值观的影响。教育对价值观的种种影响，通常比看起来要小，但无论大小，我均会一一列出，把最后的判断留给读者。

"想想下一代（的素质）"。如果你把大学毕业生的后代和高中辍学生的后代进行比较，你会发现明显的差异：大学毕业生的孩子在学业上能取得更多的成功。以1950年后出生的美国成年人为例。父母皆为辍学生的家庭中，下一代完成高中学业的比例仅为37%，其中，只有2%

的人继续深造获得学士学位。同期，父母均为大学毕业生的家庭中，下一代完成高中学业的概率高达 98%，其中，56% 的人继续深造获得学士学位。这些学业上的差距最终会转化为经济、事业和婚姻上的差距。看起来，教育具有巨大的涟漪效应。

不幸的是，要想判断这种涟漪效应是否真实存在，我们不得不回到一个老掉牙的争论之上——先天（nature）与后天（nurture）谁更重要，遗传（heredity）与养育（upbringing）孰轻孰重？在任何可以衡量的方面，孩子都与父母非常相似。父母身高突出，孩子个头一般不低；父母功成名就，孩子也大多出类拔萃。为什么呢？成功的父母可能拥有一套独特的培养出孩子的方式。但是，还有一个与之相悖的理论。成功的父母之所以能培养出出类拔萃的孩子，是因为他们给了孩子成功的基因。依照纯粹的后天养育论，成功的涟漪效应真实存在。如果父母都是高中毕业生，良好的家庭环境是下一代功成名就的孵化器。从纯粹的先天遗传论的角度，成功的涟漪效应则是虚无之物。如果父母都是高中毕业生，虽然他们为孩子提供了相对良好的成长环境，但是，关键点不在于此，而是他们把优良的基因遗传给了孩子。

人类思想史上的大部分时间里，先天后天之争总是陷入僵局。普通家庭中，孩子由亲生父母抚养长大，因此先天遗传和后天养育两种因素"死死地"纠缠在一起，难以分离。然而，几十年前，科学家开始专注于研究非典型家庭——特别是有收养子女的家庭，或者双胞胎的家庭，希望为先天遗传和后天养育之争盖棺定论。研究人员对被收养者进行了研究，在剔除先天基因干扰的前提下，分离出后天养育的影响力。如果我们把一个孩子随机分配到与他没有血缘关系的家庭，只要他表现出明显的家庭特征，我们可以推断：后天养育机制在起作用。研究人员还对同卵双胞胎和异卵双胞胎进行了对比研究，以分离出基因的影响力。如果同卵双胞胎比异卵双胞胎表现出更大的相似性，那么，先天遗传机制起主要作用。

　　这种被称为"行为遗传学"（Behavioral Genetics）的研究方法总是能得到一致的结论：先天基因的影响强烈且普遍存在，而后天养育的影响微弱，只有零星表现。在发达国家，无论是身高、体重或寿命等身体特征上，抑或是智力、幸福感、个性、教育和收入等社会心理特征上，先天遗传都是决定性因素。简言之，比起后天养育，基因优势对成功有更大的影响。

　　行为遗传学家已经分离出后天养育对教育年限、学习成绩和工作收入的影响。针对被收养者和双胞胎的种种研究发现，在领养家庭，养父母的教育年限每多出一年，被领养者的教育年限多出5周。换句话说，每隔一代人，教育的涟漪效应会缩小约10倍。类似的研究发现，后天养育对学习成绩没有影响。学业成绩受家族遗传，因为成绩取决于学生的天赋、态度和行为表现方式，而所有这些都与基因紧密相关。对被收养者和双胞胎的研究得到另一惊人发现，比起教育对工作收入的影响，家庭的后天养育对工作收入的影响更小一些。家庭收入每高出10%，成年后的工作收入提高0%到1%。

　　鉴于上述所有证据，合理的猜测是，无论你通过何种方式提高了10%的工作收入，你的孩子的收入都会增加0.5%，但是，对你的孩子的后代来说，这种影响几乎为零。注意，有一个潜在问题：在你的孩子真正开始工作之前，劳动力市场不会因为你的努力而奖励他们。在当今这样一个过度教育的时代，孩子要接受十年甚至数十年的教育，这意味着教育的涟漪效应有二三十年的延迟。因此，对教育的社会回报率来说，这些涟漪效应的影响极其微弱。因此在计算时，我按照四舍五入将之计为零。

"想想下一代（的数量）"。家庭规模随着教育程度的提高而缩小。人口学家经常测量一个指标——"完全生育率"（Completed Fertility）即女性到 40 岁时所生孩子的总数。2012 年，高中辍学的女性比大学毕业的女性多生了近 50% 的孩子。辍学者中只有 12% 的女性拒绝生育，而女性大学毕业生中有 21% 拒绝生育。

为便于讨论，我们假设教育是造成生育差距的唯一原因。那么问题仍然存在：减少社会成员的数量是一种社会收益，还是一种社会成本？这不是纯粹的统计运算问题。要回答这一问题，我们必须对一连串的争议观点摆出鲜明的立场。

传统的思想家总是强调人口过多对环境的危害，但有些批评者指出，这种说法忽视了人口增长带动的经济红利——特别是在创新方面。新思想是经济增长的引擎——而思想来自人。想象一下，如果世界上你喜欢的作家、音乐家、科学家和企业家都少了一半，这个世界将是一幅什么样的场景。一些人也经常抱怨"人口拥挤"问题。试想，如果拥挤问题如此可怕，为何城市里房租如此之高？因为拥挤的同时也带来了诸多好处，比如更好的机会、更多的选择，和更激动人心的生活方式。即使因人口过多导致明显的"社会资源消耗"，只要人们都能过上幸福满足的生活（就像现在我们大多数人一样），那"消耗"不见得是坏事，甚至可能是一种净社会收益。

我提出这些问题不是为了解决它们，而是为了把它们"圈"出来。本书主要探讨的是教育问题，并无意判断人类是给地球带来了更大的价值，还是更多的麻烦。在本书第九章中，我将细化教育对家庭规模的真实影响。然而，生育率降低到底是好是坏，留予读者自己评判。

计算教育的社会回报：谨慎的信号假设

现在，我们迈进了另一个阶段。前文中，我们以社会化的视角重新审视了教育的个人回报。进行头脑风暴后，我们筛选出与纯粹的教育社会回报相关的研究证据。现在终于到了最后一步，计算教育的社会回报。和上一章相同，下文中提及的电子表格已上传至互联网，供读者审阅，欢迎读者根据自己的判断对我的假设进行修改。

如预期一样，教育社会回报取决于信号的影响力。请记住：教育的信号比例越高，社会回报就越低。如果采取"教育即100%信号"的极端视角，教育的社会回报降至零，最后甚至变为负值。为清晰易懂起见，我们先从谨慎的信号假设开始，这意味着我们对教育中信号的份额采取相当保守的估计（显然，这样做高估了教育的价值）。请注意：根据谨慎的假设，除了"羊皮效应"外，教育的其他好处都应归功于人力资本。

"复盘'好学生'的案例"。从定义上讲，"好学生"拥有典型的学士学位拥有者的基本能力。我们已经仔细盘点过他们的个人教育回报。"好学生"接受教育能带来多大的社会价值呢？图6.4比较了谨慎的信号假设下的个人回报和社会回报。

社会回报与个人回报有两大显著区别。与个人回报情况不同的是，就读同一个学位课程的学生获得的社会回报几乎持平。毕业、拿到学位对学生来说回报丰厚，但对社会整体来说意义不大。更重要的是，学位的社会回报远低于其个人回报。即便我们从较为谨慎的信号视角来看，学位的社会回报也不到个人回报的一半。高中毕业证的社会回报率为3.4%，只能算勉强过得去。学士学位的社会回报很低——不足2%。硕士学位的社会回报率是-4%，用"灾难"两个字来形容再贴切不过了。

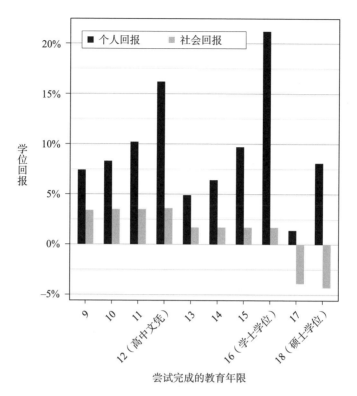

图 6.4 谨慎信号假设下"好学生"的学位回报

资料来源：图 5.3 及文本。
注：假设条件如下：
（1）收入、福利、失业率和劳动力参与率中存在 45% 的能力偏差。
（2）犯罪率中存在 75% 的能力偏差。
（3）教育的"羊皮效应"为信号效应；教育的所有其他效应均为人力资本效应。

尽管总体上，教育为社会带来诸多好处，但其高投入、低回报仍是常态。所有的计算都表明，教育提高了工作者的生产力和劳动力参与率，降低了失业率和犯罪率。为什么社会回报还如此低呢？因为一旦考虑教育的社会成本，教育的综合收益便微不足道。鉴于此，与其把大笔的资金投到教育上，倒不如投到能带来更大社会回报的广泛领域。政府大可以在道路基建、癌症研究、治安维护、生育奖励或债务偿还方面投入更多资金。或者，政府干脆少征税，让纳税人能多存一些钱，无论他们以何种方式将这笔资金投资出去，长期收益几乎肯定比投入教育大，我们刚才已经指出，高中毕业的社会回报才 3.4%。

"按能力分类的社会回报"。把教育资源投到"好学生"身上算不上坏事。在谨慎的信号假设下，不管学生的能力如何，教育投入的回报通常都很低，有时甚至堪称灾难，尤其是硕士学位的回报，皆为负数（见图 6.5）。

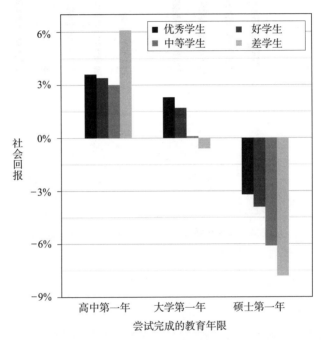

图 6.5　谨慎信号假设下学位的社会回报

资料来源：图 5.7 及文本。
注：假设条件如下：
（1）收入、福利、失业率和劳动力参与率中存在 45% 的能力偏差。
（2）犯罪率中存在 75% 的能力偏差。
（3）教育的"羊皮效应"为信号效应；教育的所有其他效应均为人力资本效应。

和教育的个人回报一样，教育的社会回报通常会随着学生能力的提高而提高。能力较高的学生毕业率较高，并擅于利用自己的教育背景。但是，显然有一个特例存在：送"差学生"上高中是最好的社会投资，回报达到了可观的6.1%。我们知道，犯罪具有巨大的社会成本，犯罪主体多为青少年，而"差学生"更具犯罪倾向。因此，即便学校教育在抑制犯罪行为上的作用很小，所带来的无形的社会回报也可能很大。

在"谨慎信号"假设下，教育对社会资源的浪费程度远远超出我们的想象。送孩子上高中算得上一笔不错的投资，但绝非不经考虑就做出的决定。如果孩子能力尚可，有希望完成学业，送他们上大学却是一项糟糕的投资。如果孩子能力较为平庸，完成学业希望不大，送他们上大学是一笔堪称灾难的投资。鼓励大学毕业生继续攻读硕士学位？奉劝你别干蠢事了。

计算教育的社会回报：合理的信号假设

如前所述，谨慎的信号假设有一个潜在的问题：这种假设大大低估了教育收益中信号的份额。而真实情况是，每上一年学——不仅是毕业年——都能向外界发出强烈的信号。如果按照我所提出的"合理"的信号假设，即信号占教育收益的80%（见图6.6），那么，教育的社会回报有多大呢？

结果异常惨淡。无论在何种教育层次，无论学生的能力水平如何，教育带来的社会回报都低得惊人。送"差学生"上高中只能带来可怜的0.2%的社会回报。其他的教育层次则皆为负数。我想强调一下，这并不意味着学校根本起不到培养学生的作用，事实上，学校能在一定程度上提升学生的能力。只不过，学生接受教育所耗费的巨额社会成本（包括时间和金钱）难以得到回收——等到社会收回成本之际，恐怕学生早已经老态龙钟、行将就木了。换句话说，比起惊人的教育社会成本，教育的社会收益过于微薄，实在微不足道。

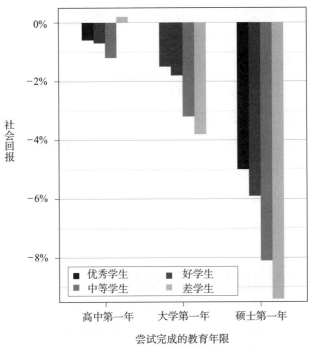

图 6.6　合理信号假设下学位的社会回报

资料来源：图 5.7 及文本。
注：假设条件如下：
（1）收入、福利、失业率和劳动力参与率中存在 45% 的能力偏差。
（2）犯罪率中存在 75% 的能力偏差。
（3）教育的"羊皮效应"为信号效应；教育的所有其他效应均为人力资本效应。

为何教育的个人回报如此丰厚，而社会回报却如此微薄呢？因为信号是一种再分配游戏：蛋糕其实并没有变大，只是有些人得到了更大的一块。有人可能会发问，"既然教育的个人回报丰厚，多一些教育投入又何妨"。这个问题在我看来，未免有些以偏概全，无异于询问"既然汽车能带来便利，多排放一些尾气又何妨"。

计算教育的社会回报：你居然称之为合理？

对于信号在教育价值中的份额，也许你心中已经形成了自己的判断。事实上，虽然我确信信号的份额一定很高，但是，我的"合理"估计——80%——仍存在不确定性因素。如果信号的份额出现波动，教育的社会回报会出现什么反应？图 6.7 和图 6.8 显示了 3 种信号份额假设下"优秀学生"的教育社会回报，信号份额不等，从小到大分别为 1/3、1/2、2/3。

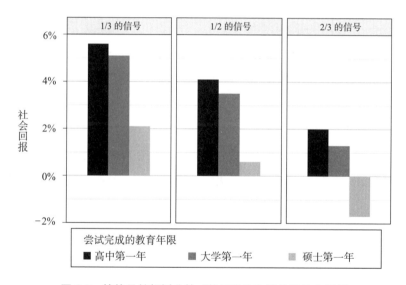

图 6.7　按信号份额划分的"优秀学生"学位的社会回报

信号份额仅为 1/3 的情况下，上高中算得上一个不错的选择，上大学是一项优质投资，不过，如果继续深造攻读硕士学位，则纯属浪费社会资源。听起来，从社会层面来说，接受教育并不是太糟糕的决定。但是让我们看一看讨论的对象是谁？能力出众的"优秀学生"！当信号的份额上升到 1/2 时，高中看起来还算是不错的投资，大学的回报差强人

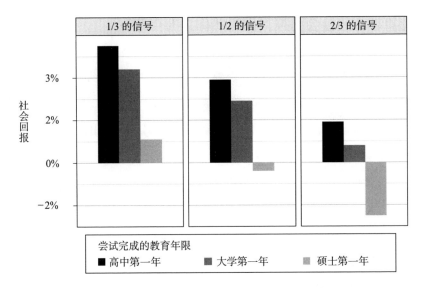

图 6.8 按信号份额划分的"好学生"学位的社会回报

意,而硕士的回报堪称灾难。当信号的份额上升到 2/3,即使是"优秀学生"和"好学生",社会回报也会骤降。尽管高中在美国的"教育神话"中处于重要的位置,但是,据我们所知,高中教育实际上对社会资源造成了极大的浪费。

对于能力弱的学生,结果更为严峻(见图 6.9 和图 6.10)。信号的份额为 1/3 时,高中教育回报尚可,甚至堪称丰厚,但在更高阶段的教育上,回报便不明显,甚至为负数;信号的份额占 1/2 时,对"中等学生"来说,高中教育的社会回报尚可接受,对"差学生"来说足可称道。然而,任何希望提高教育层次的努力都是浪费;当信号的份额升至 2/3 时,仅剩下的那一丝希望也被抹去了。把"差学生"送进高中,并不算多么糟糕的主意,但回报也不值得大书特书。

综上,即便你认为 4/5 的信号份额过高,不甚合理,我们在上文中将信号的份额降低后发现,教育的社会回报同样令人失望。依主流标

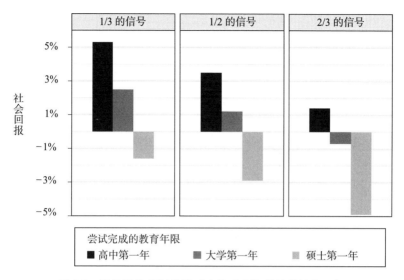

图 6.9　按信号份额划分的"中等学生"学位的社会回报

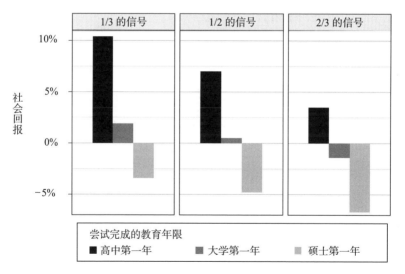

图 6.10　按信号份额划分的"差学生"学位的社会回报

准，即使信号只占 1/3 的份额，也足以令整个教育界蒙羞。几乎每个人都应该尝试读高中，但是，只有"优秀学生"上大学对社会才是一件好事，如果大量的"中等学生"和"差学生"上大学，社会将遭受惊人的损失。此外，总的来说，追逐硕士学位是一笔糟糕的投资。按照 1/2 的信号假设，"优秀学生"上大学的回报遭受质疑；被广泛认可的高中教育的社会回报也有所削弱。似乎，高中教育带来的唯一明显的社会红利在于——对"差学生"的犯罪倾向有轻微的抑制作用。教育只能带来这样的收益，听上去多少有些尴尬。当信号上升至 2/3 的份额时，本书的目标——寻找"反对教育的理由"——已经基本达成。"差学生"上高中的社会回报还算不错，但是，如果送其他能力层次的学生上高中，社会回报则相当惨淡，甚至堪称灾难。

搜寻任何可能存在的社会回报

平均值下可能隐藏了很多事实。无论教育信号大小，我们在统计教育回报的时候，还有哪些漏网之鱼呢？

"专业、大学层次、学习态度与社会回报"。依照长辈的经验之谈，学校里的专业只分两种："真正有用"的专业与"浑水摸鱼"的专业。前者教授实用的工作技能，而后者只会鼓吹一些与职场不相干的东西。的确，拥有"真正有用"专业背景的员工，在就业市场上如鱼得水，获得了更多的个人回报。人们很容易推断出，专业不同，带来的教育溢价迥异，这纯粹是因为技能因素在起作用：信号可以解释为什么美术专业的毕业生比高中毕业生赚得多，但人力资本可以解释为什么工程专业毕业生比舞蹈专业的毕业生获得的教育回报更多。

然而，经仔细审视后我们发现，"通过上大学获取实用技能"的说法，只是一种美好的愿望罢了。约 3/4 的 STEM（科学、技术、工程、数学）专业学生，以及一半的工程专业的学生，在工作中并没有用到他们的专业技能。STEM 学位能给众多雇主留下深刻印象，不仅为技术领域的职业生涯打开了大门，也是金融和商业领域的敲门砖。然后，专业选择对社会回报意味着什么呢？按照谨慎的信号假设，电气工程等高收入专业的"优秀学生"，在社会回报上依旧值得期待。然而，在合理的信号假设下，即便送最出类拔萃的学生去学习最赚钱的专业，社会仍将承受不小的负担。同样，即便送那些痴迷于学习的学生，就读层次较高且学费不贵的大学，社会层面也要付出巨额的教育投入，但结果也不容乐观：虽然谈不上血本无归，但绝对是不小的浪费。

"性别和社会回报"。通常，职业女性会比职业男性获得更高的个人回报。然而，从社会回报的角度来说，我们不应忽视两个重要的抵消因素：首先，女性使用学校传授的工作技能的机会相对较少，因为在职场上，女性工作者的数量总是少于男性工作者。其次，不管受教育程度如何，女性几乎不会犯罪。男性大学毕业生的犯罪倾向甚至比高中辍学的女性更大。因此，教育在遏制女性犯罪上的社会价值很低（见图 6.11）。

如果我们把所有这些因素考虑在内，男性和女性的教育社会回报孰大孰小呢？在高中阶段，对女性的教育投资往往会带来更大的社会回报。不过，存在一大特例，男性"差学生"比女性"差学生"的社会回报更为可观。为什么呢？难道女性"差学生"缺点更多、更容易犯错吗？恰恰相反，避免做错事乃女性的天性，但是，也正是因为这种性别上的"优势"，导致女性接受教育的社会回报更小。高中以上阶段，对男性的教育投资在总体上回报更大——不过，"更大"并非指绝对值，只是相比较而言"没有那么浪费"罢了。

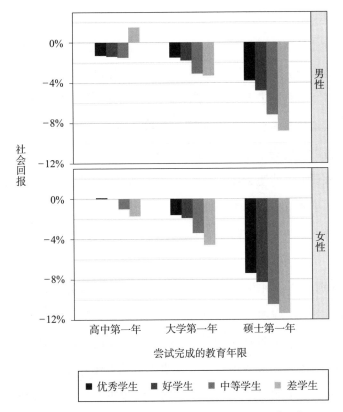

图 6.11　合理信号假设下按性别划分学位的社会回报

资料来源：图 5.12 及文本。

注：假设条件如下：

（1）收入、福利、失业率和劳动力参与率中存在 45% 的能力偏差。

（2）犯罪率中存在 75% 的能力偏差。

（3）教育影响中 20% 为人力资本效应。

存疑之处

本章每一节的论述都建立在跨学科研究实证之上。然而，当研究结论不一致时，或者在某些议题上研究证据较少时，我总是果断提出个人的最合理推测，然后勇往直前，继续讨论。面对相似的情况，我的学者同行可能更为谨慎，但是，过于小心谨慎，只会流于畏缩，在教育这一议题上，坦率远胜过畏缩。如果站在行业顶端的学者都不敢把自己最合理的推测告知选民和政策制定者，他们能怎么办呢？他们只能按自己的猜测做出教育决定——但是，受到现代教育的浮夸式繁荣所影响，他们往往会做出一些鲁莽的决定。

不过，我所说的坦率不仅是面对不甚确凿的研究实证，大胆给出自己的推测，而且是毫不隐藏个人推测中尚不明朗的存疑之处。说到存疑之处，上一章在计算教育的个人回报时，我列出了一些值得商榷的方面。而所有这些，在本章计算社会回报时同样需要考虑。此外，我还加入一些红利方面的遗漏之处。但是，请不要把这些存疑之处当作"谬误"，而更应把它们视为一种积极的"提醒"，提醒所有教育研究者在未来开展深入的调查研究。

"信号的份额"。我的个人推测是，信号占教育回报的80%。我甚至笃定，这就是"合理的"份额。不过，我并非冥顽不灵，只要证据确凿，我对于调整持开放态度。几项杰出研究的结论令人印象深刻，或许，根据个别研究，我应该将信号的份额降低到60%，或者按照另一发现，我应该将信号的份额提高至90%。在前文的"谨慎的信号假设"中，我们对信号的份额提出了较高的下限，也许，未来的"羊皮效应"研究会发现，真实的"羊皮效应"并没有先前假设的那么大。像那些自信满满的预测家一样，我也会坚守我的"预言"，我不打算重新反思我对信号份额的判断是否合理，在我看来，学术界才应该做出反思：教育信号的研究非常匮乏，若是鼓励更多年轻有为的研究者加入，我们在这一领域的知识总量便能很快翻上一番。

"劳动力参与率与能力偏差"。社会回报取决于"劳动力参与率"——愿意参加工作的毕业生比例。受过教育的人的劳动力参与率相对高一些。但是，高出的一部分源于能力偏差，这一部分有多少呢？计算教育的社会回报时，我们需要一个直接的答案。不幸的是，从现有研究中几乎找不到直接的答案。不少论文提出"假如普通的大学毕业生没上过大学，他们能挣多少钱"之类的问题，但是很少有论文探讨："如果普通大学毕业生没有上过大学，他们找到工作的概率能有多大？"为弥补这一研究上的缺失，我将劳动力参与率中的能力偏差与收入的能力偏差等同起来，但是，据几篇高质量论文所述，两者之间存在不小的偏离。

"犯罪率、信号与"羊皮效应""。男性"差学生"的教育社会回报大小取决于对犯罪率的抑制。在计算犯罪率时，首先，我考虑了犯罪的全部成本；其次，根据教育、年龄和性别，对犯罪行为的分布进行分析，并纳入计算；最后，我对于计算结果进行能力偏差修正和信号修正。虽然我不会对这一研究做法做出任何改变，但我不能排除两个关键疑问。

首先，对犯罪的全部社会成本的详细统计相当稀缺。即便在目前能找到的最全面的研究中，涉及的年份也不算久远——1997年，当时的暴力犯罪率比现在高出约50%。其次，犯罪领域的研究人员很少测试"羊皮效应"，所以我给出了一个设定："羊皮效应"对犯罪的影响与羊皮对收入的影响成正比。然而，有初步研究表明，教育对犯罪的所有影响都应归结于"羊皮效应"。由于"谨慎信号假设"认定"羊皮效应"无法带来社会价值，那么，我花费大量时间来计算教育抑制犯罪率带来的社会回报，很可能只是徒劳一场，因为这种回报很可能为0。不过，这反倒成了我们诸多"反对教育的理由"中最坚实的一条。

教育的"德雷克公式"(Drake Equation)

许多年前,天文学家卡尔·萨根说过一句十分著名的话:宇宙中的星星要比地球海滩上的沙粒还要多。然而,在星系密布的太阳系中,我们却只能找到一个存在生命的星体——我们居住的地球。为何银河如此浩瀚,生命却如此稀缺?天文学家弗兰克·德雷克公布了一个简要的数学公式来澄清这个问题,简称"德雷克公式"。这个公式的内涵不难理解,简要概括便是:生命形成的条件有多苛刻,我们发现外星生命的机会就有多渺茫。人类虽然拥有先进的宇宙通信技术,但为何至今未发现外星生命的迹象呢?想一想,偌大的太阳系中只有一个星球存在着生命,那就是地球,地球上衍生出生命需要多么严苛的条件,低级生命经过多么漫长的时间,才能进化为高智商的人类,而人类需付出何种艰苦卓绝的努力,才能研发出星际通信技术,还有更重要的一点,从古至今的漫长进化史中,人类避开过多少次种族毁灭的危险。除非另一个太阳系满足所有这些条件,否则我们永远没有机会与外星文明对话。因此当我们仰望星空,宇宙看起来是如此孤独,也就不足为奇了。

正常情况下,看一眼教育统计数据,人们都不禁惊叹于教育的"魔力"。看看高中辍学生的生活状况吧:贫穷、失业和犯罪充斥着他们的生活。相比之下,拥有工程学位的大学毕业生过着什么样的生活呢?生活殷实,爱岗敬业,遵纪守法。两者之间的差距犹如天堑鸿沟。那么,想象一下,如果能把所有的高中辍学生都"转型"为工程师,社会将会变得多么美好啊!哈佛大学前校长德里克·博克曾打趣道:"如果你认为教育很昂贵,那就试试无知的代价吧。"既然教育的回报如此丰厚,为什么我们还要对成本斤斤计较呢?

答案很简单,教育对社会转型的作用被严重高估了。例如,我们观察到的辍学生和工程师之间的收入差额,只是所谓的教育的德雷克公式中的"被乘数"。对于工作者来说,教育的社会效益等于观察到的辍学生与工程师之间的收入"总差额"乘以毕业率,再逐一乘以下两个分数:(1)非能力偏差差额占比[(总差额－能力偏差造成的差额)/总差额];(2)非信号差额占比[(总差额－信号造成的差额)/总差额]。

假设工程师对社会的贡献平均是辍学生的3倍,而我们教育的德雷克公式中的乘数项均为50%,那么教育的真实社会回报是:观察到的+200%的总差额乘以50%的毕业率,乘以非能力偏差差额占比50%,最后乘以非信号差额占比50%。最后的得数仅是+25%。

为何偏偏我的方法得到的社会回报少得可怜呢?抛开前文讨论的那些"教育高投入、低回报"的惊人事实,教育的德雷克公式给出了科学的答案。研究伊始,我和其他教育研究人员一样,从教育为学生带来的显性差距着手。但是,很多研究者开始心照不宣(偶尔也光明正大)地把教育的德雷克公式中的所有乘数项都设为100%。这意味着什么?他们默许:每个学生都完成了学业;所有学生的能力完全一致;教育信号的份额为零;每个学生毕业后都进入了职场。这就好比把德雷克原公式中所有的乘数项都计为100%,然后宣布我们的太阳系中包含数十亿个高级文明星体。诚然,受过良好教育的人往往是模范公民——他们技能突出、工作稳定、遵纪守法——但教育绝非通往模范社会之路。事实上,把合理的数字代入教育的德雷克公式,你就会发现,如果我们希望构建一个模范社会,当务之急是来一个180度大转弯,大幅减少教育投入。削减教育经费并不会让社会倒退,同时,我们可以用每年省下来的数十亿美元创造真正的奇迹。

第七章

我们需要更少的教育

白象：需大量投入但利润率极低的财产。

——《韦氏大学词典》

房间里的大象：指人们避免讨论或承认但明显存在的主要问题或较大争议点。

——《韦氏大学词典》

地球上的每一个政府都支持教育。他们为教育大唱赞美诗，把税收中相当可观的一部分留出来支持孩子免费上学，不管他们是否喜欢上学。"免费教育"和"义务教育"的理想遍及全球。民主国家和独裁国家可能会资助不同类型的教育，但支出水平相当。产业扶持政策，即挑选一些"优胜"的产业，给予特定的保护和补贴通常备受争议；然而，教育产业扶持政策在全世界广受欢迎。在一项重大国际调查中，每个国家里，绝大多数人都赞成加大教育预算。据我所知，世界上没有任何一个国家中的大多数人会呼吁减少教育投入。

美国人也一样。在"综合社会调查"中，74%的人支持增加教育经费；21%的人赞同维持现状；只有5%的人同意削减教育经费。教育是民主党和自由党共同拥护的事业。自由党人呼吁，"多花些钱在医疗保健和教育上"，而不是"多花些钱在医疗保健而不是教育上"。保守派则号召，"多花些钱在国防和教育上"，而不是"多花些钱在国防而不是教育上"。公然反对"大政府"的共和党人却很少对政府的教育投入提出非议：据调查，60%的资深共和党派人士表示支持一贯的高投入政策，只有12%的人公开表态，称我们的教育经费超支了。

不过，那些和我一样身处象牙塔、享受到大量教育福利的学者，居然普遍抨击教育开支之巨，问题的严重性可见一斑。艾莉森·沃尔夫被授予过英国达利奇女爵勋章（Baroness of Dulwich），著有《教育重要吗？》（*Does Education Matter?*）一书，她曾经如是说：

> 因此，如果称我们的教育系统为"白象"——华而不实的累赘，或许有些过分。但是，从另一方面看，没有一个人敢发声呼吁关闭所有政府资助的教育机构，甚至都没人提出削减25%的教育预算，这真是令人匪夷所思。

是什么助长了社会上"人人爱教育"的风潮呢？教育扶持政策层出不穷，政策制定者甚至无须费神向公众做出解释——但凡打着支持教育的旗号，必将受到全社会的追捧。一旦有人质疑这些政策，不明内情的民众就会纷纷跳出来辩护，他们给出的理由慷慨激昂，但在逻辑上漏洞百出。有人辩称：因为我们需要把钱投资在培养人才上！（我的回应是：我们通常依靠自由市场提供重大投资决策。如有必要，教育投资决策亦可如此。）有人坚称：因为没有什么比教育更重要！（我的回应是：食物更重要，我们同样依赖于自由市场获得食物。）还有人固执地认为：因为政府必须确保，即使是最贫穷的孩子也能接受良好的教育！（我的回应是：给家境贫寒的孩子发一些专项教育补贴即可，为什么政府要大张旗鼓，为家境殷实的孩子开办学校或补贴学费呢？）不明教育内情的民众几乎从未直面过这样的问题："教育经费一涨再涨，何时才是头呢？"若有人胆敢回答："我们对教育的投入已经够了。"这无疑是与全社会为敌，和宣称"我们为瘫痪的退伍军人做得够多了"一样，将会被钉在十字架上，为世人所唾弃。

但是，政客需要那些广大民众的支持，于是，他们也鹦鹉学舌，开始模仿一些民粹主义的陈词滥调。回想一下那对父子档美国总统，乔治·赫伯特·沃克·布什和乔治·沃克·布什，两人都自诩为"教育总统"。谁会反对为我们的孩子、我们的人民、我们的国家和我们的未来进行教育投资呢？最受欢迎的幽默讽刺网站"洋葱新闻"曾刊登过一篇题为"美国政府停止对青年人的长期低收益投资"的新闻。文中提到，时任美国教育部长罗德·佩奇提出一种相当客观的教育资助分析法。但是，我想说的是，如果哪位政客敢使用这种方法，可能会立刻被轰下政坛：

> 佩奇建议："政府在做出资助决定之前，一定要做好测试，不然我们怎么知道哪些人是可靠的资助对象，哪些人可能会浪费我们的时间和金钱呢？"

这篇幽默新闻的讽刺之处在于政客的本性被忽视了——政客最擅长迎合民粹主义情绪，根本没人会听佩奇的建议。

鼓吹教育的最佳论据：错在何处？

何谓最佳论据？公平地说，我们得找出客观上最有力的论据，而不是每个人都挂在嘴边的论调。比起教育界外行的慷慨陈词、政客的盲目迎合，教育研究人员能为起草教育产业扶持政策提供更有力的论据。尽管细节上可能略微有些差异，但他们的研究结论可以大致分为三类说法："学生的心智不成熟"、"学生遭受信用约束"和"缺乏积极的外部效应"。"学生的心智不成熟"和"学生遭受信用约束"这两种说法，将个人回报和社会回报混为一谈，坚称自由市场未能开发出同时对个人有益又对社会有价值的教育投资。"缺乏积极的外部效应"的说法首先明确区分了教育的个人回报和社会回报，然后辩称自由市场没能开发出具有社会价值的教育投资的原因——这些投资不会带来个人回报。

"学生的心智不成熟"。按照这一说法，自由市场无法说服学生进行个人回报大的教育投资。也许学生低估了教育的回报；也许他们目光短浅，不关心遥远未来的经济回报；也许他们还太年轻，不明白何谓"投资"。不管出于什么原因，心智不成熟的学生过早地结束学业，未能兑现个人价值，也未能为社会做出应有的贡献。这种情况下，政府教育扶持的价值便凸显无疑，政府可以颁布相关扶持政策，帮助学生意识到教育的巨大收益，鼓励困惑的学生发现教育的"黄金"机遇。

"学生遭受信用约束"。根据这一类说法，自由市场未能给予学生充分的机会来进行个人回报丰厚的教育投资。假设正常市场利率为4%。"只要教育回报超过4%，学生就会留在学校"这种说法听上去无可辩驳。但是，在现实世界中，许多学生负担不起生活费，更不用说学费了；更重要的是，作为学生的他们信用等级太低，无法从银行借到足够的钱支付这些费用。对于未成年人来说，这是事实：谁愿意借给一个14岁的孩子5万美元的贷款，供他上高中呢？贷款方可能知道教育回报超过4%，但仍然会因为学生缺乏担保而拒绝发放贷款。如果任由这些受信用约束的孩子自生自灭的话，他们肯定会选择过早结束学业，导致自己的价值不能兑现，也未能为社会做出应有的贡献。这时，政府教育扶持的价值便凸显无疑，政府可以提供一定的资金扶持，为那些遭受信用约束的学生提供自我教育投资的原始资本（seed capital）。

"缺乏积极的外部效应"。支持教育补贴的最后一个最佳论据是，自由市场未能激励学生进行对社会有价值的教育投资。如果某位学生既心智成熟，又拥有良好的信用等级，他肯定不会放过任何可能带来丰厚个人回报的教育机会。但是，如果他的优秀教育背景为周围的旁观者带来了实实在在的好处，而旁观者既不表现出感激，也不给予任何回报，人非圣贤，久而久之，在失望和愤怒之下，他们可能会丧失继续追求更高学术目标的动力。在我们发出"唉，那个学生真可怜！"的感叹之前，请记住，我们人人都是旁观者——得到周围的人给予的好处，却没想过回报，这样的经历很多人都有过吧？因此，如果任由这种看重个人得失的学生自作主张的话，他们将过早地结束学业，不能为社会（而不是个人）做出应有的贡献。政府可以通过相关的教育扶持政策，鼓励这样的学生多上几年学，延长他们的社会价值。

我承认，"学生心智不成熟""学生遭受信用约束""缺乏积极的外部效应"这三种说法都是说得通的。仅凭直觉，似乎人人都应拥护这些理由——这些理由正是教育扶持政策的理论依据。但是，有一个小问题：我们不能仅凭直觉做决断。针对每一项理由，我们必须严肃认真地考虑事情的两面性。"学生心智不成熟"带来两个方面的结果：低估教育回报的学生很容易高估他们毕业的可能性；目光短浅而不关心未来回报的学生，可能会去攻读挑战性颇高的学位，仅是为了获得向朋友炫耀的资本，或者出于光耀门楣的考虑。外部效应的说法也是如此。用专业术语来说，信号意味着负外部效应：如果学生为给雇主留下深刻印象而继续攻读更高学位，他们将伤害到劳动力市场上的旁观者——很简单，潜在竞争对手的学历越高，他们的职业生涯越难走。因此，教育扶持政策的忠实捍卫者必须综合所有的因素，依据总体情况做判断。

自由市场中往往能对这些理由给予非常直截了当的评估。先估计教育的社会回报，然后看看它是否超过市场利率。如果教育的社会回报没有超过市场利率，不投资教育是最佳选择；否则，投资教育可能是最佳选择。为什么我在这里用到"可能"这个词呢？因为存在一种可能性：政府可能会过度投资。政府很可能不会沉下心来，精心打磨教育体系，从而使其社会回报达到市场水平；而是像喝醉的水手一样乱撒钱，这种情况下，无论如何，教育的社会回报都会低于市场水平。

由于没有哪个政府把教育事业交由自由市场打理，因此，直截了当地评估教育扶持政策是否合理，无法成为现实。当然，我们可以估计一下教育的社会回报，然后看看它是否超过市场利率。然而，从我们的角度来看，这种比较只能帮我们找到这一问题的答案：政府目前对教育的支持是过高、过低，还是处于合理水平。在当下如此大规模的教育扶持下，如果教育的社会回报率只是勉强超过市场利率水平，这说明政府虽然做得不够好，但至少在正确的方向上。如果教育的社会回报低于市场回报率，这只能说明一个事实，政府在教育决策上大大偏离了正确方向。

上一章，我们系统地列出了教育的收益和成本。我们不仅讨论学生的个人教育回报，还列出了教育的社会回报。计算结果是，教育的社会回报率在一个区间波动，稍低于市场利率到显著低于市场利率。在谨慎的信号假设下，政府在高中阶段的投资属于过度级别；在高中之上阶段的投资属于严重过度级别。在合理的信号假设下，政府在高中及以上阶段的投资，均属于严重过度级别。此外，政府对"差学生"的投资尤为浪费，不过，高中男性"差学生"除外。

而说到教育研究人员为教育扶持政策找到的支撑证据，只具备表面上的合理性。我在估算中纳入了多种积极的外部效应。通过计算，我们发现教育的社会回报低，甚至为负数，这表明，标准的支持教育的主张是片面的。一旦我们搬出教育的"德雷克公式"，所有那些主张原地遁形。综上所述，教育产业扶持政策显然走得太远，造成了极大的浪费。

美国——可能世界上所有地方——都陷入了"过度教育"的魔咒。

学校教育能塑造灵魂？

一些极为感性的教育主张并没有讨论教育的个人或社会回报，只是赞扬教育灌输了崇高的价值观、塑造了学生的品性。教育有滋养心灵之功能，这是无法用金钱来衡量的。经济学家可能会嘲笑说："除非你有无限的预算，否则，任何东西你都得定价。"但是大多数人（包括我）仍然认为"学校教育即灵魂教育"是一个崇高的信念。

事实上，这个信念如此崇高，我们得用一整章的篇幅来描述。如果你希望在阅读政策建议之前便得到答案，请直接跳到第九章。不过，如果你凭直觉认为"学校教育即灵魂教育"这种说法是对本章和下一章提出的教育改革的主要挑战，请你留在这里，循序渐进地往下看。我要提醒的是，我在最后直面了这项艰巨的挑战。

你的"白象"有多大？

曾几何时，有一款经典的车尾贴上写着一句话：当学校得到所有他们需要的钱，空军不得不举行烘焙义卖，筹款购买轰炸机，那将是多么美好的一天！这句话虽有插科打诨之嫌，但引人深思。不过，从多个角度来看，这个伟大的日子早就在美国出现了。当然，空军不大可能真正举行烘焙义卖，但事实上，美国教育的总开支远远超过了美国军费。在2010—2011学年，教育占美国经济总量的7.5%，而国防仅占4.7%。教育支出超过1.1万亿美元，国防支出仅略高于7 000亿美元。教育经费在1972年就超过了军费，并在"冷战"（The Cold War）后急剧扩大了领先优势。

从传统观点来看，这是个好消息。即使是激进的鹰派人士，也为我们没有牺牲"孩子的未来"以保护"自己的现在"而感到高兴。谁会反对为教育提供充足的资金呢？也许，只有认真审视教育信号的人才有可能。每年1.1万亿美元绝对是一个天文数字——如果手写的话，光0都要写11遍。如果这个数字平均到每个美国人头上，每个人都能分配到将近3 600美元——注意，不只是每个学生，而是全社会所有人。我们嘴上喊着用这笔钱来进行"教育投资"，但是，结果呢？如果教育有一半是造成浪费的信号，我们每年就浪费了5 000多亿美元。请注意，这还只是预算成本。如果要计算教育的整体消耗，不得不提的是数以百亿人对教育的情感寄托，以及毫无意义的课堂时间。

国防和教育之间的一个显著区别是，所有国防支出都是政府支出，但教育支出有一部分是私人支出。即使政府在教育上的支出为零，教育支出也并不会消失，造成浪费的教育信号更不会消失。然而，若没有政府的支持，现代教育将变得面目全非。政府像一个富有的长辈，对教育极尽宠溺，助长了教育的浪费之风。每当我们不能或不愿在教育上花自己的钱时，联邦、州和地方政府就会站出来，以教育的名义浪费纳税人的钱。

美国政府到底在教育上花了多少钱？很难回答。我们不能轻率地将公立学校支出等同于政府支出，将私立学校支出等同于个人支出。一些公立学校得到了大量的私人资助；一些私立学校得到了政府的巨额资助。我们也不能轻率地将联邦支出、州支出和地方支出相加得到一个所谓的总额，因为上级政府经常把他们的教育预算转化为对下级政府的拨款。要谨防双重或三重计算的风险：如果联邦政府拨给加州100亿美元的教育经费，而加州把每一分钱都交给当地学校，那么政府的教育支出总额就不是300亿美元，而是100亿美元。

要获得一个可靠的计算结果，最好的途径是从美国人口普查（U.S. Census）的数据开始。人口普查估计了州政府和地方政府的直接教育支出，包括K-12和高等教育的所有支出，加上"对个人和私立大中小学的援助和补贴，以及其他五花八门的各项教育开销"。据报告，2010—2011学年全美教育支出总额为8 610亿美元，这一数字包括所有由联邦拨款资助的州教育支出和地方教育支出，但不包括联邦的直接教育支出或联邦对个人的直接援助。

联邦的直接教育支出很难确定，但是，这笔款项可能不大，甚至可以忽略不计。相比之下，联邦政府对个人的援助超过了1 000亿美元。最复杂的情况是，联邦政府主要是通过贷款而不是拨款的形式发放援助。如果联邦政府按照市场利率标准对学生贷款收取利息，你可能会说，学生贷款根本不会消耗纳税人的任何资源。然而事实是，尽管学生对于学生贷款利息的抱怨不绝于耳，但即使是"未受补贴"学生的贷款利率，也远低于市场水平。贷款担保虽然没有明显的预付成本，但学生不可能指望以零利率获得个人贷款。国会预算办公室（The Congressional Budget Office）规定，学生贷款的平均补贴率为12%，即每一美元的学生"贷款"都包含12美分的纳税人隐性补贴。图7.1统计了人口普查数据、联邦政府对个人的补助，以及"隐性"的学生贷款补贴。

许多美国人认为，公共教育的预算很有限。相比之下，私立教育看起来如此昂贵，政府对私立教育的补贴只占私立教育开支很小一部分。这两种看法都与事实大相径庭。图7.2展示了相关数据。所有类型的教育支出中，4/5以上由政府买单。政府对教育的支出大大超过了臃肿不堪的国防开支。即使在反恐战争（War on Terror）最纷乱的时期，政府

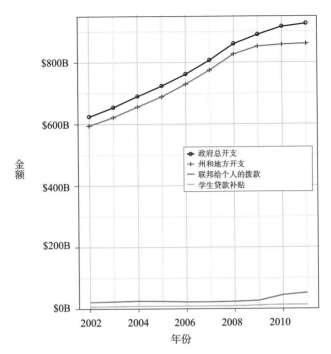

图 7.1　美国政府教育支出总额（单位：10 亿美元）

资料来源：Snyder and Dillow 2015, pp.58, 60–61；Snyder and Dillow 2013, p.57；S.Baum and Payea 2012, p.10。州和地方教育支出不包括公共图书馆支出；所有纳入计算的年份里，我均减去了图书馆平均预算份额 1.3%。拨款和贷款数字已由定值美元转换为现值美元。

用于教育的资金也超过了军费开支。政府在教育上的支出约占经济总量的 6%。

钱都去哪儿了？美国政府和世界各国政府一样，优先考虑的是 K-12 阶段，而非大学。但是实际上，高等教育更依赖于纳税人的钱，因为在大学阶段，学生个人需支付的学费中很大一部分打上了"政府补助"的印记。在 2010—2011 学年，政府在 K-12 教育上至少花费了 5 650 亿美元，占比为 87%，在高等教育上至少花费了 3 170 亿美元，占年度教育预算的 67%。因此，那张写着"烘焙义卖"的车尾贴纸其实

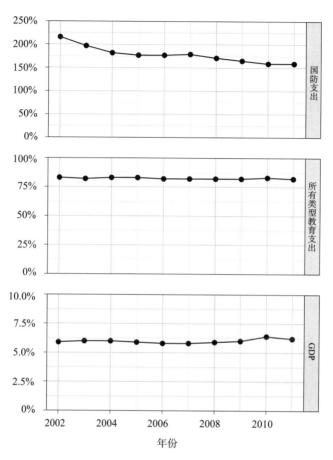

图 7.2　美国政府教育支出总额透视图

误导了一代人——美国不会削减教育经费来供养它的战争机器。教育和国防,美国一个都没亏待。

看看这些庞大的数字,可想而知,如果政府对教育投资"开刀",我们的公民会紧张到什么程度。幸运的是,在教育问题上,我们没有讨伐外部敌人的必要,因为正如卡通人物波谷(Pogo)的一句妙语:"我们遇到了敌人,他就是我们自己。"要解决教育浪费,政府有一个几乎不会失手的方法:少花钱,削减公共教育预算,削减私立教育的补贴。

一旦公民普遍接受了这种教育紧缩政策，核心问题就不再是"该怎么花钱"，而是"哪里需要花钱"。

削减教育：原因、对象与方式

> 在圣路易斯市（St. Louis）的一次公开演讲中，有人问科斯，密苏里州的面积应该有多大？科斯回答说："如果你看到一个体重超过400磅的大胖子，你转头问我他应该有多重，我的回答肯定远远低于他的体重。"
>
> ——约翰·奈
> 《评罗纳德·科斯的一生》

当我解释为何教育在很大程度上是造成浪费的信号时，听众听得津津有味。但是，当我补充道："让我们削减政府的教育支出来减少浪费。"他们开始表示抗拒。你可能觉得，承认教育支出过大、造成大量浪费，必然意味着向紧缩政策靠拢。但事实并非如此，大多数听众的反应是自信满满地回答一句："我们应该重新规划教育预算，而不是减少预算。"

这种信心是不合时宜的。是的，我们发现了浪费性支出，但这并不意味着我们可以马上找到富有建设性的替代方案。出于谨慎考虑，我们可以采取两步走的做法。第一步，停止浪费资源；第二步，把这些资源存起来，等到找到合适的方法再使用。"不浪费资源"通俗易懂，易于执行。不要只是站在那里观望，你得付诸实际行动。但是，找到合理利用资源的方法却是一个复杂而缓慢的过程。不能只是付诸行动，你得充分考虑各方各面。请记住：保存的资源可以用于任何值得投入的地方。

比如说，浪费在教育上的时间和金钱可以用来修路、治疗癌症、削减税收、补贴生育、在财政清算日（Fiscal Day of Reckoning）到来之前偿还政府债务，或者干脆退返给纳税人，让他们改善生活质量——住更大的房子、开更好的汽车、吃更棒的食物和享受更为优质的度假。

打个不恰当的比喻，假设你不幸染上了灰指甲，正在使用一种软膏治疗，但是我已经100%证实了，该软膏根本就起不到任何疗效。于是，我建议道："别再把钱浪费在那没用的软膏上了。"难道你会说："我先用着，等找到有效的灰指甲疗法再换。"绝不可能。首先，找到一个正确的疗法绝非易事，寻找的过程中你会碰到各种麻烦，甚至有可能你永远也找不到。寻找正确疗法的同时，继续把钱浪费在庸医上，绝对是愚蠢之举。此外，要是你坚称："一定能找到治疗方法！"这不但幼稚，而且武断。要是你的指甲没救了，你应该继续生活，用省下来的钱去迈阿密旅行。

依照信号模型，我们提出两种值得尝试的紧缩教育的做法。第一，为课程瘦身；第二，削减学费补贴。接下来，我们来探讨一下该如何操作。

"为课程瘦身"。只要略带批判眼光审视我们的现代学校，任何人都会发现，学生桌上堆积成山的课程资料，在成年后根本用不上——想想都觉得很荒唐。我们可以把学校提供的无用课程比作人身体上的"脂肪"。"脂肪"早在幼儿园阶段就出现了，比如，历史课、社会课、艺术课、音乐课和外语课。到了高中，正如我们所看到的，学生至少有一半的时间花在"脂肪"上。在大学里，很多专业都是由"脂肪"堆积而成，比如，历史专业、传播学专业或跨学科研究专业。大约40%的大学毕业生的专业实用性很差，甚至毫无实用性可言。即使是课程难度最大的专业，也会要求学生浪费大量时间，去学习一些未来用不到的深奥理论，还规定学生必须选修一些听都没听过的课程——美其名曰"广度要求"。

前文中我已多次提及，从个人回报的角度来看，即便是实用性最差的课程，也可能带来丰厚的回报。然而，从社会的角度来看，这些个人回报毫无意义可言。对社会负责任的做法是，砍掉那些毫无实用性的课程。大量的无用课程极大消耗了纳税人的金钱，心安理得地夺走年轻人宝贵的青春——是时候该把时间归还给他们了。孩子还小、需要学校监管的时候，学校倒不如鼓励学生多去操场进行体育锻炼，或者多上图书馆读书，学校能够因此省下一大笔钱。孩子长大一些、不再需要学校监管时，学校可以减少学生的上学时间，一旦讲授完实用课程便放学，从而省下更多的钱。

较为温和的改革措施，是将无用课程从必修课变成选修课。把历史、社会研究、艺术、音乐和外语定为选修科目。这种做法的主要问题是：在非必修课上表现出类拔萃，仍不失为"有利"的信号。在父母的谆谆鼓励之下，许多学生花费大量的时间和精力在选修科目上，期待自己能够脱颖而出，超越同龄人。为平息这种浪费资源、毫无意义的"军备竞赛"，我们要做的不仅是把一些科目从必修变成选修这么简单，更应该采取自上而下的限制措施。

一个富有建设性的限制做法便是将课程标准提高，大多数学生很快就会半途而废。当然，对学生毕业后用得上的科目来说，这不是好事。比如，我们不应该提高阅读课的标准，即便是"差学生"，也应该上阅读课，学会一些最为基本的阅读能力。因为职场上，阅读能力差的人也总比文盲具有更高的生产力。然而，对于那些学生毕业后用不上的科目，采用更高的课程标准，能在无形之中省去大量的时间和金钱。拿音乐课举个例子：如果把音乐课设为选修课，虽然仍旧有很多学生在音乐课上浪费了多年的时间，但是，一旦音乐入门课的老师提高课程标准，淘汰掉班上80%的学生，大部分浪费就会消失殆尽。并且，那些经历过多轮淘汰依然幸存的学生才真正适合学音乐，甚至有可能未来在音乐领域取得一番成绩。

当然，最干净利落的办法是，停止开设不切实际的课程，节省纳税人的钱。K-12阶段根本没有必要教历史、社会研究、艺术、音乐和外语这些课程。还记得我们之前讨论过，学生对于在校期间学到的知识有多么健忘吗？美国成年人普遍都上了多年的学，但是他们大部分不清楚美国内战发生的年代，不能说出国会议员的名字，不会画画，不懂唱歌，曾经学习多年的法语也忘得一干二净。有人可能会问，既然如此，我们难道不是应该进一步加大教育投入吗？根本原因在于，加大投入，预期收益极低，只会造成更大的成本浪费。

同样的逻辑也适用于大学专业。为什么要把纳税人上缴的钱用来资助学生学习美术专业？我们应该取消公立大学中不实用的专业，取缔私立大学中不实用的专业享受政府拨款和贷款的资格。如此下来，不切实际的专业将不复存在，一些学生自然会转向实用的学科。有人可能心生疑惑，难道不会有学生因为专业选择变少而干脆放弃读大学吗？这倒不是坏事。如果有学生一门心思要上无用的专业，并且以退学为要挟公然索求公费赞助，纳税人大可直接跟他们摊牌。

不可否认的是，在课程瘦身实践中，减掉"脂肪"涉及一个度的问题。我们可以预见，大多数学生毕业后，将永远不会使用高等数学或科学知识。不过，对于新生代的数量分析专家来说，这些学科知识都非常实用。课程改革者该如何应对呢？按顺序来。首先，赶紧减掉所有明显的"脂肪"；其次，快速回顾一下那些比较明显的"脂肪"，减掉那些无法证明自己有用性的"脂肪"；最后，仔细审视有争议的"脂肪"，处理时应谨慎为妙。最重要的一点：也许在复杂的情况下，我们不太容易把握度的问题，但是面对简单情况，我们应做出坚决果断的决定。

随着课程逐步瘦身，学生将不可避免地通过其他方式，向劳动力市场发出"优秀"的信号。难道课程改革起到了适得其反的效果吗？不，因为比起上无用的课程，有些形式的信号并不会浪费太多的社会资源。比如，课程瘦身给学生开辟了一条光明的道路：他们更加刻苦地学习"真正有用的"知识。考虑到美国成年人在阅读、写作和数学等实用知识上的严重缺乏，这种"刻苦"的信号不但不会浪费社会资源，反倒会带来巨大的社会进步。

"削减学费补贴"。课程改革存在一个很大的症结：教育官员没有太大动力为课程瘦身。只要资金来源稳定，他们何苦要承认，许多学科和专业根本配不上纳税人的支持呢？他们一贯采取的做法就是维持现状。所以，千万不要天真地幻想他们会主动削弱自己一手建立的课程体系。也许在某一时期，我们的选民会选出一位强硬的紧缩派教育领导，但是，人们的注意力很难长时间集中在教育政策之上，没多久，一切又回归原样。

"为课程瘦身"这种做法容易被人为操控。担忧之余，我们来看另一种削减教育的方式：将教育成本从纳税人身上转移到学生及其家庭身上。具体做法包括：提高公立大学的学费、削减补贴、用贷款代替拨款、向借款学生按市场利率收取利息；对公立高中征收部分学费。可以预见的是，这些做法将引发地震海啸般的反应，有人一定会惊呼："如果这样做，入学率可能会下降！"信号模型的回应是："是的，这正是我们想要的。"

教育成本的转移如何能提高教育的社会回报？从供给与需求的角度来看，学生的教育成本升高意味着入学率降低。入学率越低，受过教育的劳动力就越稀缺，在市场上赚取的薪酬就越高。考虑到信号的作用，受过教育的劳动力的社会回报的上涨幅度小于其个人回报的上涨幅度，但是，这两项回报在浮动趋势上并不冲突，而是保持同步。在教育溢价达到一定规模的情况下，边缘学生入学接受教育，亦能为社会带来丰厚的回报。

教育溢价必须达到何种规模，经通胀调整后的社会回报才能达到可观的比率呢——比如4%？这个问题非常棘手，因为社会回报涉及诸多变量。例如，当教育溢价上升时，学生可能会为了顺利毕业而更加努力学习，这必将推动毕业率上涨。不过，据粗略的数据显示，教育溢价必须大幅上涨，社会回报才能达到4%的规模。假设受过教育的劳动力供给减少只影响薪酬，不影响其他结果。再进一步假设高中辍学生的薪酬，在两项互为抵消的因素影响下保持不变——首先，入学率降低，辍学生数量增加，造成薪酬减少；但与此同时，更多高水平的学生因交不起学费沦为辍学生，辍学生的质量提高，薪酬增加。图7.3显示了教育溢价必须达到何种规模，学位的社会回报才能达到4%。

信号的大小是决定性因素。在谨慎的信号假设下，高中溢价只需要适度上涨即可。尤其对于"差学生"来说，溢价的涨幅更小即可，因为对这一人群来说，教育在抑制他们的犯罪率上获得的社会回报更大，远超过了他们学习技能本身的回报。然而，高中以上的教育需要达到前所未有的溢价规模：学士学位和硕士学位至少需达到100%的溢价。在合理的信号假设下，对于优秀学生来说，高中溢价必须翻倍，大学溢价必须上涨近3倍，硕士溢价必须上涨近4倍。对于能力较差的学生来说，溢价的上涨幅度必须更大才行。

如何直观地判断4%的社会回报所需的教育溢价规模呢？如果我提出的"合理"信号假设行得通，那么答案显而易见：当高中毕业生的收

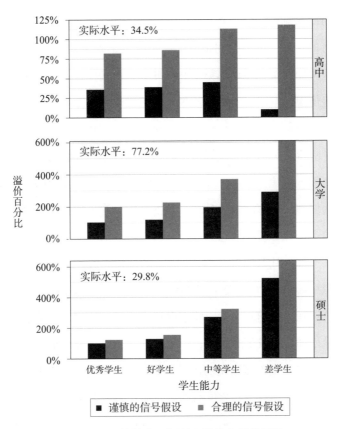

图7.3　4%的社会回报所需的教育溢价规模

入是高中辍学生的2倍,大学毕业生的收入是高中毕业生的3倍,硕士毕业生的收入是大学毕业生的2倍。入学率必须下降多少,教育溢价才能达到上述的规模呢?一个著名但不甚严谨的劳动力市场模型表明,美国的高中和大学毕业率普遍虚高,比实际需要的程度超出约20个百分点。"20个百分点"这种"刺激眼球"的数字,不要太过当真。但是,这一数字或多或少能说明了一个问题——入学率必须大幅下降。

入学率真的会大幅下降吗?只要政府坚决削减财政支持,那么答案就是肯定的。研究人员就政府补贴对教育成就的影响展开了专项研究。

由于 K-12 已经是免费的，所以他们把重点放在大学教育上。当教育成本上升时，大学入学率和毕业率分别下降了多少呢？答案的波动范围相当之小：以当前美元价值计算，每年为每名学生削减 1 000 美元学费或增加 1 000 美元助学金，会使大学毕业率提高 2—4 个百分点。提供学生贷款补贴同样能提高大学毕业率。相比之下，提供无补贴学生贷款几乎不会提高入学率或毕业率。

大学财务专家经常宣称，他们正在寻找廉价的方法来"储备受过大学教育的劳动力"。我们可以把他们的研究发现略加改变，为我们所用。既然每年为每名学生削减 1 000 美元学费或增加 1 000 美元助学金，能使大学毕业生的人口占比提高 2—4 个百分点，那么，我们也可以通过每年提高 5 000 至 1 万美元大学学费，将这一比例降低 20 个百分点。我这里说的学费不是"标价"，而是实际学费。假设高中的情况也一样：要想将高中毕业生的人口占比降低 20 个百分点，每年学费必须提高 5 000 美元至 1 万美元。警告一下：这是一个长期的解决方案，别指望能有立竿见影的效果。将学费提高 5 000 至 1 万美元，可以迅速减少新进毕业生的数量，但现有毕业生由于"库存过剩"，可能需要几代人来消化。

学费升高对生育率有什么影响吗？如果有人担心人口过剩的问题，他肯定赞成将抚养孩子的成本从纳税人身上转移到父母身上。但是，即使是最坚定的鼓励生育者也应该认识到，提供教育补助本质上并不能促进生育率的提升。不过，削减教育经费倒是可以省下一大笔钱，这笔钱可以用来提供大量的儿童税务优惠（Child Tax Credit）或大额的生育奖励。

是的，对大多数美国人来说，削减教育开支绝对是一条骇人听闻的提议。作为回应，他们的口中会迸出一连串攻击性的词汇："可怕""疯狂""小气""愚蠢"。当前的世俗社会中，教育紧缩被视为一种歪理邪说，没有哪个"正派"的社会成员敢于拥护这种观点。即便面对这种巨大的阻力，我也忍不住想为教育紧缩政策美言几句。但是又想了想，与其刻意粉饰，倒不如把道理讲清楚，留给世人自己做判断。给"离经叛道"的教育紧缩做法一个机会吧，如果你承认教育信号无处不在，教育紧缩便是顺理成章的选择。

采取"严酷的"措施、大幅削减教育开支，真的是个好主意吗？尤其对于我们这样一个富裕的社会来说。"严酷"这两个字其实回避了问题的实质。如果我们的教育投资没有得到很好的回报，我们根本不应该把大幅削减称为"严酷"，而更应该称现状为"挥霍"。的确，富裕社会能承受数万亿美元的浪费。但是，为何要白白浪费财富呢？富裕的社会意味着无数优质的"投资"机会。我们每年白白浪费数万亿美元在不学无术、荒度光阴的年轻人身上，这笔钱本可以用来攻克癌症，也可以用来购买无人驾驶汽车，或者终结世界上的饥饿问题。全社会都陶醉在教育的"赞美诗"中，看似这没有多大坏处，但是，在我们的疏忽之下，骇人的浪费正在发生。

高昂学费和沉重学生债务下隐藏的奇迹

高昂的学费和沉重的学生债务是教育卫道士的心头刺：既然教育是一项伟大的投资，所以政府应该想尽一切办法减轻学生的负担，确保人人享有教育机会。然而，奇怪的是，教育的批评者居然也加入了他们的阵营：既然教育是一项糟糕的投资，那么政府就不应该指望学生去主动承担高昂的成本。我们来看看批评家彼得·卡佩利是怎么说的：

> 对经济学家来说，学生通过申请贷款来支付大学学费是一个极具吸引力的想法，学生虽然背上了沉重的债务，但是毕业后能找到

一份好工作，从而获得可观的经济利益。但是，如果学位无法带来丰厚的回报，这个说法就站不住脚了。

但是，如果立法者同意大学免费，会发生什么情况呢？每一个被学费和贷款压力劝退的人都将重新考虑他们的决定——入学率必将暴涨。依照批评人士之见，大学生本来就够多了，如此一来，大学里面岂不是人满为患？因此，教育批评者不应该加入反对高昂学费和学生债务的"民粹主义联盟"，而是应该站出来为自己辩护。

学费的存在不仅起到优化生源的作用，还能促进专业组合的优化。比起不实用专业的学生，实用专业的学生获得的个人回报和社会回报往往更为丰厚。但是，大学里的专业领域虽然门类繁多，学费却相差无几。随着学费节节攀升，就读不实用专业自然而然就成为赔本的买卖。鉴于此，有志于从事艺术事业的学生可能会重新考虑他们的专业选择，甚至重新考虑换一所大学。无论如何，学费的全面上涨，将引导学生走上"没那么浪费的"道路。

学生贷款也有同样的好处。哪怕知道自己未来需要偿还巨额学费贷款，有些学生仍可能做出愚蠢的专业选择。但是，一想到那笔沉重的债务，他们至少会仔细权衡，花时间盘算：如果自己拿到无用专业的学位（比如人类学学位），那要什么时候才能偿清债务呢？与教育民粹主义者的意见不同的是，学生贷款堪称当前教育系统中运作最为正常的环节之一。为学生提供贴息贷款肯定会促进入学率上升，但是，由于当前贴息率太低，并不能起到太大的作用。与纳税人对教育的整体支持相比，贷款的支持力度实在微不足道——比如这一条政策规定，学生遭遇破产后仍需偿还贷款，由此可见一斑。

学生贷款政策的批评者时不时搬出"班尼特假说"（Bennett Hypothesis），称学生贷款使受教育需求进一步膨胀，导致学费反常地上涨。提供贷款似乎能为学生创造更多的上学机会，但是如果学校再三地提高学费，那提供贷款的意义何在？然而，从信号的角度来看，我们应该拥抱学费"反常"上涨这种现象。教育的根本问题从来都不是上学机会太少，而是入学率过高。如果贷款政策造成学费一再上涨，那么文凭的价值将一升再升。

当然，当前的学生贷款计划有需要改善的地方。比如，政府应该收取更高的利息，或者干脆让自由市场接管学生贷款计划。但是，大多数教育改革者走向了相反的方向：降低利率、以拨款取代贷款、免除纳税人的债务。教育的忠实拥趸当然会举双手支持这样的改革，因为他们希望大学学费更便宜一些，这样，更多的孩子就能上大学了。然而，教育批评家居然附和他们的建议，这实在令我不解。如果过多的孩子拥向大学，我们有必要给他们宣讲一下破产法，尤其是"学生遭遇破产后，仍需偿还贷款"这一条款，这样也许能劝退一部分人："记住，孩子们，学费贷款必须偿还，你们得做好心理准备！"但是，如果我们加大贷款支持力度，比如，废除"学生遭遇破产后仍需偿还贷款"这一条款，这无异于告诉孩子们："嘿，孩子们，猜猜看，如果以后还不了学费贷款怎么办？申请破产，你可能一毛钱都不用还。"

提高毕业率？

如果学生100%完成自己的每一个教育阶段的学习，教育的社会回报将会激增。研究人员已经发现了一些有望提高毕业率的方法。既然如此，与其削减教育开支，难道我们不应该多花点钱，助力学生越过那道终点线吗？

不应该。虽然毕业率可以稍微提高，但它们主要反映的是过去的学术成就。在任何一个新的教育阶段，能否顺利毕业主要取决于学生的能力，但是能力差距犹如一道鸿沟，几乎难以逾越。无论给予学生多么可观的资金支持，他们都不太可能实现能力上的飞跃："差学生"无法变成"中等学生"；"中等学生"无法变成"好学生"；"好学生"无法变成"优秀学生"。即使个别学生实现了所谓的飞跃，带来的额外社会回报也是微乎其微，原因很简单，所有能力层次的学生带来的社会回报都相当惨淡。要想大幅提高毕业率，可能唯一现实的方法是大幅降低学术标准——但是，无论从人力资本理论还是信号理论的角度来看，这种做法都无异于弄巧成拙。

乐观的改革派抗议道："是的，提高毕业率看起来有些棘手，但是幸运的是，我们已经找到了一些特别的教育补贴计划，一定能创造奇迹，让毕业率飙升。"听到"创造奇迹""特别计划"这几个词，很难有人憋住不笑出声来。尴尬之下，乐观的改革派匆忙回应："那些研究专家都是这么说的。"好吧，这些话就权当笑谈了，但是从他们使用的字眼中，我们嗅出了一些更深层次的东西：想一想，几十年来，大学毕业率一直低得可怜，如果"创造奇迹"的计划到现在才被提出来，那说明教育系统早已病入膏肓。试问，谁还敢往里面多投入一分钱呢？那么，到底怎么做才是明智的做法呢？取消所有不能"创造奇迹"的计划，然后，将部分节省下来的资金分配给少数几个有潜力的计划。这是常识，也是一种对纳税人负责的态度。这么多年以来，纳税人的钱被浪费得实在太多了。

大量取消教育补贴计划必然招致不少反对。其中，学生的注意力是主要的关注点：如果削减教育补贴，经济上的困难情况会扰乱学生学习的注意力，造成毕业率下降。那时候，教育的社会回报只会比现在更糟，这不是弄巧成拙吗？也许，让纳税人获得体面回报的最好方法是：继续加大教育补贴力度，让学生不再为学费忧心忡忡，只有他们高枕无忧，才能把心思完全放在学业上。

还是别了。干脆不给补贴，让学生自行承担学费，他们才能更深切地感受到学习机会是多么"昂贵"，他们的学习动机才会随之提高。同样存在争议的是教育补贴与毕业率关系的研究。我梳理了2005年以前的相关研究。其中，大多数研究发现，教育补贴对于毕业率的正向提升效应非常有限；但也有一定数量的研究指出，教育补贴对毕业率没有任何正向或反向效应。2013年的一篇综述论文提出，针对"无附加条件的教育补贴"对毕业率的影响，各大研究的结论并不一致；但是"基于成绩的补贴"（比如，要求受资助者平均成绩达到B等级的奖学金）能促进毕业率提升。即使是基于成绩的补贴，带来的影响也极其有限：足以支付大部分或全部学费的奖学金只能使大学毕业率提高3—4个百分点。我们只能说，与无附加条件的补贴相比，基于成绩的补贴对教育造成的浪费稍微少了一些。稍稍高出一些的毕业率只是杯水车薪，不足以使天平向教育倾斜——甚至连接近都没有。

信号与社会公正

> 稍后，我将在《1965年高等教育法》（*Higher Education Act of 1965*）上签字。这将意味着，在我们这片伟大的土地上，任何一位高中毕业班的学生都可以申请全美51个州中任何一个州的任何一所大学，而不会因家庭贫困被拒之门外。
>
> ——林登·约翰逊
> 1965年11月8日

我们大多数人反对将教育成本从纳税人身上转移到学生身上，甚至，一想到这种可能性，我们就会本能地排斥。学费上涨，谁受到的影响最大？毫无疑问，是贫穷的人。与其为教育的社会回报多少而烦恼，难道我们不应该把目光集中在社会公正上——我们的社会难道不该履行对最弱势社会群体的责任和担当吗？

如果教育的主要功能是教授有用的工作技能，那这些担忧不无道理。在当前这样一个世界，提高学费不仅会造成劳动力的技能水平下降，还将放大技能的不平等现象：你越穷，学到的就越少，赚的也就越少。

然而，教育的主要作用只是向外界发出信号，所以，拿社会公正来拷问教育的价值似乎有些不合时宜。是的，为一个贫穷的年轻人发放全额奖学金，他有机会向劳动力市场传递一个优质的信号，并因此过上更好的生活。然而，若向所有贫困的年轻人颁发全额奖学金，教育信号就变味了：来自富裕家庭的竞争对手会选择继续深造来保持优势。如此下去，最后的结果只有一个——我们之前讨论的"学历通胀"。随着教育水平的提高，工作对于文凭的要求也水涨船高，同样一份工作，工作者（包括穷人）需要接受更多的教育才能得到。请问，社会的公平正义何在？

想象一下，如果政府资助穷人购买结婚戒指，那么任何一个准备结婚的穷人，都可以去美国任何一家珠宝店买上一枚钻戒，不管他们的收入多低。问题的关键是：很大程度上，钻戒是婚姻承诺的信号。如果钻石像塑料一样便宜，我们必然会用其他宝石来装饰我们的戒指。钻石之所以有独特的价值，是因为价格昂贵。一旦政府提供资助，让所有人都买得起钻戒，那么钻戒就不再具备信号价值，也不再会造成攀比和浪费。这难道不是所谓的"创造公平竞争环境"吗？只不过是用在求婚上。不过，一旦"非"贫困人士发现钻戒失去了信号的价值，他们肯定会买一枚更为时髦的戒指，以彰显身份。政府的补贴让每一位求婚者都能买得起婚戒，但那又怎样？从功能的角度来看，社会和以往一样不平等。

补贴不仅会加剧学历通胀，损害穷人的利益，还会使招聘和晋升朝着对穷人不利的方向进行。想象一下这样一个社会：半数人口上不起大学。在这种情况下，把好工作预留给大学毕业生，不再是理所当然之事。"有很多合格的申请人都没有上过大学"不再是一厢情愿的说辞，而是真真切切的事实。此时，教育仍然是一种信号，但缺乏教育不再是致命的劣势。当被问及："你为什么不上大学？""我负担不起"是一个极好的借口。但是，如果政府提供巨额的教育补贴，情况就完全不同了。你还有什么其他的"好"借口呢？"我考不好"？"我不想上大学"？"我觉得我能在工作中学到更多的东西"？一旦最好的借口没有了，雇主完全没有理由继续保持开明的心态。

从更专业的角度来说，补贴提高了受教育程度和就业能力之间的关联度。就本质而言，补贴的确能帮助那些能力强、收入低的学生——正如林登·约翰逊所暗示的那样。不幸的是，随着教育与能力之间的关联度上升，比起能力，申请者的教育背景对雇主来说更具吸引力，因而能带来更丰厚的回报。丰厚的回报反过来刺激学生接受更多的教育。如果家庭经济状况是决定学生教育成败的唯一因素，教育信号将很小，因而不会引起太大浪费，但是，真实情况恰恰相反。

我承认，补贴能在一定程度上促进社会公正。在我攻读博士学位期间，我最好的朋友就是来自一个贫穷的农村家庭。如果不是有一所顶尖的州立大学为他攻读学士学位提供全额奖学金，他很可能没有机会来普林斯顿大学攻读博士学位。要是你去大学校园逛一圈、打听一下，就会发现，类似的故事并不少。但是，要找出补贴对社会公正的不利影响，你必须仔细思考一点——因为学历通胀，穷人失去了多少机会？多年前，大多数美国人没有完成高中学业，辍学生在劳动力市场上几乎不会受到歧视。但是现在，歧视相当严重。多年前，很少有美国人完成大学学业，高中毕业生也有机会在职场上步步高升。现在呢？别想了。主要的区别不是"经济形势变了"，而是教育水平提高了，工作者需要更高的文凭才能踏上更大的舞台。

无论如何，人们对于社会公正的追求从未减弱。关键问题是，教育上的"大跃进"成为我们追求社会公正之路的一大错误干扰。这个星球存在多少赤裸裸的社会不公现象？多少孩子在挨饿？多少成年人处于绝望的边缘？战争造成多少人流离失所？暴政造成了多么强烈的仇恨？每年我们浪费在教育上的钱高达数千亿美元，如果能把这些钱省下来解决上述问题，将会大大促进人类文明的发展。即使你对社会正义的追求仅局限在美国之内，那么为什么不把节省下来的数千亿美元拨给美国的下层阶级呢？唯人力资本论者可能会抗议，称这将浪费我们国家的财富。但是，让生活在水深火热中的穷人分掉这笔财富，总比把这些财富白白浪费强多了。

我的真实想法

> 每当你发现自己站在大多数人一边时，是时候该停下来反思一下了。
>
> ——马克·吐温

本书探讨的是教育政策，并非政治哲学。我主张的政策主要是采取教育紧缩的做法。人们的政治哲学立场不同，对我建议的反应也不一样——有些人斥责我离经叛道，有人则觉得我的谏言并没有那么刺耳。然而，一旦你认同我的核心观点——教育的社会回报很低，因为它主要是一种信号——你一定会呼吁削减教育开支，无论你的政治哲学立场何在。自由派和保守派之间总是争执不断，但双方在这一点上却能达成共识：浪费纳税人的钱是不对的。

然而，在讨论教育时，我们无法绕开人们在政治哲学立场上的分歧。任何一种哲学都有其隐含的立场——有些支持教育改革，有些赞成维持现状。本着"谁主张谁举证的原则"，我们必须提供相关证据来证实削减教育开支的必要。证据在哪里呢？教育社会回报计算的结果就是最好的证据，无论你的立场何在——支持教育改革或维持现状；减少20%的教育支出都是合理的做法。但是，若想实施更为"激进"的教育改革，我们将面对重重阻碍，因为在教育领域，大刀阔斧之改革极其少见。据我们猜测，削减80%的开支将对教育事业大有裨益，但是，由于缺乏确凿的成功经验作为佐证，这种猜测很难付诸实践。

尽管如此，我还是举双手赞成进行"激进"的教育改革。在哲学思想上，我是坚定的自由意志主义者。虽然我不反对向纳税人征收少量的教育税，但是在道德立场上，我强烈反对向纳税人过度课税，让纳税人为教育浪费买单。为什么？因为我的内心有一个强烈的道德立场——任何事情上，我总是抱着"不侵犯他人利益"的想法——而税收显然是"侵犯他人利益"的负面典型。如果某一项教育税提议得到了广泛的民意支持，本着"谁主张谁举证的原则"，举证的责任不应该落到持反对意见的小众身上，而应该由为数甚多的支持者完成。既然教育税的支持者无法提供合理的解释，我愿意给出反对教育苛捐杂税的理由：如果教育事业濒临"破产"的边缘，而征税是拯救教育事业的唯一途径——征税是必要的。但是，在我看来，当前的教育不但没有任何"破产"的迹象，反而造成了严重的浪费。如此还要进一步侵犯纳税人的利益，来资助那些社会效益很小（甚至存疑）的教育课程，实乃道德败坏之举。

我深知，自由意志主义与现代政治思想并不合拍。如果你觉得，根本不会有人赞同我古怪的观点，我建议你读一读哲学家迈克尔·休默的《政治权威的问题》（*The Problem of Political Authority*）一书。此外，当读者询问："理想的教育政策是什么？"我要是简单回应一句"这取决于你的哲学立场"，这显然是偷懒。因此，我在上文为读者提供了具体的"哲学性"的解释。当然，本书之主旨并非讨论哲学问题，而是从"非哲学"（即科学）的角度提出诸多反对教育的理由。

话说回来，总体上，我赞成学校与国家完全分离的做法。政府应该停止使用税收来资助任何形式的教育。大、中、小学都应该完全依赖学生的学费和私人慈善机构的资助运行。即使以自由意志主义的标准来衡量，这样的教育政策（或者叫脱离了政府干预的教育政策）也堪称极端之举。大多数自由意志主义者梦想建立一种教育券制度，这样的制度下，学生可以申请政府补助上私立学校。但在我看来，教育券制度虽然能带来更大的"择校自由"，却对教育现状的改善十分有限。由于教育的价值主要是信号作用，我们面临的主要问题不是质量问题，而是数量问题。数不胜数的美国学校，就像雨后春笋般冒出来的公共体育馆，是一头头昂贵而无用的"白象"。政府提供大量教育资助的主要问题，并非在于这些"白象"管理不善或缺乏竞争力，而是它们的数量庞大，且造成了极大的浪费。政府应该怎么做呢？将公立学校和私立学校都交给自由市场经营，即便在经营的过程中出现了大规模的学校破产，那也是市场优胜劣汰、自我修正的结果，而并非严格意义上的教育改革失败。

学校与国家完全分离的提议，听上去有纸上谈兵之嫌。但是，比起那些温和的改革倡议，这种做法具有真真切切的优势。引用幽默作家P.J.奥罗克的一句话，"把金钱和权力交给政府，就好像把威士忌和车钥匙扔给一个十几岁的青少年"。公立教育素来拥有每年浪费数千亿美元的"优良"传统。只有让政府那双干预之手完全从教育身上拿开，一切才有可能回归正轨。如果不果断一些，比如，采用所谓的"95%的分离"政策，政府的行为很难得以监控，终有一天，教育将再次遭受政府的蹂躏。打个比方，假设一个十几岁的男孩有醉酒驾驶的记录。你考虑剥夺他95%的驾驶特权——要想开车，这个任性的孩子必须严格遵守以下规则：通过呼吸测试；只在白天开车；并且拒载青少年乘客。然而，转念一想，这小子说不定哪天又会重蹈覆辙，显然，没收他的车钥匙是更为明智的做法。

主张学校与国家分离的人，经常把他们的立场与政教分离的立场做比较。这种比较听来奇怪，却不无道理。国家插手宗教管理的历史同样臭名昭著。有人可能会说，让政府在宗教事务中扮演"很小"的角色又怎样呢？但是"很小"是一个模糊的概念，容易被滥用。更明智的做法是一劳永逸地切断政府和宗教之间的联系。反对政府插手任何宗教事务的政策听上去不切实际，但在实践中却有着立竿见影的效果。如果你承认政府年复一年地浪费了数千亿美元的教育经费，切断学校和国家之间的联系无疑是明智的做法。

反对政府资助初等教育的理由，显然比反对高中及以上教育的理由更弱一些。因为在美国，几乎每个人都至少上了高中（当然，并非人人都能顺利毕业），我们找不到一种直观的方法来计算初等教育阶段的个人回报。同样，我们也缺乏有代表性的涵盖全美初等教育的数据，因此，暂时无法估算初等教育的信号份额或者社会回报。如果非要让我在反对用税收资助教育的主张上做出一点让步的话，我支持用一部分税收赞助初等教育。并且，我倾向于实施一种初等教育券计划，即政府提供适度的教育资助，并且学生需通过家庭收入评估后方能获得资助。

不过，要是政府对初等教育的资助不小心过了一点头，我不会视而不见。19世纪，英美两国的私人慈善机构为穷人接受教育提供了大量的教育资助。1880年英国最早为5—10岁的儿童实行义务教育时，15岁的孩子中有95%以上已经识字。19世纪中期，美国人的识字率可与之媲美，至少在美国南方之外是如此。由于现代社会富裕得多，私人慈善机构比以往任何时候都更有财力把穷人从无知中解救出来。是的，教育券可能是一种更有效的补救措施。但是，仅仅是"可能有效"，根本不能动摇我坚定的道德立场——不侵犯纳税人的利益。

你不同意我的观点？几乎每个人都会如此，没关系。你大可以批判我在政府资助教育这一问题上踌躇不决的态度，但你应该相信——我所披露的教育浪费绝非虚构。你当然无须在政府侵犯纳税人利益这一问题上，附和自由意志主义政治哲学，但是你应该相信社科研究中所披露的教育浪费的证据。回首过往，早在我的政治哲学立场形成之前，我便对教育的社会价值产生了深深的怀疑。是什么戳穿了我对教育的信仰和憧憬呢？是我自己的亲身经历。刚上幼儿园不久，我便朦朦胧胧地意识到，老师教过的大部分内容，我从来都用不上。但我也模模糊糊地懂得，只要我能应付下来，走完过场，光明的未来就会等着我。等到长大成人后，终于有一天，我明白了，原来贪婪的雇主只看重文凭并不是因为愚蠢，而是另有他因。这时，我与信号模型的亲密接触便自然而然地发生了。

为什么不对"受教育"征税?

> 我没有改变我的观点:高等教育有一些积极的外部效应,但我越来越意识到,它也有消极的外部效应。在撰写《资本主义与自由》(Capitalism and Freedom)一书时,我越发纳闷,政府为何资助高等教育?有任何正当的理由吗?现在,政治正确(political correctness)思潮在高校广泛传播,似乎这就是一种强大的消极外部效应。历史上,20世纪60年代的美国大学生运动显然也是高等教育的消极外部效应。沿着这些思路进行全面分析,你可能会得出结论:应该对学生接受高等教育征税,以抵消其消极外部效应。
>
> ——米尔顿·弗里德曼
> 《给理查德·维德的信》

如果削减教育开支是一个好主意,为什么在废除教育补贴后便停下脚步呢?为何不更进一步,对学生征收"受教育"税呢?和我们前文探索过的所有的最佳改革措施一样,这个提议有违"政治正确",不可能付诸实践。撇开政治上的不受待见,对"受教育"征税有何不妥呢?

最直截了当的反对意见是:教育并非100%的信号。依照我最合理的猜测,教育价值中大约80%是信号作用,20%是培养技能。任何一个教育阶段,对学生"受教育"课以重税,会带来"顾此失彼"的风险:在废除无用的信号作用的同时,有用的教育功能——培养技能——同样遭到废除。然而,仔细想想,这种说法并不具备说服力。的确,征收"受教育"税可能带来"顾此失彼"的风险,但削减教育补贴也有同样的弊端。从削弱技能的角度,征收1%的"受教育"税和废除1%的教育补贴带来的效果并无二致。

如果想要更有力地反驳征收"受教育"税这一提议，首先我们必须把目光放在这一事实上：政府长期以来为教育浪费买单。鉴于政府在纵容教育上的黑历史，相信政府主动打击教育无疑是幼稚的。即便我们相信，理想中的政府会当机立断，采取举措削减教育开支。但现实世界中，若当真赋予政府征收"受教育"税的权力，显然也是愚蠢至极。试想一下，美国有多少所大学、每个大学里多少个不同的专业，如果按大学和专业分类征收"受教育"税，将是一件多么烦琐之事！此外，这种做法必然滋生职权滥用行为。很显然，为政府"赋权"不值得鼓吹，真正合理的做法是禁止政府插手任何教育事务。

然而，如果要彻底抑制征收"受教育"税的思想苗头，我们需要回到道德立场之上——几乎所有的道德立场都不赞同这种做法。对"受教育"征税是对所有传统立场的反驳，无论我们是站在支持教育改革的立场，还是维持教育现状的立场。此外，它还与自由意志主义的立场相冲突——自由意志主义主张不侵犯他人权益。由于征收"受教育"税的提议从未真正实施过，其真实效果尚属未知。除非我们确认它能创造奇迹，否则，我们不应轻易尝试。

错误的救世主：在线教育

我们经历了股市泡沫和房地产泡沫。享受了多年的投资回报后，股市和房市均以崩溃而告终。教育也会面临同样的命运吗？很多家长和专家都对此表示怀疑。然而，对于正在崛起的、新一代的、新科技迷来说，这场辩论已经结束。他们确信，我们的教育泡沫即将破裂，并且高等教育首当其冲。为什么呢？当今，互联网教学比传统学校的教学更有效，而且所需成本极少。互联网已经击垮了传统的唱片公司、报纸和零售商。钢筋水泥搭建而成的实体学校将紧随其后。

如果新科技迷的看法是对的,围绕教育支出的争论可以立刻喊停了:过时的商业模式只会浪费纳税人的财富,毋庸置疑,教育这艘千疮百孔的破船行将沉没。面对革命性技术创新的滚滚洪流,政府根本无力招架。如果你想有所作为,就不用在意传统的教育政策,去创立一家在线教育公司吧!为教育事业带来一幅全新的景象!

当我解释信号的核心作用时,听众通常会认为,我只不过在附和新科技迷的论调罢了。这是对我彻头彻尾的误解。我的观点是:教育根本不是泡沫;从浪费的角度来说,教育保持着异乎寻常的稳定。只要传统教育每年继续收到数千亿美元的税款支持,现状就一直维持下去。在线教育将慢慢开拓出一个细分市场,在庞大的教育产业中分一小杯羹,但绝不可能对传统教育发起真正的挑战。

如果教育的唯一功能是教授工作技能,那么新科技迷的观点极具说服力:与传统教育相比,在线教育具有明显的教学优势。课程时代(Coursera)、可汗学院(Khan Academy)、边缘革命大学(Marginal Revolution University)等在线教育网站聘请了世界上最好的教师。学生可以按照自己的节奏学习——需要思考时按一下电脑上的"暂停键";需要复习时按一下"回退键";掌握了当前的知识时按一下"快进键"。如果你跟不上当前的课程,可自行选择难度级别低一些的课程;如果你觉得当前的课程内容简单,可自行选择难度级别更大的课程。可见,在线教育是建立人力资本的绝佳方式。

不幸的是,我们的学生对人力资本毫无胃口,反倒对教育信号如饥似渴。为什么?因为劳动力市场主要为文凭(而不是技能)买单。在线教育经过多年天花乱坠般的炒作后,头脑清醒的新技术迷终于接受了这个事实。新美国基金会(New America Foundation)的凯文·凯里解释了这种认识上的转变："三年前，人人都说新技术将颠覆高等教育。现在呢？"

慕课（MOOC，一种大规模在线开放课程）根本未能颠覆高等教育。慕课的失败与其课程本身的质量无关，不得不承认，许多慕课课程堪称优质，而且还在日臻完善。但是，在线教育在传统教育面前毫无招架之力。究其原因，诸如慕课一类的在线课程最大卖点是：学生用最实惠的价格可以享受到世界一流的教授的教学。但是，它们无法提供那张金灿灿的标准大学文凭——那张被视为职场敲门砖的证书，而大学生的眼中只有那一纸证书。

在线教育的拥趸天生具有"敢做敢当"的精神，所以，面对凯里的顿悟，他们毫不担心。教育主要起到传递信号的作用？没问题！在线教育很快会帮助学生向劳动力市场传递更为准确、更为详细的信号。雇主想知道你的智商怎么样？责任心如何？没问题！在线学校将设计出世界级的智力和责任心测试，并通过可靠的途径将测试分数告诉雇主，然后他们只需要袖手旁观，看着自己的校友在职场平步青云、如鱼得水。随之而来的，是在线学校的新生入学人数将飙升。

但是，只有一个明显的问题：在过去的几十年里，在雇主的心目中，线下测试的价值小得可怜，我们还能指望线上测试带来多大的不同呢？一般来说，大型测试机构将组织线下笔试的费用分摊给数百万学生。学生所需要付出的边际成本极其有限——几个小时的时间成本，外加一点纸和墨水的成本。与学生在学校花费的大量时间和金钱相比，这一点成本微不足道。为什么学生自找罪受，愿意在大学熬上整整四年，而不考虑一下性价比超高的测试呢？原因很简单，如果你没有文凭，参加再多测试都是无用的。可以预见的是，在线测试比线下测试更为便宜，但是，在线测试又如何能改变雇主的思维定式呢？新技术迷别指望在线测试能带来什么革命性的教育创新，除非你们能解释为什么线下测试没能带来教育革命。

我的解释是，教育不仅是智力和责任心的信号，也是服从力（即服从社会期望）的信号。学生面临着这样一个相互矛盾的窘境：如果有人试图通过非常规方式发出服从的信号，无异于向外界发出"不服从"的信号。在我们的社会，如果你期待成功，就应该去上大学。当一个各方面条件都很优秀的孩子拒绝上学时，他就向外界发出了不懂社会期待或者不在乎社会期待的信号。如果有孩子抗议："为什么在线教育不能展示我的服从力呢？"本身问这个问题就进一步证明了这个孩子不能服从，或不愿顺从社会对传统教育模式的期待。原则上，社会期望会随着时间的推移而变化，但是这种变化极其缓慢。比如，第一批从传统教育跳到网络教育的学生，将会长时间遭受社会异样的目光。什么情况下真正的教育革命才算出现？当优秀的学生说："我决定退学，去上网校。"而成年人的回应是："好主意！"话中毫无讥讽之意。

为什么要同意我的话而不相信新技术迷呢？最近这几年，他们的尝试屡次折戟；从更长远的发展角度来看，他们在教育上的创新从未成功过。四十年前，他们为世界上最顶尖的教授录像，试图通过远程教育取代讲台上普通讲师的角色，结果失败了。一个世纪以前，标准化考试就出现了，但是雇主并没有以此取代传统的文凭。当然，我们不能简单借用一个通俗的说法为新技术定性："如果你的新想法是好的，我们早就采纳了。"新的想法需要时间的沉淀才能发挥其真实的效应。关键是，几十年来，人们对于新技术迷的各种想法表现出相当大的宽容，但新技术在教育领域的实践中，却从未呈现出喜人的发展势头。

在线教育正朝着两个截然不同的方向迅速发展。一方面，在线教育打入了实体学校的内部，学生可以在家里或学校宿舍上一些在线课程。

在无数的教育网站上，在线课程的数量不断增长。然而，这两种增长方式都不会对教育现状构成太大威胁。为传统的学生提供在线选择只是一种便利，几乎不会减少传统教育的固定成本。教育网站的主要竞争对手不是实体学校，而是博客、播客和其他形式的在线教育娱乐软件。在劳动力市场，如果缺少一张传统的文凭，称"我上了一大堆网络课程"，几乎和说"我读了很多博客文章"一样毫无价值。

对技术持乐观态度的人可能会抨击我的观点，攻击我是一个彻头彻尾的悲观主义者，但是，我们绝对不会叹上一口气，妥协道："行了，别争了，我们各退一步吧。"如果有人自信满满地认为教育界即将发生剧变，我亦不愿在自己的井蛙之见上做出让步。在我的社交账号上，我不断邀请那些坚信"教育泡沫"即将如期而至的人与我打赌。看看我们的对赌条款标准是怎么说的？你赞同还是反对以下说法："10 年后，18 岁至 24 岁就读四年制大学的学生人数下降的幅度不超过 10%。"我当然是站在赞同的一方。到现在为止，只有一个人接受了我的赌约——我的邀请现在仍然有效。

社会期望偏差（Social Desirability Bias）中的政治问题

每当抱怨学校的种种不是时，美国人从不会留情面，但实际上，没有人愿意削减教育支出。如果教育真如我所说的那样会造成极大的浪费，为何它又如此受欢迎呢？虽然"群众的智慧"偶尔也会失灵，但是，想一想，在地球上任何一种主流文化中生活的数十亿人都齐声拥护教育，难道他们都犯错了吗？显然不是，教育应该能带来巨大的好处。也许它有一些瑕疵，但瑕不掩瑜。但是，一旦你深入地审视教育，你会发现，教育的好处根本没有想象中那么大。在对于教育价值的判断上，集体犯错并非不可能之事。如果你不信,想一想,教育在知识上的回报是多么微薄!

进行个人消费支出时,我们心中总是再三审视大众的看法是否正确。如果某位顾客发现"人人都爱"的畅销品,实际上是无用的垃圾,那他们可以单方面省下自己的钱——不喜欢那就不买。相反,进行公共消费支出时,再三审视大众的看法,对个人来说意义不大。如果某位纳税人发现一个"人人都爱"的税款资助项目是无用的垃圾,但他还是得像其他人一样乖乖缴税——不喜欢也无能为力。如果没有显赫的社会地位和扭转公众舆论的能力,说"不"不会为你省钱,反而会为你四处树敌。

我们得到的启发是,在政治活动中,言听计从、遵从主流是常态,"批判性思维"只是人们经常挂在嘴上的外交辞令,而客观真理只能在主流看法的夹缝中求得一点生存的空间。政治观点的背后往往存在人为的动机,因此,任何政治观点一旦生根,便牢牢地占据了主流话语权。即使它从开始到现在都是谬误。

为什么谬误会得以流行?因为人类不喜欢表达(或者不愿意相信)丑陋的事实。相反,我们总是被"听起来不错"的话语或想法所吸引。心理学家称之为"社会期望偏差"。"没有愚蠢的孩子"听起来比"10%的孩子是愚蠢的"要好。"我们将赢得反恐战争"听起来比"反恐战争有50%的可能减少恐怖主义;30%的可能对恐怖主义无影响;20%的可能会使恐怖主义变得更糟"要好。"听起来不错"的说法难道都是错误的吗?当然不是。当一个瘦子问你"我胖吗",不偏不倚的回答是"不"。但是,社会期望偏差扭曲了我们对"我胖吗"的"全部"回答——如果一个胖子问你"我胖吗",你的回答也是"不"。

社会期望偏差呈现出多种形式。如果你对你的爱人已经没有爱了,却对她说"我爱你"——这种赤裸裸的谎言是一种社会期望偏差。更典型的社会期望偏差纯粹是思想上的懒惰造成的——但是如果你选择相信它，它就不是谎言；如果你懒于思考，你会来者不拒。

这和教育有什么关系？教育和社会期望偏差是天造地设的一对。"授人以鱼不如授人以渔"的说法听起来很具有说服力。"在现代社会，每个孩子都需要最好的教育""教育是我们为孩子的未来所做的最重要的投资"同样散发着人性的温暖与光芒。"我们必须确保每个可能从大学受益的人最后都能上大学"这听起来多么动听。

诸如此类的说法并非明目张胆的谎言。但是，我们倾向于不经思考就接受它们，而不去审视它们背后的事实和真相，因为它们总是能拨动人的心弦，打动人内心的情感。在我们对于知识真伪的戒备如此松懈的时代，我们理应预期到这一点，五花八门的教育"赞美诗"已经全面渗透到我们的文化中，无论它们是好是坏。厘清这一混乱局面的唯一办法是——停止取悦大众，不再随波逐流——转而付诸数据计算来判断教育的价值。

社会期望偏差如何解释现在社会上流行的教育"赞美诗"呢？有三大解释。第一个解释抓住了人类的共性。人们虽然背着不同的文化行囊，但是在本质上，我们有诸多相似之处。全世界的智人都对母亲有着深深的依恋。同样，全世界的智人都对下一代有着深深的关爱。因为，人们总会为孩子提出一些放眼未来的理想化口号，比如"在现代社会，每个孩子都需要最好的教育"。民粹主义在世界各地都很相似，因为世界各地的平民关注的东西都很相似。

还有一个解释：将任何流行观点称为"谬论"在社会上不受欢迎——而且人们总是倾向于接受"组合谬误"。由于教育能带来可观的个人回报，人们匆忙得出推断，教育也能带来可观的社会回报——部分真实性意味着整体真实性，这就是典型的"组合谬误"，对吧？社会期望偏差阻碍我们使用自己的第一手知识（关于学校课程与现实世界严重脱节的亲身体验）来挑战"教育带来可观的社会回报"这一谬论——无论是在与人交流时，还是独自一人面对自己的内心时，都是如此。

最后一个解释涉及全球范围的精英文化。非西方世界的精英在其中发挥了重要的桥梁作用：他们将西方精英文化和自己的传统文化连接起来。19世纪，西方的精英"爱上"教育之后，教育受到了西方大众和非西方世界精英的鼎力支持。非西方精英逐渐将教育的福音传播到自己的文化中。教育"赞美诗"风靡全球，也就情有可原了。

"社会期望偏差"为何危害如此巨大呢？教育政策造成浪费，甚至起到反作用，根本原因在于社会期望偏差。世界上几乎所有的政府都渴望受到民众欢迎。在民主国家，不能持续受到民众欢迎的领导人就不能继续担任领导人；在独裁国家，不能持续受到民众欢迎的领导人只能——并且必须牢牢地——抓住权力不放。不管是哪种情况，领导者都有强烈的动机去做任何受民众欢迎的事情——最终，他们都沦为了大众的讨好者。

有人可能会说，"民众欢迎的，就是最好的"。这只是一厢情愿的想法。抬头看一看这个大千世界，再低头反思一下人类内心细腻的情感。许多正确的政策听起来都很糟糕；许多糟糕的政策听起来都很正确。面对社会期望偏差，政客的自然反应不是奋力对抗，而是努力迎合——甚至极力煽动它的传播。人们说，"在现代社会，每个孩子都需要最好的教育"。政客的反应是，"说得太对了！让我们每年为孩子花上一万亿美元"。如果有人质疑花在孩子身上的钱太多了——减少一点吧，让普罗大众享受多一点物质财富！政客的回应是，"哦，孩子的事可没法妥协"。

"我们在教育上花的钱越多，我们的社会就会变得越富有"——面对这种一厢情愿的大众论调，具有独立思考能力的政客都明白，这只是骗钱的诡计，但是，他只能无奈地附和，甚至加入"民意领袖"的行列，毕竟，仅凭他的一己之力，也改变不了现实。

第八章

我们需要更多的职业教育

> 任何教过高中生的老师都可以证明：即使是在最好的高中，许多青少年都极度憎恨学校。他们成绩差，搞不懂每天为什么要上学，从不做作业，还经常逃课逃学。为什么政策制定者无视这种学生的存在呢？
>
> ——肯尼斯·格雷
> 《高中职业教育和技术教育过时了吗》

人力资本模型的拥趸通常会为教育辩护：现在的学校极大提高了学生的工作技能。自然而然，他们把信号模型视为敌人，称其攻击了我们优秀的教育系统——这个令我们所有人受益的教育系统。然而，原则上说，支持人力资本模型的人可以暂时放下傲慢和偏见，尝试接受信号的普遍存在，然后加入呼吁教育改革的阵营。人力资本模型更像是一种崇高的教育追求，而不是对教育现状的准确描述。让我们携手努力，把学校从混沌度日之地，变成真正的培养技能的超级工厂吧。

如何实现这一目标呢？传统的做法是寻找更好的方法来教授学生阅读、写作和数学。由于一大批研究人员和教育从业者已经在研究这个问题，因此无须我在此画蛇添足。但总体来说，我们应该对此持悲观态度。为什么？因为提高学生的基本技能，一直以来是学校鼓吹的口号，相关的科学研究一直很充分，但是结果呢？学生的基本技能水平依旧很平庸。原因何在？经合理的逻辑推断，存在两大可能性：（1）很难找到有效提高学生基本技能的方法；（2）学校选择无视那些有效的方法。例如，如果某位教师表现糟糕，学校有充分的理由对他予以解雇，但是，谁又能指望这种做法会成为主流呢？此外，即使学生表现出一定的学业进步的迹象,但是,这些进步看起来更像是"应试教育"的成果。如何判断学校在传授学生基本技能上,是否取得了进步呢?有一个办法——对社会上未经指导的成年人进行大规模的阅读、写作和数学测试,如果他们未能取得更好的成绩,我们就应该断定:学校在培养学生基本技能上并未取得进展。

本章并没有随大溜,讨论如何提高学生的基本技能,而是重点讨论了一种遭到忽视但前途无量的替代方案:职业教育。职业教育,也被称为"职业和技术教育",其形式多样,包括课堂培训、学徒制培训、在职培训和直接工作经验。职业教育虽形式各异,但有一些本质上的共同之处。比如,所有的职业教育都教授特定的职业技能;所有的职业教育都是基于"做中学"(learning-by-doing)的新型教育方式,而不是基于"听中学"(learning-by-listening)的传统教育方式。

"教学生如何工作,让他们为未来做好准备"的说法听起来多么美好。如果你仔细审视一下那些最成功的职业教育形式(尤其是德国著名的学徒制),你一定会禁不住竖起大拇指。然而,职业教育长期以来一直处于"防守"态势。支持职业教育的人总是陈述朴实无华的事实,他们的声音往往被反对者夸张的措辞和华丽的辞藻所淹没,此外,社会期望偏差的存在也进一步助长了反对者的威风。

支持职业教育的声音始于残酷的事实。很多孩子觉得学习枯燥、令人生畏。大学毕业——更不用说从事精英职业——对这样的学生来说是不切实际的。因此,如果让他们接受技能培训(比如水管工培训、电工培训或技工培训),他们未来的生活将会更为富足。相比之下,反对的声音则始于一些"诱人"的口号。上大学预科课程(College Prep)吧,这能为你"未来的人生之路上的种种选择"做好准备。学习差一点也没关系,看看这个世界上,"大器晚成者"随处可见。每个孩子长大后都有机会当总统。

似乎，支持职业教育的人的说法更为务实一点。但是，无论是支持者还是反对者，他们往往默许了唯人力资本论的存在：既然两种教育形式（传统教育和职业教育）都能带来个人回报，它们同样也能造福社会。但是，信号的介入将两大教育形式之争拉到了全新的高度，并且，胜利的天平开始向职业教育明显倾斜。信号模型不断催促我们反思一系列问题，诸如"为什么这种教育方式有利可图""它能教会学生如何干好工作，还是只帮助学生找到一份更好的工作"。从社会的角度来看，专注于培养工作技能的教育形式，比"取悦雇主"的教育形式更具社会价值——即使这两种形式的教育都能为学生带来丰厚的个人回报。

为什么职业教育值得关注？

> 有些学生适合职业和技术教育；有些学生适合 AP 课程和荣誉课程。总之，适合的就是最好的。
>
> ——肯尼斯·格雷
> 《高中职业教育和技术教育过时了吗？》

大学教育的拥护喜欢把普通的大学毕业生和普通的高中毕业生进行对比；职业教育的支持者喜欢将成功的水管工、电工和机械师与拥有英语学位、负债累累的咖啡师进行对比。这样的比较颇具欺骗性，更糟糕的是，他们忽视了教育的社会回报。如果我们要寻找理想的教育形式，首先应该考虑教育对学生职业生涯的影响。然而，如果不对信号的份额进行判断，任何努力都将白费。

"职业教育的个人回报"。在支持者的眼中，职业教育提高了收入，降低了失业率，提高了高中毕业率。虽然相关研究不多，但是现有的研究结论能充分证实支持者的主张。请注意，我们需要先接受这一核心观点：职业教育中的学生在进入"职业方向"（vocational track）之前，是典型的"学术方向"（academic track）上的差生。因此，正确的衡量标准不是"职业型学生与普通学生相比如何"，而是"学会了一门手艺的职业型学生和没有学会一门手艺的职业型学生相比如何"。按照这个标准，职业教育表现良好，比学术课程带来的薪水更高，比学术课程更能降低失业率，甚至还提高了高中毕业率——那些不具学术倾向的人，只要不讨厌所有的职业课程，就不太可能轻易退学。职业教育甚至能抑制犯罪。那些试图将学术教育和职业教育完美融合，以获得最大化教育回报的研究者通常发现，如果学生过于偏重学术，反倒对自己的职业生涯没有好处。如果学生选择不上一部分（非全部）传统学术课程，转而用职业课程取而代之，大多数人毕业后会赚到更多的钱。

　　研究人员确实偶然发现，职业教育在长远角度下的弊端。一篇著名的论文发现，一旦工作者到了 50 岁，职业教育的背景会轻微拉低就业率。考虑到职业教育在工作者 50 岁之前带来的好处，这一发现看似揭露了职业教育的弊端，但更多的是肯定了职业教育的好处——因为在 50 岁之前，职业教育背景和学术教育背景带来的好处是一样的。职业教育带来更高的工资、更高的就业率、更高的毕业率，如果把这 3 大因素纳入计算，高中职业教育的个人回报率比传统高中教育高出至少一个百分点。对于"差学生"和对学术课程不感兴趣的学生来说，他们的回报尤为丰厚。

　　"职业教育的社会回报"。信号并不是个人回报和社会回报差异的唯一因素。政府资助、税收、财富再分配、犯罪率等都是影响因素。然而，信号份额在所有的影响因素中处于核心位置。职业教育的个人回报中有多大一部分是源自信号呢？

奇怪的是，对于信号份额的最低估计，居然来自职业教育的批评者。许多批评者在不经意间将职业教育中的信号份额设定为零以下的负值。为什么会这样呢？批评者顾虑的是——职业教育给学生打了"污名"的烙印。学习汽车维修会玷污你的形象，因为社会认为你"缺乏做更好工作的能力"。用信号的定义来解释一下："职业方向"的学习经历向外界发出基本能力差的坏信号。

在这种情况下，职业教育对社会的回报大于职业教育对学生个人的回报。社会获得了额外的生产力。当然，学生也获得了额外的生产力，但被"污名化"的烙印抵消了相当大一部分。想象一下，你是一名正在考虑"职业方向"的普通学生，如果选择上学术课程，你每天能挣100美元；如果上职业课程，你的生产力提高到每天120美元。不幸的是，"职业方向"学生的原始能力比平均水平低，换算成美元价值，要低10美元。那么，如果你最终选择"职业方向"，雇主认定你符合典型的"职业方向"学生的平均水平。在职场上，技能和污名是一揽子交易，所以你每天挣110美元——这是"职业方向"学生的平均生产力——即使你自己的真实生产力是每天120美元（见表8.1）。

表8.1 个人收益、社会收益和污名

项目	学术方向	职业方向	收益
收入	$100	$110	+10% 个人收益
生产力	$100	$120	+20% 社会收益

职业教育背景真的会玷污你的形象吗？有人不禁戏称，"陪审团还没有决定（结论还有待分晓）"，但事实更像是，"陪审团尚未召集（还没有展开正式讨论）"。据我所知，这种令人遗憾的耻辱仍然无法估量。

也许，批评人士对于污名的描述有些过头了。在我们的社会中，即使是无可救药的势利小人，也会把职业教育毕业生排在高中辍学生之前。因此，可以这么说，或许职业教育发出的信号相对微弱，但绝不是劣质的信号。

无论如何，要把握职业教育的信号份额，最直接的方法是将课程内容与职位空缺相匹配。所有的课程都有一定的职业导向：汽车维修课教学生如何修理汽车；历史课教学生如何研究历史。从信号的角度来看，问题的关键在于"学生在工作中使用所学技能的频率如何"。职业教育之所以值得称道，是因为它为学生从事大量的日常工作做好准备。根据美国劳工统计局（Bureau of Labor Statistics）的数据，全美大约有90万个木匠、70万个汽车修理工和40万个水管工。诸如文学、外语和历史之类的传统大学预备课程之所以不尽如人意，是因为它们对口的职业空缺很少——全美只有12.9万名作家、6.4万名翻译和3 800名历史学家。

那么，职业教育的信号份额是多少呢？考虑到职业教育的污名对工作带来的负面影响，合理的猜测是，职业教育的信号份额只有传统教育信号份额的一半。假设我之前设定的教育信号份额为80%是正确的，那么职业教育的收益中，只有40%来自信号。然后，如果不考虑学习一门手艺的个人回报（更高的收入、更多的就业机会、更高的高中毕业率），职业教育的社会回报率至少比普通高中高出4个百分点。"差学生"，尤其是男性"差学生"的职业教育社会回报率超过了7%。如果随意篡改信号份额的假设，自然会改变社会回报率。但是，即便传统教育的信号份额只有50%，减去一半就是职业教育的信号份额——25%，这也意味着，职业教育能带来显著的社会回报。

为何职业教育的社会回报如此丰厚？从社会的角度，追逐社会地位是一种零和博弈，追逐技能则不是。传统教育主要通过提高学生的社会地位来帮助他们获得回报，但是，追逐地位本身是一种零和游戏，有人提高地位意味着他人的地位被拉低，人们的平均地位没有提高。职业教育主要通过培养学生的技能来帮助他们获得回报——而平均技能是可以提高的。为什么"差学生"的社会回报特别多？因为职业教育训练使具有较大犯罪倾向的学生去从事了生产性工作，并且，这样做不会引发严重的学历通胀。

ic # 第九章

童工的问题何在?

"童工"二字并不总是和"罪恶"画上等号。有些时候,"童工"只是听上去有些难听,但并非完全不可取,这有点类似我们当代的一些教育观点。

——考什克·巴苏

《童工》

学校并不是开展职业教育的唯一场所。虽然我们常说,学校能教授工作技能,但是,在工作中学习技能岂不是更理想吗? 不幸的是,我们的社会给在工作中学习技能的孩子贴上了一个标签——"童工",听上去臭名昭著,但实则无伤大雅。

任何有教养的成年人一听到"童工"这两个字就会退避三舍。孩子们正值青春年华,不应该待在昏暗的车间,整天坐在机器旁做苦工。他们还是孩子,不是机器人!嗯,有道理,不过,换个思路想想,难道我们的"学校"不像那昏暗的车间吗?并且,孩子们上学挣到的工资是零。没有人关心孩子们如何度过闲暇时间,是打篮球,还是拉小提琴等。但是,一旦有孩子想利用空闲从事一份工作,没门儿!有收入的工作是为成年人准备的。不可否认,随着"孩子"越来越接近成年,我们对"童工"二字的敌意逐渐缓和了一些,但我们仍然应该拒绝16岁辍学从事全职工作的想法。

童工法很好地反映了大众的情绪。美国联邦条例明文禁止未成年人从事危险工作,此外,14岁以下儿童禁止参加除家族企业、农业耕种、送报纸和艺术表演之外的任何工作。美国联邦法律规定,14—15岁的孩子的每天工作时间上限为：上学日每天 3 个小时，每周工作总时长不超过 18 个小时。许多州有更严格的规定。根据加利福尼亚州的法律，16—17 岁的孩子未经学校允许不得工作；即便获允后，上学日的工作时间也不得超过 4 个小时。

孩子们在学校度日如年，成年人宁可为此找到一些"合理"的借口——孩子们就应该待在学校学习，把那些活力旺盛的孩子们限制在机器旁做无聊的工作，这是一幅多么残忍的画面啊！但是，这种"工作之痛"，远远不如他们在学校受到的学习之苦；这种"工作之痛"，更能训练他们的实践能力，从而带领他们走向美好的未来。那么，问题来了，为什么"童工"会受到如此严厉的社会谴责呢？辛苦工作可能不像玩耍那样更吸引孩子们，但能够塑造孩子们的未来。

"童工"自然有其阴暗的一面。在学校读书又何尝不是如此呢？我妈妈上学的时候，管事的修女可以随意用棍子打孩子。用早已消失的、令人毛骨悚然的陋习来判断这两种行为都是愚蠢的。在现代，还有什么正当的理由劝阻孩子们去找工作、在工作中学习技能呢？

最愚蠢的反对意见是，雇主付给孩子的劳动报酬过于微薄，涉嫌过度"剥削"。试问，学生从学校学到了一些有用的工作技能，难道学校还应该因此付钱给学生吗？同理，孩子们在工作中受到有价值的技能训练，这本身就是丰厚的报酬，我们还能指望雇主付多少钱给孩子们呢？为什么要对雇主如此苛刻呢？ 为了一份不带薪水的实习机会，大学生经常需要展开激烈的竞争，因为实习培训本身具有很高的价值——我们应该看到，报酬不仅只有现金的形式。当然，如果年轻人的劳动报酬极低，雇佣他们对雇主来说意味着更高的利润率——并且，在竞争激烈的商业世界，很少有商业模式能长期保持较高的利润率。

还有人抱怨道，孩子们的心智尚未成熟，即便雇主给的劳动报酬不合理，他们也可能浑然不知。作为四个孩子的父亲，我并不反对这种说法。但是，父母可以站出来保护少不经事的孩子，在职场免受不公的待遇。按照现行美国法律，父母几乎可以按照任何自己偏好的条件雇用子女为自己工作。这一条法律之所以合理，根本原因在于很少人会不公正地对待自己的亲生骨肉。虽然偶有例外，但父母永远是孩子最好的监护人。既然如此，为什么不"授权"父母帮助孩子做出最好的决定，确保他们得到合理的劳动报酬呢？

有人经过缜密思考后，从工作和学习的角度提出异议：工作有好处，但上学的好处更大。孩子们的首要任务是取得学业成功，打工会分散他们的注意力。但是，这种说法基于了一个重要的前提：走传统的"学术方向"比走"职业方向"更为优越。如果学生把工作排在学业前面，则是一个危险的行为。乍一看，事实的确如此：打工的学生平均成绩更低，行为举止更恶劣，也更易触犯法律。

但仔细审视后发现，真实情况并非如此。打工学生的那些明显缺点早在打工之前就存在了。当研究人员将打工的学生与不打工的学生进行比较后发现：打工带来了明显的好处，而且没有明显的坏处。青少年时期的工作经验会带来持久的好处，在至少 10 年的时间内，打工经历使毕业后的收入增加 5%、10%，甚至 20%。相反，毕业后的工作表现和学业成功之间的联系很弱。毕业后的工作表现与犯罪及其他不良行为的联系也不明显。一项研究的发现颇有新意：采用更为宽松的童工法，受教育率和犯罪率均会降低；此外，有意走"职业方向"的学生被关在学校，他们会"表现不当"。在 16—19 岁的年轻人中，有 2/3 的人在上学期间从未尝试参加工作——他们正在错失一个重要的机会。

需要明确指出的是，上述研究中，没有任何一项研究鼓励青少年从高中辍学去从事全职工作。研究人员赞同青少年打工的好处，称这将带来长期的职业收益，同时，他们也提出质疑，让从高中辍学的青少年每周工作 30 或 40 个小时，是否有些"超负荷"？正如研究人员所指出的，很可能是这些年轻人希望工作时间更多一些，这样，他们才能获得更多的个人收益。不过，要注意，在我们的社会上，高中辍学生一直背负着精力过剩的"野蛮人"的污名。

然而，就公共政策而言，个人回报只是一种干扰，只有社会回报才有意义。由于污名只会伤害个人回报，明智的政策分析师会无视污名的影响。相反，他们将学生在课堂上学到的技能，与在工作中学到的技能进行比较。但是，坦率地说，两者并无可比性。只有让学生真正去打一份工，他们才会知道所有关于工作的事情。如果你觉得"打一份工"的标准有点低，请回想一下，如今，几乎 1/2 的高中辍学生和 1/3 的高中毕业生甚至都没有尝试过找工作。因此，无论如何，让他们适应任何形式的工作都将是一大进步。

由于最低工资标准不受年龄或工作经验影响，我们完全没有理由担心年轻人会被"剥削"。我们更应该担心的是，年轻人——尤其是"差学生"——很难获得工作机会。按现行法律，未经培训的工作者必须具备出众的生产力，值得雇主为他支付上岗培训费用和每小时 7.25 美元的报酬（最低工资标准）。这可真是一个不合逻辑的困境，尤其对于学习速度缓慢的人来说：你需要经过培训才能成为一名富有生产力的工作者，但是，除非你已经具备了出众的生产力，否则雇主是不会付钱培训你的。

无薪实习难道不是一个巨大的漏洞吗？别总盯着"无薪"那两个字。在营利性部门，美国劳工部仅在"提供培训的雇主没有从实习生的劳动中获得直接利益"的情况下才允许无薪实习。这可真是一条奇怪的规则。为什么一家营利性公司会费心费神地去雇用无法带来任何直接利益的员工呢？如果你试图说服一家公司的 CEO 启动实习计划，你绝对不敢采用这样的口号："让我们雇用一群没有经验的员工吧！记住，他们不能为我们公司带来任何直接好处！"

得亏当局并没有严格执行这一法律条文，无薪实习才得以幸存。只要实习生大学在读或刚毕业，并且他们正在学习和适应的岗位与大学专业或多或少有些关联，政府就会选择视而不见。但是，如果麦当劳胆敢雇用无薪实习生当服务员，将会很快遭到起诉。鄙人不是那种缄默型观察者，说到这里，我已经迫不及待地想给出一点点建议：我们需要政府进一步放宽学生无薪实习的要求——不仅废除对大学生参加无薪实习的"名义"限制，我们干脆应该把无薪实习机会对所有学生开放！

政策制定者还应该做什么呢？废除对童工的管制，去除童工的污名。早一点让孩子们参加工作，对孩子和社会都有好处。父母的监管无法 100% 保证自己的孩子在学校能免受不公正对待，但是，在生活中几乎任何其他方面，我们都可以依赖父母。父母督促孩子尽可能多地参加体育活动，接受音乐熏陶——无论孩子多么讨厌体育和音乐；父母为孩子报名参加风险性很高的登山比赛；父母甚至还带孩子去危险的国度探险。既然如此，为何不鼓励孩子在父母的监管下参加一些工作呢？在童工这一问题上，政府实施极其严苛的要求（甚至比登山比赛的要求更高）毫无意义可言。

一旦童工合法化，可以预见的是，有些青少年会从事全职工作。但是，只要他们得到父母的允许，就任由他们去吧。如果有人发现学业和工作不能兼顾，执意要从高中退学，我们也应该放下恐惧，不人为设置障碍。从个体学生的角度来说，让大量的"普通学生"辍学显然是一种错误。然而，还有不少学生不应归为"普通学生"这一类，首要的便是坐在教室后排的那几个沉默派——他们憎恨上学，却对工作的热情颇高。让这样的学生全身心投入工作,可能会比让他们浑浑噩噩地学习带来更大的个人回报,因为劳动力市场奖励的是毕业证(从学校顺利毕业),而不是出勤率(在学校混沌度日)。任何情况下,教育政策都不应忽视信号的存在。此外,让一些学生辍学去参加工作,还能抑制学历通胀——这样,那些坚信"没有文凭就找不到好工作"而继续留在学校的同学才能获得真正的机会。看看比尔·盖茨,他从哈佛大学辍学后不仅找到了致富的密码,还用自己的经历给学历通胀送上了重重一拳。

那么学徒制怎么样呢?我们是否应该启动官方的学徒制呢?最好的制度谁都想要,但往往很难模仿。大多数国家不可能直接照搬德国优秀的学徒制。从国际视角来看,学徒制似乎比成人职业培训更受欢迎,不过,这无非是一种敷衍的赞美而已。别急着用纳税人的钱启动学徒制,政府真正应该做的是:松开自己那双无形的"管制"之手,并对劳动力市场上所有的工作机会进行认真评估。

职业教育无用?还是 1>0?

> 高中生先学完四年的拉丁文课、三年的希腊语课、四年的英语课、两年的古代历史和中世纪历史课、两年的数学课、一年的物理课;毕业后上大学时,他们选择了一个所谓的"自由文化"(Liberal Culture)学科。也许,这是当今的教育实践中最大的错误。事实上,他们学习的大学课程在专业性上极其狭隘,只面向了屈指可数的特定职业;他们也没有接受到真正意义上的自由教育,因为他们对自己所生活的现代世界知之甚少。
>
> ——埃尔伍德·库伯利
> 《当前的职业教育趋势会威胁到自由文化吗?》

大多数教育专家仍对职业教育持怀疑态度。他们的质疑主要集中在：为教育设置所谓的"职业方向"是一种目光短浅的做法。"职业方向"的课程只能教授学生第一份工作所需的特定技能。而传统的"学术方向"的课程教授学生通用技能，有了这些通用技能，学生未来能从事任何工作。因此，明智的做法是让所有的孩子都走"学术方向"，最大限度地习得通用技能，然后再瞄准特定的职业。

这种说法在逻辑上是混乱的。的确，所有的学术课程均涵盖了读写和计算能力——这两项称得上真正的通用技能，但是，大多数学术课程实际上是披上了学术外衣的职业培训，并且，这种"假学术、真职业"的培训，只能面向极其罕见的职业。想一想高中提供的那些传统的大学预备课程，包括文学课、历史课、社会科学课和外语课。只有极少数职业才会使用这些课程所教授的技能。科学课和高等数学课传授的知识更实用一些，但是，即使是大学毕业生，也很少在工作中用得到。STEM课程其实也算得上一种职业培训。它并没有教授通用的技能，而是为学生提供了一种特殊的职业培训，旨在培养学生成长为为数不多的定量学家和科学家。

最终，争论的焦点落到了"真假"两种职业教育上。"传统主义者"希望培养学生未来从事前途无量、声望斐然的职业，比如作家、历史学家、政治学家、翻译家、物理学家和数学家；所谓的职业教育专家想要为学生未来的职业生涯做好有针对性的培训。对教师而言，传统的学术教育无比轻松：教师只需要把当年自己老师教的东西教给学生即可；职业教育则令他们苦不堪言：教师必须密切关注学生的能力水平和就业市场动态。教育工作者，坚强面对吧！为了帮助年轻人做好职场准备，走好未来的职业生涯之路，你们必须承受这种痛苦。

传统学术课程的捍卫者常常抱怨未来的不确定性。劳动力市场瞬息万变。如果学生在2015年学到了实用的职场技能，而他们很可能在2025年（甚至2050年）才会参加工作，所谓的职业准备意义何在？有道理，但这并不能成为支持老派学者的坚实理由。即便我们无法预知未来，我们也不应该以此为借口，传授给他们一些未来职业中几乎完全用不到的东西。"无法预知未来"并不意味着我们不应该对未来进行有根据的推测，比如，在不远的将来，一些职业的需求将会保持低水平，比如作家、历史学家、政治学家、翻译家、物理学家和数学家——这就是我们根据现有的事实得到的合理推断。

然而，对职业主义思想的主流批评并非基于认知论，而是涉及平等主义。把每个人都安置在"学术方向"上，似乎比把孩子们按"天赋"分类、然后分配"合适"的职业培训更能彰显平等主义。不过，所谓的平等已经是一种幻觉，因为尽管大学似乎普遍承认高中开设的大学预备课程，但是大学真正看重的只有荣誉课程和AP课程（大学先修课程）。然而，雄心勃勃的平等主义者可能反驳道："那我们就给所有高中生提供荣誉课程和AP课程吧！"

这个提议听起来很吸引人，但根本不具操作性。平等主义者把大学预备课程描绘成一顿免费的午餐：既然高中生在"学术方向"上失败后可以转到"职业方向"，倒不如让每个人都先从"学术方向"开始——人人都上大学预备课程。这忽略了一种令人担忧的可能性——学生在"学术方向"上遭遇失败后，很可能会愤世嫉俗、怨天尤人，而不愿转向学习一门手艺。因此，如果这些学生一开始就走"学术方向"，他们学到的东西很少，最终，他们可以从事的工作数量很可能为"0"。相反，如果他们一开始走的是"职业方向"，他们可以从事的工作数量为"1"。

看一看庞大的美国下层阶级，这种令人担忧的可能性已经成为事实。让百无聊赖、憎恨学习的孩子继续待在"学术方向"只会适得其反。在"学术方向"失败后，他们可不会主动降级到"职业方向"，而是干脆辍学去从事体力劳动，勉强维持生计——甚至更糟。请记住这一事实：大约20%的美国人从未获得过正规的高中文凭。我建议，针对辍学倾向较大的学生，在他们12岁或14岁的时候，政府提供中级水平的职业培训。此举虽称不上是万能良药，但总比不切实际地奢望他们"大器晚成"更现实一些。这样做是否会剥夺这些学生爬上更高社会阶梯的机会呢？会有一定的概率。然而，这样做至少会大大降低他们成年后丧失市场所需技能的风险。

高中辍学的孩子没有学会从事哪怕一份工作。同样，大量的高中生和大学生在毕业后深深体会到自己有多么差劲。再看看这个老生常谈的问题："读了一个语言文学的学位，毕业后你能做什么工作？"我们之前讨论过，许多人的答案是：当调酒师、收银员、厨师、门卫、保安或服务员。当然，从字面上讲，没有任何一份看守仓库的工作需要语言文学学位。真实的情况是，他们所受的教育不适合任何现实世界中的职业，因而，他们只能退而求其次，先找一份诸如看守仓库的工作，然后一边工作，一边习得一些实用的工作技能。

在过去，教师训练学生去从事3个特定的职业方向：牧师、法律和医学。现代课程更加多样化，教育工作者自然期待学生毕业后有更多的职业选择，但事实并非如此。今天的学校训练学生去从事作家、诗人、数学家、科学家、艺术家、音乐家、历史学家、翻译家和职业运动员等职业。然而，最终进入这些职业的学生的比例却微不足道。与风靡全球的教育"赞美诗"描绘的不同，学校很少花时间教授"通用技能"。相反，学生的时间都用在接受训练上，不过，这种训练面向的是一些冷门的职业——很少人愿意从事这样的职业，这类职业的从业人数更是少得可怜。因此，许多人从高中、大学甚至研究生院毕业后，找不到任何符合专业的工作。值得庆幸的是，大多数人会通过"边工作边学习"来获得实用的工作技能；但不可辩驳的事实是，有相当一部分人并没有。孩子们在学校里待了这么多年，照理说，学校无论如何应该教会他们如何干好至少一份工作——对个人和人类整体来说，懂一份工作比什么都不懂要强得多——本节标题中的"1＞0"，便是这个意思。

重构青春

养猪户、电工、水管工、油漆工、果酱师傅、铁匠、酿酒工、煤矿工人、木匠、捕蟹工、石油钻探工……他们一遍又一遍地告诉我同样的事情——我们的国家与我们广大的劳动力的情感纽带已经断裂……

失业率依旧居高不下，一大批重要的职业已经不再吃香，企业难以找到具备基本技能的员工。原因似乎很清楚。我们接受了一种可笑而狭隘的教育观：如果不能提供四年制大学学位，任何形式的培训或学习只是聊胜于无的"鸡肋"。许多人曾经渴望从事的"香饽饽"职业现在无人问津。本届政府在过去4年里试图"创造"许多工作，但是父母和老师却极力劝阻孩子们不要从事这些工作。（我一直认为，在一个不再鼓励人们拿起铲子的社会里，政府承诺提供300万个"需要用铲子的工作"注定以失败而告终。）

——迈克·罗
《头四年是最艰难的》

在落后国家，年轻人工作；在发达国家，年轻人上学。文明在进步，年轻人却需要上更多年的学后，才开始从事第一份带薪工作。现代社会中，人们担心工作可能会妨碍上学，人们从不担心上学会妨碍工作。这些原则早已深深地扎根在人们的思想中，就像那些亘古永存的自然法则一样。

这种逻辑难以捉摸。人人都知道，社会在进步，学校应该教会年轻人不同的职业知识。拒绝教给他们任何职业技能，反倒指望他们毕业后自动适应职场，这显然违背了常识。我们的社会多么发达并不重要。让孩子学习与现实世界不相干的东西，并且一学就是十多年，这是极不正常的——现在看不正常，放到未来亦是如此。

那么有没有更好的替代方案呢？重启职业教育吧。如果学校还是坚守传统的学术课程、拒绝努力预测就业市场动态，这是一种偷懒的行径。诚然，学校一方面需要教会学生一些真正的通用技能，比如，阅读、写作、数学。但另一方面，学校应该对未来的职业机会做出有根据的猜测，并且衡量学生的能力，教会他们职业所需的技能。不要一听到学生打工就跳出来横加指责。年轻人早一点参加工作，并不会被"剥削"，也不会对学业形成危险的干扰——工作的本质就是一种职业教育形式。即使年轻人要从学校辍学，去从事全职工作，我们也不应哀叹。这样的孩子永远不会成为科学家，也不会帮助人类找到治愈癌症的办法，但是，只要他们热爱工作、努力生活，他们一样能够成长为自立自强的社会成员。

这样做难道没有违背我们对于理想社会的追求吗？完全没有。试想一下：16岁的孩子能拥有真正的工作技能，能挣到足够的钱养活自己；没有学术愿景的青少年踏踏实实寻求一技之长，而不是在学校里胡作非为；学校开设实用性高、趣味性强的课程。看看今天的年轻人——百无聊赖，幼稚至极，如果我们能培养出富有生产力、独立敬业的新一代，这难道不是伟大的进步吗？

无须担忧未来，把目光放到当下教育的现状上吧！在现代社会，志存高远的孩子们需要在学校里待上近20年之久。大多数人都觉得课程极度乏味。在这漫长的学习煎熬中，学生自身没有经济能力，只能在经济上依赖父母。当他们最终踏入"现实世界"时，却很少用到学校教的知识。等到有一天他们有了自己的孩子时，他们会如法炮制，把上一代传下来的教育理念灌输给下一代。我们的教育现状既不像《1984》中描述的场景那般悲凉，也不如《美丽新世界》中刻画的世界那般完美，但是，如果连我们自己都难以接受当前的教育体系，谁还会向往它呢？

第十章

教育与灵魂的关系

大学毕业生经常不无骄傲地提到他们的母校，但很少有人意识到"母校"这两个字包含着一种世界观。在拉丁语中，"教育"有一个富含隐喻的名字"Alma Mater"，意为"滋养的母亲"。教育好比是一位"滋养型"的母亲，她不仅会教你实用技能，帮助你找到一份体面的工作，还会培养你健全的人格，教你辨别是非，向你展示生命的魅力。正如普林斯顿大学前校长威廉·鲍恩和哈佛大学前校长德里克·博克所说：

> 教育是一项特殊、深具政治性甚至是神圣的公民活动。它不仅是一项专业性强的事业——向没有受过教育的人阐明世间万物的真相；更重要的是，它还肩负着培养道德品质和审美情趣的使命——向年轻人灌输如何高尚地过完一生等诸多信念。

大多数经济学家都是教育的忠实拥趸，但是，诸如"滋养型母亲"如此崇高的词汇总会遭到他们冷眼相待。他们之所以推崇教育，是因为他们笃定教育有丰厚的社会回报，而不是打心里认为教育对灵魂有益——他们才不管那些高尚的措辞意义何在。一些怀有理想主义情怀的经济学家在形容教育时，偶尔会搬出经济学概念上的"有益品"——一种价值高于顾客愿意支付的价格的商品。但务实派的经济学家却很少赞同此类说法。

经济学家的逻辑是"一切向钱看"，为此他们没少遭到人文主义学者的尖锐批评。任何支持传统人文学科教育的人可能会指责道："经济学家支持教育是因为它的社会回报高。"但是，前文中，鄙人通过科学的计算，揭露了教育神话下的真相——教育的社会回报低得可怜，甚至堪称灾难。耶稣说过，"动用刀剑者，必死于刀剑之下"（Those who live by the sword die by the sword）。人文主义学者当然可以挪揄我："别得意，你也不是赢家。你不也是和你那些同行经济学家一样，斤斤计较所谓的经济回报？经济回报定义不了教育的价值，传统的人文主义价值才是教育的核心意义所在：思想文化远比金钱更重要。"

我真诚接受人文主义学者的批评。尽管我支持"破坏偶像主义"（Iconoclasm），即破坏陈旧的"形象"和"偶像"的社会信仰，但是我深深地热爱经典的思想和厚重的文化。和许多经济学家不同，我在生活中总是拥护一些"不切实际"的思想和"非商业性"的文化。比如，每当听到知识启迪人生的励志故事，我总是备受感动。想一想，美国黑人领袖马尔科姆·艾克斯，他在监狱里自学成才的故事是多么鼓舞人心啊：

> 我发现，在这里没什么好做的，我只能拿起一本字典看看，准备学一些单词……
>
> 接下来的两天时间，我只是在字典上胡翻乱找。我从来没有意识到，英语中居然有这么多单词！我不知道我该学哪些单词，思来想去还是没结果，最后，我对自己说，别犹豫了，先行动起来

吧。我开始随意选择一些单词,开始抄写……

第二天早上醒来时,我满脑子都是那些抄过的单词——我无比自豪地发现,这是我人生中第一次写下这么多英语单词,并且,这些单词,我之前完全不认识……

我的心中涌起一阵激动,我迫不及待地起身,继续抄,很快,字典下一页上所有的单词也被我抄完了。此时,我的激动之情越发强烈。每一页上记载的人物、地点和事件,都被我在不经意间牢牢记在了心里。这本字典上涵盖的知识太多了,简直就是一部迷你百科全书!最后,词典的 A 部分被我抄完时,整整一大块石板被我写得密密麻麻,我马不停蹄地继续抄写字典上的 B 部分。就这样,不知不觉间,我抄完了整部字典……

我想,后面的事情也就自然而然地发生了。由于我的词汇量变大了,我第一次读完了一整本书,并且能理解书上说的内容。如果你也读过很多书,你一定能感同身受——浩如烟海的书籍为我打开了一扇通向新世界的大门。

此外,与大多数经济学家不同,我认为思想文化的价值远远超出了我的个人品味。哲学和歌剧确实是"有益品"。从本质上说,拜读大卫·休谟的哲学巨著《人类理解研究》要比阅读 E. L. 詹姆斯的畅销小说《五十度灰》更有价值;欣赏理查德·瓦格纳的著名歌剧《特里斯坦和伊索尔德》,要比听托比·基思的流行歌曲《有钱的白人渣子》更有意义。不过,经济学家普遍对思想文化不太感兴趣,也无意去探寻思想文化深层次的内在价值,这便成了拥护教育的人文主义者抨击他们的理由。

然而,老派的人文主义者似乎有些夸大了他们的理由。教育肯定对灵魂有好处。但这并不意味着当前的教育能达到这一崇高的目的。现实世界中的教育，往往不是一位滋养型母亲，而是一个不负责任，甚至恶毒残暴的母亲。

功德无量的教育

子曰："古之学者为己，今之学者为人。"

——孔子

《论语》

"功用性教育"无须具备塑造学生灵魂之功用。只要学生毕业时掌握了可以应用在课堂之外的技能，再枯燥的学习煎熬也变得有意义。在"功用性"思想的指引下，人人都希望获得教育的工具价值（Instrumental Value），没人会关心它的内在价值。然而，要想实现教育的真正价值，我们必须对教育提出更高的标准。只有具备以下三大要素，教育才能成为真正意义上的"有益品"。

第一个要素：富含价值的内容。学习伟大的思想和灿烂的文化可以塑造灵魂；学习不甚成熟的想法和乏善可陈的文化则意义不大。"与错误作斗争"素来是人文精神的追求，不过，人文强调以人为本，鼓励人们通过充分的论证、缜密的思考来判断价值，去伪存真。

第二个要素：高明娴熟的教学方法。向深谙专业知识、循循善诱的教师学习，学生的灵魂能得以塑造；向照本宣科、缺乏创见的教师学习，则意义不大。退一步说，在训练实操技能时，枯燥平庸的教学方法尚能被学生忍受，但是，对于启发知识或艺术灵感来说，将毫无价值。

第三个要素：求知若渴的学生。与求知若渴的学生分享伟大的思想和高雅的文化，能塑造他们的灵魂；强行把伟大的思想和高雅的文化灌输给那些满不在乎的学生，则意义不大。事实上，这种强迫式的做法，对学生和教师来说是一种侮辱，对人文学科本身来说，更是一种赤裸裸的亵渎。歌剧是神圣的，但是，强迫那些摇滚歌迷进歌剧院，满心期待他们受到高雅文化的熏陶，不仅徒劳无功，更是一种残忍的行为。出于教书育人之神圣使命，许多教师坚称，向孩子们强行灌输人文思想终归是有价值的，总有一天，他们会懂得欣赏高雅文化。如果成年人的高雅文化修养源自多年前教师的强迫灌输，而并非被人文自身的价值所吸引，这不禁令人唏嘘。

拿上述三大"价值"要素为标准来衡量当前的教育体系，情况如何呢？即使你只接受过一小段的典型教育，答案也已经了然于胸。参照第一个标准，我们教育的内容价值不大：只有很少一部分富含营养价值，其他大部分只能用"白开水"来形容；参照第二个标准，我们的教学方法很差劲：坦率地说，大多数老师甚至都没法让学生打起精神；参照第三个标准，学生的情况更糟：不管老师多么伟大，都很少有学生渴望充实自己的精神生活。私立教育的情况可能稍微好一些，但是在本质上和公立教育并无差异。哈佛大学的知名教授史蒂文·平克指出了这一凄凉的事实——课堂上，世界上最好的学生对着世界上最好的老师打起了大大的哈欠。

尽管本人连续多年被评为"哈佛大学最受欢迎的教授"；尽管我的课没有"补听"的机会——因为我的课从不录视频；尽管期末考试的知识点完全来自课上讲的内容，每个学期过了几周后，偌大的教室还是空了一半。我想，不只是我会碰到这种情况，哈佛学生翘课尽人皆知。学生每一次翘课，就相当于烧掉了父母 50 美元的现钞。

我们的教育体系是"中空"的，这不仅是我的个人观点，我想，作为读者的你可能也会赞同。为什么呢？老实说，当年上学时，有几个老师的授课能吸引到你？可以说是凤毛麟角。既然如此，你当真觉得我们的孩子会被课堂吸引吗？即使孩子们拒绝嘴上说出真相，他们也用自己的行为表现出来了。即便是现代教育最忠实的拥趸，想来也不会通过观看视频网站 YouTube 上乏味的授课视频（现实世界中的课堂情况如出一辙）来充实自己的灵魂。没人会这样。前文我们讨论过，学生在学校感到百无聊赖、乏味至极，这凸显了一个显而易见的事实：我们的学校在"激励学生"上搞砸了。

听起来，人文主义者对庸俗的经济学家的批评似乎有理有据，经济学家给出了一记重拳作为还击：成本问题。就算歌剧能极大地滋养心灵，就算教育能真切地提升人们对歌剧的喜爱，我们也必须估算达成此项崇高目标所需的人均成本，否则纠结这些事实没有任何意义。"看歌剧很有意义，花多少钱都值得"，这样说只是嘴上逞能罢了。如果你得自掏腰包，成本永远摆在第一位。为什么当你花纳税人的钱时，成本就不重要了呢？那些白白浪费的钱，原本可以用在更有价值的地方。

这种基于经济因素的反驳比以往任何时候都更令人信服。我们生活在一个如科幻小说中描述般的时代：在富裕国家中，几乎每个人——约占地球人口的一半——都可以使用各种万能的智能设备，这些机器几乎可以回答你所有的疑问，也能教授几乎所有的学校科目。互联网不仅满足了我们的好奇心；它将我们与全球性的社区联系起来，为我们提供了无数分享好奇心的机会。这些全球性的社区可不是新手教师的"俱乐部"；它们中有许多是世界上最伟大的老师。互联网不仅提供了意识流上的启蒙，而且提供了优秀的正规课程。除了极少数例外，互联网上知识盛宴 24 小时免费并对任何人开放。如果教育是"有益品"，那么互联网就是生产"有益品"的"价值机器"。

仔细一想，互联网这台"价值机器"正在迅速淘汰传统的人文主义教育政策。一旦每个人都能以免费的方式充实自己的灵魂，政府就不能继续堂而皇之地为教育提供惊人的补贴。有人表示反对，理由是"大多数人并不用互联网来丰富精神生活"。这实际上变相承认了教育的失败之处——渴望学习的学生很少。享受巨额补贴的教育，并没有让那些拥有人文品味的人接触到伟大的想法和高雅的文化，反倒是强制那些对人文无感的人，去接受伟大的想法和高雅的文化。

互联网的兴起也削弱了一种类似"马基雅维利主义"（Machiavellian）的教育理念，即强制给孩子灌输人文知识，孩子成年后终有一天会懂得欣赏高雅文化。今天的成年人至少接受过10年的抽象思想和高雅文化的强制灌输。如果这种强迫式的教育有效的话，大多数受过教育的成年人应该会由衷地赞同高雅文化，时不时利用互联网，免费重温高雅文化带来的心灵感动。事实上呢？鲜有人如此。娱乐明星金·卡戴珊的名字在谷歌上的点击量是著名浪漫主义作曲家理查德·瓦格纳的20倍，是哲学巨匠大卫·休谟的200倍。强迫式教育没有表现出任何积极的迹象，如果我们还倔强地坚持"为了正当的目的可以不择手段"，岂不是太过于滑稽？

对高雅文化无感的庸俗之辈可能会回答："当然，成年人很少在网上学习思想和文化。学了也没有什么回报。"本章并不会对这一类人做出回应，而是向那些坚称当下的教育对灵魂有益的人发起挑战。互联网的兴起给后者带来了两个不安的事实：首先，从人文主义的角度支持教育补贴的说法在今天已经站不住脚，因为互联网已经使思想启蒙这一使命几乎变成免费项目；其次，从人文主义的角度支持教育补贴，在过去也站不住脚，互联网很好地证明了人们对于伟大思想和高雅文化的消费需求很低，原因既不在于贫穷，也并非缺乏信息获取的渠道，而是令人咂舌的冷漠和无感。看看吧，人文教育的成本降到了零，我们的人文底蕴如此之薄弱，令人尴尬。

塑造灵魂的备选方案

> 教育的目的仅是提高学生的劳动生产率吗？柏拉图或德·托克维尔一定会给出否定的答案，我们现代人同样会如此。教学生公民学、艺术或音乐，不仅是为了提高他们的劳动生产力，而且是为了丰富他们的生活，使他们成为更好的公民。
>
> ——安德鲁·韦斯
> 《工资中的人力资本 VS 信号解释》

"庸俗之辈"和"人文主义者"之间有一个折中的立场。对教育怀有理想主义情怀而又略显保守的人，可能会指责人文主义传统过分强调学生的精神生活。当然，学生很少感到自己的灵魂得到充实。但是，为什么不务实一些，将"丰富灵魂"和"培养良好的为人处世态度和行为"等同起来呢？从这个角度来看，只要教育能够明显地引导社会朝着正确的方向发展，"教育有益于灵魂"的说法就能成立。

这是一个听上去很诱人的备选方案，接下来，我们将深入研究一番。作为读者的你，请负责判断一下，社会变革的方向是否"正确"，而我的责任是估算教育对社会的影响，把相关数据呈现在你面前，供你参考。

在此提前预告一下：教育似乎确实改变了学生的价值观，不过改变的幅度比老师和家长口中所说的程度要小一些。然而，为了找出教育对社会的影响，我们必须解读教育影响学生的机制。教育影响学生的机制是"教师的引导"吗？换句话说，是将教师的思想植入学生的头脑中吗？如果是这样，那么教育改造了社会；教育影响学生的机制是"同伴效应"（peer effects）吗？换句话说，是将孩子分成截然不同的群体吗？如果是，教育主要的影响不是改造社会，而是对社会重新"洗牌"。

假设你现在多送一个孩子上大学，这个孩子的同伴群体将发生翻天覆地的变化。鉴于人类的顺从性，作为新生的他会尝试融入大学生这一新群体。例如，大学生的宗教信仰普遍较少，因此，我们推断，这位学生在信仰上可能会慢慢转向世俗的方向。然而，这并不意味着大学会减弱社会整体的宗教信仰。大学将学生分成了两个具有反向同伴效应的亚文化群体。如果大学生的宗教信仰程度低于平均值，那么"非"大学生的宗教信仰程度一定高于平均值。每个亚文化的成员都会调整他们的行为以适应群体文化。非大学群体中的学生面临着顺应宗教信仰的压力，大学群体中的学生面临着顺应世俗的压力，两者互为抵消。因此，教育对于社会宗教信仰的净影响并不明确，即使大学明显降低了大学生的宗教信仰。

引导效应和同伴效应同时存在，但后者应该强于前者，有三大理由：第一，在有些方面，学习上的引导效应最为强烈，但是教育对态度和行为的影响却不甚明显；第二，尽管学校的说教往往集中在为数不多的议题上，但教育的确在其他许多方面影响了学生的态度和行为。事实上，我们很快就会看到，理智的观点有时会蔑视教育共识；第三，教育的个人效应和社会效应很少"叠加"。通常来说，教育对个人带来的改变，远远大于教育对社会带来的改变。

被置若罔闻的高雅文化

教育者希望用一百种不同的方式来充实学生的灵魂。但是对于"灌输学生对高雅文化的欣赏",高中和大学的追求最为直接,也最为热烈。英语课上,老师敦促学生阅读古典小说、戏剧和诗歌,去追随那些文学巨匠的脚步——威廉·莎士比亚、华盛顿·欧文、埃德加·爱伦·坡、马克·吐温、伊迪丝·沃尔顿、辛克莱·刘易斯、罗伯特·弗罗斯特。音乐课上,老师推崇传统音乐,他们鼓励学生去接受音乐名家作品的熏陶,尤其是古典音乐,诸如安东尼奥·维瓦尔第、路德维希·范·贝多芬、沃尔夫冈·阿马德乌斯·莫扎特,尤其是约翰·菲利普·索萨;艺术课上,老师虽然更多地强调动手操作,但是从不会忘记向学生激动地介绍顶级博物馆中的经典视觉作品。甚至,学校在推行"破坏偶像主义"时,采取的也是一种有倾向的保守做法。学术课程通常包括黑色幽默作家库尔特·冯内古特、作曲家阿诺德·勋伯格或抽象表现主义绘画大师杰克逊·波洛克的作品,但很少能看到一些当代通俗流行的文艺作品,比如,乔治·R. R. 马丁、嘎嘎小姐或弗兰克·米勒的作品。尽管不同的学校推广高雅文化的力度不一,但所有学校在课程中都呈现了一个明显倾向——反对流行文化。

这种"倾向"在培养高雅文化上的效果如何呢?在书的前半部分,我提出了一个不言自明的道理:我们所知道的一切并非100%是教育之功。同样,我们也应该为教育对文化的影响设定一个上限:当下社会对于高雅文化的消费也并非100%是教育之功。

我们先看看美国人阅读书籍的情况。总体而言,美国人的阅读需求低得惊人:美国人买书花的钱只占收入的0.2%,平均每个家庭每年在购买书籍上只花100美元多一点。在过去,美国人在书籍上的支出稍多出一些，但同样低得可怜——在互联网还未兴起的 1990 年，阅读支出仅占据家庭预算的 0.5%。今天的美国人花在烟草上的钱是书籍上的 4 倍，花在酒精上的钱是书籍上的 5 倍。"池塘"如此之小，高雅文化自然而然也没有机会长成"大鱼"。表 10.1 显示了历史上最畅销的英语小说的三大排名榜单。因为销售数字还包括学校采购书籍和指定读物的数据，所以，人们对经典书籍的"真实"喜爱度还要更低。

表 10.1 有史以来最畅销的英语小说

排名	Wikipedia（维基百科）	Ranker（投票网站）	How Stuff Works（博闻网）
1	《指环王》（托尔金）	《双城记》（狄更斯）	《双城记》（狄更斯）
2	《哈利·波特与魔法石》（罗琳）	《指环王》（托尔金）	《指环王》（托尔金）
3	《无人生还》（克里斯蒂）	《霍比特人》（托尔金）	《哈利·波特与魔法石》（罗琳）
4	《霍比特人》（托尔金）	《无人生还》（克里斯蒂）	《无人生还》（克里斯蒂）
5	《她：冒险的历史》（哈格德）	《纳尼亚传奇1：狮子、女巫和魔衣柜》（刘易斯）	《纳尼亚传奇1：狮子、女巫和魔衣柜》（刘易斯）
6	《纳尼亚传奇1：狮子、女巫和魔衣柜》（刘易斯）	《她：冒险的历史》（哈格德）	《达·芬奇密码》（布朗）
7	《达·芬奇密码》（布朗）	《达·芬奇密码》（布朗）	《哈利·波特与混血王子》（罗琳）
8	《哈利·波特与混血王子》（罗琳）	《麦田守望者》（塞林格）	《哈利·波特与密室》（罗琳）
9	《麦田守望者》（塞林格）	《绿山墙的安妮》（蒙哥马利）	《麦田守望者》（塞林格）
10	《哈利·波特与密室》（罗琳）	《黑骏马》（西维尔）	《哈利·波特与火焰杯》（罗琳）
11	《哈利·波特与阿兹卡班的囚徒》（罗琳）	《夏洛特的网》（怀特）	《哈利·波特与凤凰社》（罗琳）
12	《哈利·波特与火焰杯》（罗琳）	《彼得兔的故事》（波特）	《哈利·波特与阿兹卡班的囚徒》（罗琳）

（续表）

排名	Wikipedia （维基百科）	Ranker （投票网站）	How Stuff Works （博闻网）
13	《哈利·波特与凤凰社》 （罗琳）	《哈利·波特与死亡圣器》 （罗琳）	《宾虚》（华莱士）
14	《哈利·波特与死亡圣器》 （罗琳）	《海鸥乔纳森·利文斯顿》 （巴赫）	《洛丽塔》（纳博科夫）
15	《洛丽塔》（纳博科夫）	《天使与魔鬼》（布朗）	《哈利·波特与死亡圣器》 （罗琳）
16	《绿山墙的安妮》（蒙哥马利）	《凯恩与阿贝尔》（阿彻）	
17	《黑骏马》（西维尔）	《杀死一只知更鸟》（李）	
18	《鹰已降落》（希金斯）	《娃娃谷》（苏珊）	
19	《沃特希普荒原》 （亚当斯）	《飘》（米切尔）	
20	《夏洛特的网》（怀特）	《荆棘鸟》（麦卡洛）	

资料来源：Wikipedia 2015c，Ranker 2015，HowStuffWorks 2015。非小说和非英语作品已省略。

虽然销售数据明显有瑕疵，夸大了人们对于文学的热爱，但是，三大榜单共同呈现了公众长期以来的文学品味——高雅文化只是一个小众市场：狄更斯的《双城记》在三个榜单中名列前茅；《麦田守望者》、《宾虚》、《杀死一只知更鸟》、《飘》和《洛丽塔》都至少在一个榜单上出现；但是虚幻作品——托尔金、罗琳、刘易斯的作品——在三大榜单上体现出压倒性的优势。关键的问题不是虚幻作品缺乏文学价值——就我个人的品味而言，《指环王》比《麦田守望者》更胜一筹。关键是，高中和大学认定具有极高文学价值的书籍，居然输给了不那么著名的题材。总的来说，文学课教师所推崇的文学价值和大众所追随的不在一个频道上：老师很少能真正激发学生对阅读的热爱，更别指望学生愿意追随老师推荐的文学题材了。

在音乐方面，流行文化更是以绝对优势击败了高雅文化。《三大男高音音乐会》是有史以来最畅销的古典音乐专辑。虽然该专辑的销售量达到 1 200 万张，但是根本排不进历史专辑销量排行榜前 50 名。从整体销量来看，古典音乐仅占美国音乐市场的 1.4%；乡村音乐的受欢迎程度是古典音乐的 8 倍；而摇滚 / 流行音乐的受欢迎程度是古典音乐的 30 倍以上。古典音乐在全球范围内的表现稍好一些，但也仅占据全球音乐市场 5% 的份额，只是超过了更冷门的爵士乐的市场份额。古典音乐当然具有美学价值。老实说，虽然朋克乐队——"邪教乐队"（Bad Religion）受到了不少人的欢迎，但是他们的音乐价值自然比不过巴赫。问题的关键是：学校心中的"审美排行榜"对大众的文化追求偏好几乎没有任何影响。即使美国所有古典音乐的消费都是由学校完成的，全部学校在古典音乐熏陶上的努力，也只换来了区区 1.4% 的古典音乐市场份额。

为什么高雅文化遭遇了如此严重的边缘化问题？人文主义者可能会倾向于指责学校缺乏推广高雅文化的技巧：如果有合适的老师引导，学生一定会喜欢莎士比亚和勃拉姆斯。然而，更直截了当的说法是——要想欣赏高雅文化，人们需要付出额外的精神努力——而大多数人讨厌动脑子。学生讨厌透了莎士比亚，也许，只有极其少数的高雅文化追随者会爱上这位游吟诗人。当考试有需要时，学生才可能硬着头皮尝试读一些高雅文化作品。然而，一旦完成了期末论文，绝大多数学生就会迫不及待地回到他们"通俗文化"的舒适区，拿起他们熟悉的、通俗易懂的作品。

这个时候要是谁拿起莎士比亚的作品，他准会被周围的同学视为怪咖。

不知你是否还记得，在前文中，我请你回想自己在学校的青春岁月，你还记得为你打开高雅文化大门的老师吗？我把自己对古典音乐的热爱归功于扎纳先生（他是我上七年级时的"普通音乐课"老师）；我把自己对文学的热爱归功于拉格斯夫人（她是我上十一年级时的"荣誉英语课"老师）。然而，看一眼周遭的情况，我立马醒悟过来：我不能拿自己代表大多数人。我当年的绝大多数同学同样接受了多年的文化灌输，但据我所知，他们的审美情趣大多没有任何改变。

政治正确就是一只纸老虎

无可否认，美国的教育工作者在政治上普遍具有"左倾"的倾向。K-12公立学校教师的党派分布是不均衡的：大约45%是民主党人，25%是无党派人士，30%是共和党人；大学教师的党派分布更是不均衡：一项具有代表性的全美研究对所有教授（包括两年制大学的教授）展开调查后发现，51%的教授是民主党人，35%的教授是无党派人士，14%的教授是共和党人。一项针对四年制大学教师的类似研究报告称，50%的教师是民主党人，39%的教师是无党派/其他人士，11%的教师是共和党人。精英学校中"左倾"的优势似乎更加强大。

政治色彩最为浓重的大学学科中，党派分布最不均衡，在人文学科中，共和党人和民主党人的比例大约为1∶5；在社会科学中，共和党人和民主党人的比例大约为1∶8。2006年，5%的人文学科教授和18%的社会科学家自诩为"马克思主义者"。自由派与保守派的比例则没那么极端，大概是因为与旗帜鲜明的党派不同——思想派别上的"自由"和"保守"只是相对的说法。许多主流的民主党人士获悉同事中居然有18%是马克思主义者时，反应也略为"平淡"。

这些都不能证明教师和教授会利用课堂来"启发"学生的意识形态，或者对学生进行"洗脑"。不过，学校似乎是最适合"洗脑"的地方。每位教师都有自己独特的世界观，教学中的一言一行难免会带上自己的意识形态烙印，学生作为讲台下的直接听众，自然而然容易受到影响。这样看来，讲台上的教师成了讲台下学生意识形态的塑造者。即使教师有意避免公然表达自己的意识形态倾向，学生想要在意识形态上保持中立，也需要时刻提防自己的思想被不知不觉地引导到某一特定方向。日复一日、年复一年，如果长期以来，教师在日常教学中保持即便最细微的意识倾向，难道学生的意识形态最终不会受到影响吗？

显然不会。数据显示，受过良好教育的人，意识形态上只是稍稍偏向"自由"而已。在"综合社会调查"中，受访者根据七级量表对号入座，自行打分，其中1级表示"非常自由"，4级表示"适中"，7级表示"非常保守"。多上一年学似乎使人们往"自由"的方向迈出微不足道的0.014个等级。从字面上看，如果人们想在意识形态上改变1个等级，必须接受超过70年的教育。经统计修正后，教育对意识形态的影响看似更大一些，但从数字上看，这种影响仍然十分微弱。

如果我们说教育对意识形态的影响很小，那么教育对党派选择的影响更是低得惊人：随着教育水平的提高，人们对于民主党的广泛支持似乎稍稍削弱了一点。"综合社会调查"的受访者根据七级量表对号入座，其中0级表示"坚定的民主党"，3级表示"无党派"，6级表示"坚定的共和党"。多上一年学，似乎使人们的党派倾向往"共和党人"迈出0.071个等级。经统计修正后，教育对党派选择的影响看起来更弱，但依旧小幅增加了人们对于共和党的支持。颇具讽刺的是，共和党是教师和教授普遍不喜欢的政党。

如果你分析一下教育对人们在特定问题上的观点的影响时，情况会变得更加复杂。大量研究证实：教育提高了人们对公民自由权和宽容度的支持，并减少了种族主义和性别歧视。这些影响真实存在，即便经过智力指标修正后，教育在上述方面的影响也减少了约 1/3；经过智力、收入、职业和家庭背景这一系列指标的修正后，教育的影响减少约一半。完成所有修正后，我们发现，教育催生出一整套社会自由主义的观点。

大量研究也证实了教育同时增加了人们对资本主义、自由市场和全球化的支持。同样，这些影响也真实存在，经智力指标修正后发现，教育的影响降低了约 40%。对智力、收入、人口统计、政党和意识形态指标进行修正，影响减半。完成所有的修正后，我们发现，教育催生出一揽子经济保守主义观点。

如果教育者像他们看起来的那样"左倾"，为何教育会对学生的立场产生如此矛盾的影响呢？说好听一点，也许，教师主动把他们的政治观点排除在课堂之外。然而，更合理的说法是教师本身缺乏说服力。耶稣会的信徒说："七岁看大"（Give me the child until he is seven and I'll give you the man），意思大概是青少年时期受到的教导和影响将塑造一个人的一生。可是，我们把孩子很小的时候就交给了持"自由派"观点的教师，孩子一直到 15 岁、18 岁、22 岁，甚至 30 岁时还在接受教育。但是，事情一码归一码，我们的教师对于学生的影响存疑。为什么呢？如果教师本身具备说服力，学生很可能受到其意识形态的影响；如果教师毫无说服力，其意识形态也会招致学生反感。教育者可能会抗议："不是我们没有说服力，而是学生固执到骨子里了！"但是，真实情况是，年轻的学生最不固执，他们时刻在修正自己的观点。在学校待的时间越长，修正的次数就越多。只不过，由于教师严重缺乏说服力，学生从未考虑过，也没有朝着教师所表现的"左倾"方向修正罢了。

批评教育者"左倾"的人，时刻准备搬出意识形态作为武器："把年轻人的教育交到鼓吹'政治正确'的理论家手中只有一个结果，即危及我们的民主。学校应该营造出一种'百花齐放，百家争鸣'的思想交流与碰撞的氛围，而不是一味地灌输'左倾'政治思想。"诚然，他们很好地发现了教育界政治流派的不平衡现象，不过，不要夸大"政治正确"的影响，那只是一只纸老虎。学校里极端的"左倾"主义并没有给学生留下持久的"印象"。因此，所谓教育灌输政治思想的说法实属杞人忧天，教育并没有逐渐使学生染上更明亮的红色的"左倾"色彩。

由于教育同时促进了社会自由主义和经济保守主义，无论是自由派还是保守派，既高兴不起来，也没有理由嘲笑彼此。那么，同时支持社会自由主义和经济保守主义的人呢？他们到底是否应该承认教育真的"对灵魂有益"呢？情况很复杂。如果教师没有塑造学生的灵魂，那么，合乎逻辑的推论是学生塑造了彼此的灵魂。但是，赘述一遍，所谓的同伴效应其实是一把双刃剑。当学校将拥护社会保守主义和经济自由主义的青年聚集在象牙塔内时，它们在不经意间自动地将支持社会保守主义和经济自由主义的青年挡在了象牙塔外。如果教育对前者的灵魂有益，那么，教育必然对后者造成不利。教育对政治政策的净影响如何呢？尚不明朗。

但是，学习历史知识的目的难道不是让我们支持更为明智的政策（对内政策和对外政策）吗？显然，对历史获得足够深入的了解很重要——我们调用自己脑海中的历史知识，发现历史与现实之间有惊人的相似之处，并巧妙地运用我们的发现来解决当今的问题。然而，现实世界中的教育可达不到如此奇妙的效果。事实上，我们已经有两个强有力的理由来质疑历史课能带来的政治益处。首先，尽管经过多年的学习，大多数成年人在历史上依旧是门外汉。他们要么从未学过最基本的历史事实，要么很快就忘记了所学的内容。试想一下，如果有一个国家，其国民对自己的历史一无所知，那将是一件多么可怕的事！说到这里，美国的读者应该已经害怕了吧，因为我说的就是美国。其次，人们将知识从一个领域转移到另一个领域（例如从历史到政治政策）的能力很差。如果布什政府懂得从越南战争或朝鲜战争中吸取经验教训，他们断然不会发动伊拉克战争。因此，就算公民知道历史的方方面面，他们也不懂如何有效地将历史知识付诸实践。

"投票总动员"

民主党和共和党无疑是美国人的"世俗化"的宗教，而投票是党派人士的"教义"所在。"投给谁不重要，重要的是一定要投！"孩子很小的时候，教育工作者就经常这样提醒，话语中无不流露出为民主发声的自豪。"有党派"教师恳求学生投票，默默地希望他们能"做出正确的投票选择"。不关心政治的"无党派"教师同样坚持投票的必要性，因为在他们眼中，民主已岌岌可危。K-12教师可能比大学教授更积极地宣扬投票的责任，但是，整个教育系统都在诵读同一句祈祷语：快去投票吧！

他们的"投票总动员"有效吗？情况很复杂。选民投票率随着教育程度增加而急剧上升。教育对投票率具有实质性的影响，即便在对收入、人口统计、智力等进行统计修正后仍然存在。尽管有些反对者在这一点上更为谨慎，但是，根据现有不多的实验研究数据，我们发现——多上学的确会提高投票率。

问题是：人们的教育程度在20世纪急剧上升，但投票率略有下降。这可能意味着，教育的影响被某些抵消因素掩盖了。但一些著名的研究人员却得出一个颇有新意的结论：投票率取决于相对教育（Relative Education）程度。人们选择投票不是因为他们受过教育，而是因为他们比其他人受过更多的教育。这再次暗示了同伴效应的存在：你在学校待的时间越长，你所在的社交圈的政治活跃度越高，你就越需要提高自己的政治活跃度才能融入其中。

假设你确信投票可以丰富你的灵魂。只要相对教育的说法属实，教育就会重新分配丰富灵魂的机会，而不是创造更多的丰富灵魂的机会。让一个人多上学，他更有可能体验投票这种民主参与的"奇迹"，但同时，其他公民参与这种"奇迹"的概率将会降低。

现代生活方式

撇开文化和政治因素不谈，关于教育对生活方式的影响，我们往往持有一种刻板印象：受过良好教育的人偏爱"现代的"生活方式；受教育程度较低的人偏爱"传统的"生活方式。现在，人们过着世俗、玩世不恭的生活，也不愿多生孩子；过去，人们恪守宗教教义，过着古板、枯燥的生活，愿意生很多的孩子。学校可能不会公然宣称对现代生活方式的偏好，但也许，他们以一种微妙的方式将学生变成了所谓的现代男性和现代女性。教育可能对灵魂有益，因为它使我们挣脱了传统生活方式的束缚。也许没有。尽管两种生活方式的对比看似有道理，但是，对于教育和现代生活方式的刻板印象是不可靠的。从数字上看，受过良好教育的人在某些方面更具现代特征，在其他方面则表现得更为传统。

"宗教"。按照刻板印象，受过良好教育的人对宗教不再那么虔诚，但这只说对了一半。受过良好教育的人在"神学意义"上的宗教信仰减少了。随着教育水平的提高，对上帝和圣经字面真理的信仰逐渐消退。

然而，受过良好教育的人更信奉具有"社会学意义"的宗教信仰。随着教育程度的提高，教会成员数量和教会出席率也在提高。这些都是公认的趋势，至少在美国是如此。

经统计修正后，我们发现，教育的神学效应变小，其社会学效应变大。"综合社会调查"用1—6的等级来衡量美国人对上帝存在的信仰（1="我不相信上帝"，6="我知道上帝确实存在，我对此毫不怀疑"），同时，还用0—8的等级衡量了他们的宗教活动参与率（0="从不"，8="每周超过一次"）。修正了收入、智力、社会地位、人口统计和时间这一系列指标后，研究者发现，一年的教育会降低人们对上帝的信仰，降幅为0.04个等级。但是，宗教活动参与率会增加，增幅为0.06个等级。全球范围的宗教研究通常得出结论：智力越高，两种形式的宗教虔诚（Religiosity）都会减少——神学信仰减弱，宗教活动参与率会降低。但是，教育对宗教的影响依旧不明朗。教育严重破坏宗教的唯一明确证据来自前共产主义国家，这些国家的课程设计者——更不用说政府本身——是最忠实的无神论者。

教育（包括大学）对宗教的影响如此之小吗？社会学家于克、雷格内鲁斯和瓦勒描绘了一幅有些愤世嫉俗的画面：

> 一些学生选择不参与他们周围的知识性活动。他们在校园里只追求"适用"的学位，以及其他更世俗化的东西，而不是去直面人性或人生意义等更具价值的追求。相反，他们只想得到他们"需要知道的"——考试中的内容。这样的学生并不在少数。他们很少花时间去思考宗教信仰上的疑问——有些人甚至根本没有宗教信仰。他们的状态可以用八个字来形容：得过且过，不思进取。他们信奉的人生哲学是"不去争取的东西，就不用担心会失去"。

考虑到年轻人一开始就对自己信奉的宗教知之甚少，所有这一切都不足为奇：

> 高等教育为申请者打开通往新世界的大门，学校理应（但实际很少）激发学生对旧（宗教）世界的怀疑。现在的大多数美国年轻人身上，我们看不到这种怀疑，部分原因是学生没意识到，但更主要的是高等教育对他们一贯的信仰发起了巨大的挑战。也因为很多美国年轻人在上大学前很少参加社会化的宗教活动，不与他人讨论或交流宗教上的疑惑和挑战，以至于上大学时，他们很难识别出哪些材料对他们的信仰发出了挑战。

这些都不能说明教育在本质上无法对宗教信仰施加影响。也许严厉的教区教育会带来广泛的宗教皈依；也许，无神论教育会造成大量的信教人士脱离宗教信仰。然而，在当前美国的教育体系下，教育对宗教的影响尚不明确，即便有，也微不足道。

"结婚率和离婚率"。自1940年以来，随着教育事业的大力发展，离婚率开始不断攀升。学校是否削弱了我们的传统价值观，转而支持一种更随意、更放纵的婚姻态度呢？不可能。尽管当前婚姻关系似乎越来越不如从前稳固，但教育和婚姻之间的联系非常薄弱。

现代美国，拥有大学文凭的男性普遍会走入婚姻殿堂，拥有大学文凭的女性结婚的概率则稍低一些。总的来说，大学文凭持有者的结婚率普遍较高，离婚率普遍较低。然而，一旦仔细观察相关事实，这些趋势就开始变得不明朗起来。与没上过一天大学的美国人相比，尝试上大学但未能顺利毕业的美国人结婚率更低，离婚率更高；拥有高级学位的美国女性结婚率低于仅获得学士学位的美国女性。如果我们纵向回顾一下历史数据，或者横向审视一下世界范围内的证据，教育对婚姻的影响越发不明朗。几十年前，受过教育的美国女性往往保持单身。从国际角度来看，在某些国家，受过良好教育的人结婚率较低；但是在另外一些国家，受过良好教育的人的结婚率却较高；离婚的情况也如出一辙。

教育对婚姻的表面效应中有多少是真实的？证据很少，但是，有研究人员试图从统计上分离教育对婚姻的影响。他们普遍发现——至少在现代美国——教育确实提升了结婚率。根据"综合社会调查"的估计，教育对婚姻的影响虽然很小，但持续存在——至少在过去的20年是如此。研究人员在修正人口统计、智力、宗教活动参与率和时代指标后发现，一年的教育使结婚率提高0.7个百分点，将离婚率降低0.3个百分点。

总体而言，一心向往传统婚姻的朋友无须担心教育对婚姻的影响。虽然关于这一议题，通过现有的研究尚未得到一致的结论，但是，上学读书的经历似乎让美国人在婚姻关系上更严肃一些。像之前一样，我们不应该忽视同伴效应。多年前，老师在上课时或明说或暗示的内容，我们不会记在心里，我们却非常关心那些与我们"社会地位相等"的人的生活方式。同理，说到婚姻，社会阶层能充分解释教育对现代美国结婚率和离婚率的影响。留在学校多读书，毕业后进入"精英俱乐部"，随后，找到一个与自己社会阶层匹配的"精英"对象结婚，最终，你将拥有一段相对稳固的婚姻关系。然而，当每个人都在学校待得更久时，"精英俱乐部"自然会提高其会员的"入会要求"，而结婚率则保持不变。

"生育率"。受过教育的人的生育率比较低。从法律的角度来说，生育率几乎不受法律条文的影响，因为人口法很少得到严格执行——现代美国是如此，其他国家和地区也一样。从国家层面来看，社会受教育程度越高，生育率越低，国家的生育率随着教育的进步而下降，至少自1900年以来是如此。在全世界范围内平均来说，生育率差距很大：受教育程度低的女性的生育率比受过高等教育的女性高出约1/3。有人生育一个孩子，有人生育多个孩子，这种差异在不同国家中很常见。

原则上说，教育之下可能掩藏了不少个人特征，比如收入、智力、地位；还可能掩藏一些国家特征，比如民主化水平，或者现代化程度。然而，每当受到统计挑战时，教育的影响仍然强劲。以1972—2012年的美国为例，在那个时代，美国人每接受一年的教育，生育率的降幅换算过来等于0.12个孩子。在对收入、智力、人口统计和时代因素进行统计修正后，一年的教育似乎仍然可以防止0.10次生育。虽然教育同时降低了男女的生育率，但是，女性的生育率下降更为显著，是男性生育率降幅的3—4倍。

教育是否通过引导效应或同伴效应影响生育呢？引导效应的说法简单易懂：几乎所有学校——甚至是从未提及节育政策的学校——都明确敦促学生推迟生育年龄。大多数学校都至少暗示过，追求高位要职比生一大堆孩子更有意义。同伴效应也讲得通：看看美国历史上的"婴儿潮"（Baby Boom）就清楚了。在全球范围内，引导效应或同伴效应是否影响生育率还无从得知。然而，至少在现代美国，同伴效应似乎不明显。尽管社会地位可以完全解释教育对结婚率和离婚率的影响，但社会地位却无法解释教育对生育率的影响。爬到上层阶级的辍学者仍然像广大辍学者一样生育很多孩子；跌入下层阶级的博士仍然像博士群体一样追求较低的生育率。

学校督促学生未来少生孩子，其实也是在间接地督促所有的社会成员少生孩子。教育正在引领我们的社会走向一个"人口减少"的未来。在我们审查过的所有教育带来的后果中，这一发现令人印象最为深刻。

这一现象到底是好还是坏呢？

如果你确信地球上的每个国家都有人口过剩问题，那么教育的"节育"功能算是教育的一大好处。然而，反过来，如果你仔细考虑一下低生育率对人类社会的危险，你的心情一定会久久不能平静。几乎所有发达国家的生育率都低于"更替生育率"（Replacement Fertility，指维持每一代人人口数量不变的生育率）。德国、日本和俄罗斯三国的人口已经在下降。未来几十年，还有许多国家即将步他们的后尘。更糟糕的是，教育不仅削弱了总人口数量，还把枪口瞄准了在学校里的精英——那些在学校流连忘返、久久不肯离去的人，最有可能主动降低他们的生育率。这是典型的人口反常现象。如果大家都少生甚至不生孩子，我们在这里讨论"人力资本和信号"的份额谁大，争辩"先天基因"和"后天养育"谁的影响更强又有什么意义？不过，令人欣慰的是，政府显然可以通过削减教育预算，把省下的钱用来鼓励生孩子。通过此举，至少可以防止人口减少的问题进一步恶化。

拓宽视野

从上幼儿园起，我就开始抱怨学校的课程设置。每当老师布置一些"愚蠢"的作业时，我总会向老师和家长表达我的不满。他们一般是这么回答的：即使是"最愚蠢"的作业，也能够拓宽你们的视野。世界上充满了千万种的可能性，但大多数学生缺乏探究世界的好奇心。因此，教师肩负着一项神圣的责任——引领思想封闭的年轻人尝试一些"新鲜事物"，从而开拓更为广阔的视野。这些"新鲜事物"不仅丰富了学生的情感，学生还有机会了解到学校所忽视的种种职业发展方向，从而为未来的职业生涯奠定基础。

现在回想起来，老师和家长说的话不无道理。孩子思想封闭，学校应该鼓励他们尝试"新鲜事物"，从而开拓他们的眼界。不幸的是，在教学实践中，教师却总是说一套做一套——嘴上说的有道理，但是事实上，他们的思想和孩子一样封闭；他们嘴上说要帮助学生拓宽视野，但是采取的做法却无比陈旧，毫无新意可言——这也不足为奇，因为老师通常只会照本宣科。学校总是呼吁与"狭隘的思想"作斗争，实际的做法呢？教师只会用自己的狭隘思想来代替学生的狭隘思想。

教师是怎么"拓宽学生的视野"呢？他们只会让学生接触一大堆僵化到骨子里的科目：音乐、艺术、诗歌、戏剧、外语、历史、政治、舞蹈、体育。有些孩子对此予以热烈的响应；尤其在音乐和体育上，一些孩子付出了大量时间和精力。然而，他们投入的越大，最后的失望就越大：几乎没有人长大后会成为小提琴家、画家、诗人、演员、历史学家、政治家、芭蕾舞演员或职业运动员。更重要的是，即便很多学生对上述科目不感兴趣，他们也只能无奈地接受，因为它们是学校为拓宽学生"视野"设置的强制性学业要求，学生一直要苦苦熬到上大学，才能摆脱这些课程的梦魇。

有没有替代方案呢？首先，我们可以为学生提供多样化的科目选择。比如，与其让孩子多学一首美国诗歌，倒不如试着让他们接触日本漫画书；与其强迫孩子多演一场戏剧，不如给他们播放几部20世纪80年代的经典电影。其次，如果实在想不出更多的好办法，你也可以随机分配一篇维基百科上的知识文章，让他们接触更多"接地气"的素材。如果你想帮助孩子发现内心真正的兴趣所在，你应该耐心地鼓励孩子，不断试错，从而找到自己的最爱，而不是生硬地强迫孩子去做不喜欢做的事情。有人可能会说，日本漫画书和经典电影根本"没用"。我的回应是：别在双重标准下判断。为什么漫画书和电影没有诗歌和戏剧的用处大呢?

当然,学习之余,我们应该让学生接触一下未来可能从事的职业,这总比让他们终日恣意玩耍要强。在工作上,人们往往恪守这一信念——做你真正热爱的工作吧,只有这样,工作才是一种享受。对学生来说,这意味着什么呢?他们首先需要了解,大千世界中有哪些吸引人的工作可供选择。我们要向学生介绍大量不同类别的工作岗位,并且,这些岗位一定要契合实际。你可以从美国劳工统计局所披露的"按主要职业群体划分的就业率"数据和"就业增长最快的职业"数据开始。告诉男孩们,男生也可以从事护理工作;告诉数学学得好的学生,保险行业是什么样子的;告诉中上阶层家庭的孩子,一些基础性技术工种的从业情况如何——比如水管工和电工的工作情况和收入水平;鼓励学生把课堂所学的外语用在实践中,比如使用外文版的 Python 进行编程。当你才思枯竭之时,放手让学生自己去探索不失为一个好办法,比如,让他们从美国劳工统计局的《职业前景手册》中,找出一个从来没听过的工作。

很可能,学校压根儿就不愿尝试我提的这些做法。我们必须认识到,当下教育界存在一个可悲的现象:"拓宽视野"只是教育工作者嘴上一句空洞的口号,每当学生质疑课程设置不合理时,他们总会拿这句口号来推诿搪塞。若学校当真希望拓宽学生的视野,它们应该以现实世界为导向调整课程设置,向学生展示关于这个世界的一切——而不是照本宣科,把僵化的知识一代一代传下去。

玩耍的价值

他说,与其让孩子随心所欲地消磨 30 分钟光阴,倒不如教他们一门技能，比如跳舞或体操。

本杰明·坎纳达

——《纽约时报》亚特兰大市校长受访语录

教育是一项光荣的事业。用罗马哲学家卢克莱修的话来说，最理想的教育应该是"一次穿越无限的心灵之旅"（Voyage in mind throughout infinity）。但教育并不是唯一有崇高价值的人生经历。学生一天只有24小时，即便再有意义的学习，也不应该妨碍他们参加其他更有价值的活动。

还有什么活动能够超越教育的价值呢？我们很容易把目光放在一些"高规格、高级别"的活动上，比如坐在电脑前，研究怎么写出一个风靡全球的电脑应用程序，或者为参加奥运会进行日复一日的训练。然而，对学生来说，最有意义的活动是玩耍——尽情享受青春的乐趣。学生投入学习的时间和精力越多，无忧无虑玩耍的时间就越少。放暑假时，老师总会布置一篇作文，题目叫"我的暑假活动"。学生在暑假做了一些什么活动呢？有些孩子独自躲在地下室，沉迷于各种真人秀等电视节目，白白浪费几个月的空闲时间。当然，很多孩子选择从事其他一系列的活动，有些人选择走亲戚——拜访祖父母或者表亲；有些人去海边收集贝壳；有些人聚在一起玩诸如"龙与地下城"（Dungeons and Dragons）之类的电子游戏；还有些人选择旅游，足迹踏遍全国各地。孩子花在学校的时间越多，玩耍的时间就越少。相反，孩子花在学校的时间越少，毋庸置疑，他们会更多地参与到各种丰富多彩的活动中。

放眼世界，心理学家彼得·格雷很可能是自由玩耍价值的最重量级支持者。如果成年人给予孩子足够的空间，他们会从玩耍中获得更多乐趣，获得极其重要的人生体验。

"尽力了就行,享受比赛比赢球更重要",少年棒球联盟(Little League)的教练在输球后经常用这句话鼓励小队员。当然,他们很少在赢球后说这句话。比赛中,小球员顶着万千观众的注视,奖杯近在咫尺,比分又如此焦灼。我们自然会怀疑,还会有多少小球员愿意相信那句"享受比赛"的口头禅?又有多少人会发自内心地赞同常胜教练文斯·隆巴迪对于胜利欲望的观点——胜利并不是一切,胜利的欲望才是。随着孩子升入高中,然后进入大学体育界,"赢球就是一切"的观点变得更加深入人心……

在非正式比赛中,享受比赛的确比获胜更重要。每个人都知道这一点,没必要费口舌说服他人相信这一点。无论球技如何,你都可以尽情享受打球的乐趣。非正式比赛的全部意义在于找到乐趣、锻炼技能,有时候,球员甚至可以尽情施展一些在正式比赛中被禁止或可能招来嘲笑的花招。技巧高的球员大可以炫一下自己的妙招绝技,就算出糗了也没关系——绊了个大跟头,还会令比赛妙趣横生。不过,在正式比赛中,获胜是第一位的,你永远不能做"炫技"之类的事情。否则,每个人都会指责你破坏团队利益。

当然,我们并非鼓励孩子只玩耍不学习,而是应该摒弃这样的执念——塑造学生灵魂的崇高目标只能通过学习达成。学校应该积极探索如何在学习和玩耍之间找到一个合理的平衡。不幸的是,由于上学一贯处于核心地位,玩耍长期处于次要位置,我们往往以一种极端的方式比较两者:是在手机上再玩一个小时的"愤怒的小鸟"呢?还是去欣赏《死亡诗社》中罗宾·威廉姆斯扮演的一位老师讲授莎士比亚作品的片段?显然,后者更能丰富学生的灵魂。不过,要想在学习和玩耍之间找到最佳平衡,明智的方法是比较学习和玩耍在丰富灵魂上的作用。说实话,两者的作用都没有想象中那么大,但是,谁是更大的"骗子"目前尚不清楚。

在我们的社会中，教育是孩子青春岁月的主旋律，不过，我们几乎没有任何理由支持这样的论调——比起玩耍，教育在丰富学生灵魂这一光荣使命上发挥了主导性作用。孩子上学和学习时间很长，并且，几十年来，一直保持上涨的趋势。几张针对6—12岁的儿童时间安排的表格显示，孩子每周上学和学习时间从1981年的约31个小时，增加到1997年和2003年的37个小时。相比之下，玩耍的时间很少，每周仅约10个小时。"玩耍"包括玩电脑游戏，但不包括看电视的时间。看电视时间从1981年的超过18个小时下降到2003年的14个小时。户外玩耍在下一代人中已经"萎缩"：70%的母亲称她们小时候每天都在户外玩耍，但她们的孩子呢？只有31%的孩子给出了同样的答案。说到课间休息，只有少数小学取消了课间休息，但一项主要研究发现，20%的学区在美国教育法案《不让一个孩子掉队》实施的头5年内，减少了课间休息时间。几乎没有任何学区延长课间休息时间。

上学时间变长确实具有一项对社会有益的功能：只有学校把孩子"关"得更久，父母才能腾出更多的时间安心工作。但是，孩子的上学时间和学习时间并不一定能画上等号。孩子上学时间变长，按理来说，他们课间休息时间应该变长；但是学校并没有这样做，而是选择一味地增加上课时间。事实上，如果他们希望孩子保持一定的独立性，则不应该增加上课时间，而是提供一系列有趣并且不需家长付费的活动。我个人偏爱的活动是：保持学校图书馆开放，为勤奋好学、求知若渴的孩子提供一个免费的安静空间。上大学前，我上过的每一所学校都建有一座卷帙浩繁的图书馆，但是，这些图书馆几乎从不向学生群体开放。自由玩耍有多种形式，为何不把图书馆变成"书虫"自由玩耍的乐园呢？

你可能还记得，我们曾经讨论过，现在大学生的玩耍时间比以往任何时候都要长。K-12阶段学生的学习时间增加,无形中为大学老师减轻了教学工作量。大多数现代教育的批评者认为,大学学习时间的下降是一种悲哀。但是,一旦你认可了玩耍的价值,美国大学的"休闲化"趋势并非坏事。大学生拥有充足的时间尽情探索自我,尽兴探索世界——他们在童年时期很少拥有如此富余的专属时间。不少本科生混沌度日,稀里糊涂地浪费了宝贵的空闲时间。还有一些人尝试了多样化的有益活动,从中发现了自己的人生追求。就我自己来说,本科阶段,我充分利用了宝贵的闲暇时光。大学课程的要求不高,每天我都有大量的空闲,也因此尽情地释放了自我:有时我研读哲学;有时我欣赏歌剧;有时和朋友玩一把兵棋;甚至,我还有过在大半夜和陌生人讨论政见的经历。我的灵魂得到了极大的丰富,我将之归功于大学宽松的学术标准。

愤世嫉俗的理想主义者

经济学家是一个愤世嫉俗的群体。对于"教育能丰富灵魂"的人文主义论点,大多数经济学家选择充耳不闻。他们满门心思计算教育对职业的好处。他们的结论是:教育具有很大的消费效益。然而,对于教育内在价值的种种说法,大多数经济学家持怀疑态度。本书中,作为经济学家的我,详细计算了教育的个人回报和社会回报。我还呼吁,要采用教育紧缩政策并大力推进职业培训。如此种种,人文主义者便难以接受。他们认为,我就是一个典型的愤世嫉俗的经济学家——鼠目寸光,斤斤计较,忽视许多教育家所推崇的理想主义变革倡议。

我是一名经济学家,自然,我也是愤世嫉俗的经济学家群体中的一员,但是,我并非典型的经济学家。我既愤世嫉俗,又拥有理想主义情怀。我拥护那些理想主义的教育变革倡议。我崇尚精神生活的重要性。我的确愤世嫉俗，但是，我愤世嫉俗的对象是人。

我对学生愤世嫉俗，绝大多数学生都是庸碌之辈，即便是最好的老师，对思想文化倾注最真挚和持久的热爱，也无法启发他们的灵魂。我对老师愤世嫉俗，绝大多数老师不具备启发学生的能力，他们甚至无法说服自己去热爱思想文化，也就更不能指望他们能说服学生去热爱思想文化。我对"教育决策者"愤世嫉俗，那些身居高位的学校官员大多认为，只要学生服从他们安排的学习内容，他们的工作就算圆满完成，一切万事大吉。

也许，听起来令人沮丧，但是，任何人，只要回想一下自己在教育之旅中的所见所闻，都会拍着胸脯称有"特例"存在。当然，就我个人而言，我认识许多求知若渴的学生和热情洋溢的教育者，我也结识过不少高瞻远瞩的教育决策者。他们是我们社会的中坚力量。不过，依照我在教育界 40 年的经验（其中大部分时间是在几所"世界上最好的学校"）来判断，求知若渴的学生、热情洋溢的教育者和高瞻远瞩的教育决策者的数量少得可怜。功德无量的教育形式并非不存在，只是远远谈不上繁荣。

我不讨厌教育。相反，我发自内心地热爱教育。正因为如此，我难以接受当前"奥威尔式"（Orwellian）的教育现状，而其最根本的特征是使用强迫的做法来丰富学生的灵魂。为了替这种荒唐的做法洗白，教育者通常声称——学生很少有兴趣去探索思想文化。对，他们对学生的口味判断很准确，但是，他们似乎忘记了一个更深层次的事实：只有极少数求知若渴的学生，才会向往教育的内在价值；强迫所有学生去学习思想文化有违学习的本质。

即便你坚持认为，"只要能达成目标，我们可以不择手段"，实话告诉你，强制性的方式不会带来真正意义上的思想启蒙。学校经常陷入自我陶醉，为自己"奥威尔式"的启蒙方式感到骄傲，但是，真实效果呢？不具说服力。尽管学校占尽天时地利，但是，它们从来没有真正赢得过学生的心——它们从未使高雅文化或自由主义政治哲学在学生中更受欢迎。强迫式的做法可能是塑造学生外部行为的好方法，但是，这种办法永远无法赢得学生内心的拥护，自然也无法培养他们主动思考的习惯。正如斯坦福大学教育学教授大卫·拉巴里所说："任何心理治疗师都可以证明，积极配合的人要想取得进步很容易，消极配合的人要想取得进步则很困难。教师每天在课堂上都要面对什么样的学生呢？不情不愿、消极配合的学生。"

在打着"丰富灵魂"旗号的学校课程和活动上，即使是顶尖的学生，往往也不会发自内心地接受学习内容，而是在表面上配合，竭力获得好的表现，从而为未来申请大学增加筹码。与美国的大学不同，英国大学不太看重此类活动，它们基本上以纯学术表现作为录取学生的标准。当著名英国教授格雷格·克拉克开始在斯坦福大学任教时，他的美国精英学生"看起来"比最优秀的英国学生还要出色。但是，很快他便发现，那只是一种假象：

> 在斯坦福大学担任助理教授的第2年，我被分配指导6名大一新生的任务。这些孩子只有18岁，但是，令人不可思议的是，他们的大学申请书上展现出远远超出年龄的广泛兴趣和充沛的热情：国际象棋俱乐部成员、辩论俱乐部成员、历史俱乐部成员、校跑步队经历、在收容所担任志愿者等。不过，我很快发现，这些所谓的兴趣，只是美国大学录取过程中的产物——用来照亮升学的道路，增加被录取的概率。而目的一旦达到，这些兴趣和热情将被毫不留

情地抛弃。

尽管如此，人文主义者不应感到绝望。教育变革的救星——互联网——已经到来，那可是一台真正的"价值机器"。尽管在线教育的兴起不会造成实体学校倒闭，但是，在启蒙思想上，它已经击败了传统教育。互联网丰富了那些囊中羞涩者的思想：他们无须支付贵到离谱的学费，在互联网上学习的成本接近零；互联网还启发了不遑暇食者的思想：他们无须再花费宝贵的时间，往返于实体学校和工作场所，在互联网上学习的通勤成本通常也是零；互联网还启发了孤陋寡闻者的思想：他们可以利用各大搜索引擎和评分榜获得宝贵的信息，找到一条最适合自己的自学之路。

许多理想主义者反驳道，互联网只能为那些新科技迷提供启蒙。他们说的不无道理，但是有些言过其实。思想启蒙关乎的是心态，而非技巧——与技巧不同，心态是很容易作假的。当学校将思想启蒙纳入硬性考核机制时，学生会佯装对思想文化感兴趣，给教育者带来一种错误的成就感。

相反，即使学校不再将思想启蒙纳入硬性考核机制，由于教育者本身缺乏说服力，我们也别指望他们能丰富学生的灵魂。至此，愤世嫉俗者可能失去对教育的最后一丝幻想，进而陷入绝望。但是，对于那些既愤世嫉俗又拥有理想主义的人（包括我）来说，他们心里想的是：怎样才能挽救当前教育事业在丰富灵魂上的颓势呢？显然，最直接的办法是打造出一套更好的教学方法，并将之广泛推广。这不是一厢情愿的想法，宏观上说，在线教育每天都在改进教学方法和推广方式。也许，我们还应该扩大教育的受众面。我们不要只盯着年轻的学生，而应该注意到，对抽象思想和高雅文化感兴趣的大多是成年工作者。既然坐在教室里的年轻人总是以冷漠和敷衍来应对思想文化熏陶，热情洋溢的教育者大可以把精力和热情倾注在那些真正渴望获得思想启蒙的成年人身上。互联网提供了绝佳的渠道，虽然把授课的内容放到博客、播客或YouTube上，几乎赚不到什么钱。但是，如果你像我一样，从灵魂深处热爱教育，这样的努力本身就是一种极大的回报。

第十一章

五谈教育与启蒙

谈到我对教育的见解，一部分来自长达数十载的个人教育经验，而更大一部分则源自广泛阅读教育研究。然而，若不经过充分的讨论和思想的碰撞，无论是我提出的经验之见，抑或是从研究中得出的总结，都无法为本书画上一个圆满的句号。如果讨论一些冷门话题（诸如海上石油钻探），没什么人愿意参与，但是，一旦就教育展开对话，总是能吸引广泛的关注，因为每一个人与教育都有着千丝万缕的联系——也许很少有人阅读教育方面的研究，但几乎每个成年人都有上学和工作的经历。

不幸的是，每每讨论教育时，偏执狭隘的观点便屡见不鲜。研究人员很少关注教育界外行的第一手经验。甚至，出于职业本能，他们常常对所谓的"亲身经验"投以鄙夷的目光："老百姓说的话，谁能相信呢？"普罗大众更加不会去关注研究人员使用高科技分析手段得出的结论，他们揶揄道："那些人想证明什么都可以，反正统计数据是他们自己算出来的。"鉴于此，在这本书中，我本着"兼听则明，偏信则暗"的宗旨，整合了种种证据——既包括教育的利益相关者（学生、家长、工作者、教师和雇主）的"证词"，又引用了大量的经济学、心理学、社会学和教育领域的相关研究发现。

我愿意倾听每一个人的声音，但我没法取悦每一个人。本章无意平息各种观点之间的冲突，而是为它们提供了一个尽情碰撞的舞台。以下五段对话的灵感来自过去三十年关于教育的种种争论。其中，只有我的角色（布莱恩·卡普兰）是真实的，其他人物形象纯属虚构：一部分来自现实生活中的真实原型，还有一部分人物形象是我将自己最喜欢的几位评论家的特征融合而得——但愿我的人物刻画不会过于夸张。

人物表

布莱恩·卡普兰：乔治梅森大学经济学教授。最高学历：普林斯顿大学经济学博士。

詹姆斯·库珀：堪萨斯大学大一新生。专业：未透露。最高学历：托皮卡高中。

弗雷德里克·多德：《华尔街日报》专栏作家，高等教育纪事博主。最高学历：纽约大学新闻学硕士。

艾伦·朗：加州大学伯克利分校经济学教授。最高学历：麻省理工学院经济学博士。

吉莉安·摩根：科技领域自由记者。最高学历：加州大学洛杉矶分校计算机科学理学士。

辛西娅·拉根：新泽西州伍德罗·威尔逊高中英语教师。最高学历：新泽西学院英语文学学士。

德里克·罗马诺：近日从高中辍学。最高学历：无。

格雷琴·辛普森：学生贷款活动家。最高学历：佛罗里达大学社会学文学硕士。

达里亚·斯坦：企业家，同时是一名高中生的家长。最高学历：得克萨斯大学工程学学士。

聊天 #1：教育到底有什么好处？

德里克：等等，我有点不明白。你是一个老师，你却认为上学是浪费时间。照你这么说，我从学校退学是对的，但是几乎所有的大人都劝我别退学。

布莱恩：不完全是这样。从个人的角度来说，退学是在自讨苦吃。虽然学校教的大部分东西你根本不需要学，但是，要是你辍学，你就会在职场上背上严重的"辍学生"的污名。

艾伦：他"背上严重的污名"是因为他没有学到现代经济中工作者必备的技能。

辛西娅：对的，艾伦。布莱恩的立场是完全不负责任的。像德里克这样的孩子需要知道上学是摆脱贫困的最佳途径。

布莱恩：上学，接受教育，会在职场上得到可观的回报，我从不否认这一点。我想表达的意思是：上学主要是向外界发出就业能力强的"信号"，而不是真实提高了就业能力。我们来打个比方，假设你现在发给德里克一张高中文凭。那么他即使不用去上学，也不用学任何新东西，但是，他的工作前景会更加光明。

辛西娅：你可是拥有普林斯顿大学博士学位的教授，这样说听上去很奇怪。

布莱恩：因为我是教育行业的吹哨人。如果我没有拿到那些名牌大学的文凭，你会听我在这里介绍这本《教育的浪费》吗？我所说的一点也不奇怪。你自己能亲眼看到。告诉我，辛西娅，这周你教了学生一些什么知识?

辛西娅:(片刻停顿)T. S. 艾略特的诗。

布莱恩:哦,那首著名的《空心人》吧。那我问你,学生什么时候会在工作中使用 T. S. 艾略特的诗呢?

辛西娅:谁知道呢?任何一个学生都有可能成为诗人或文学评论家。

布莱恩:我猜,你一生中教过大约 3 500 名学生吧。请你回想一下,这么多人中,有没有一个最后找到了和诗歌或文学批评有关的工作,或者任何可以用到艾略特作品知识的工作?

艾伦:你这样问不公平。谁知道学诗歌能提高哪些方面的工作技能呢?别根据直觉判断哪些内容"有用",我们应该看看哪些内容受到了市场认可。如果雇主想招聘英语成绩好的人,我们都知道,艾略特作品是英语诗歌经典,你凭什么否认它的"实用性"呢?

布莱恩:艾略特的诗歌当然受到了市场的高度认可。但是,市场认可的到底是什么?这本身就很模糊。懂艾略特的诗歌有可能是一项有用的工作技能,但是,在我看来,那更像是一种"信号",表明学生"既有的"英语能力很强,跟学不学艾略特的诗歌没什么关系。

辛西娅:这很重要吗?反正我的学生不会在工作中使用艾略特的作品知识,但是,他们需要取得好成绩才能找到好工作——如果他们不完成我布置的作业,他们就不会取得好成绩。

艾伦:这对你的学生不重要,但是对社会很重要。如果教师只是负责在学生的额头上贴一张能力鉴定"标签",我们还不如缩短贴标签的过程,来节省大量的时间和金钱,让学生早一点去工作。这就是布莱恩的信号解释。要是我们同意他的一派胡言,讨论现在就可以结束了。

布莱恩:怎么会是"一派胡言"呢?

艾伦：学校里面堆满了各种有用的材料。阅读、写作、数学，哪一科不重要？教育并不是像你说的"全都是信号"。

布莱恩：我从来没有说过"教育全都是信号"！我的观点是，教育的溢价大部分是信号带来的，我没说"全部"。为此，我在书中花了大量的篇幅，试图量化人力资本与信号的份额比。

德里克：喂，咱们在聊天，别说那些深奥的东西，我就是因为受不了那些才退学的。教授，请说白话文。

布莱恩：哦，对不起，我读书的时候，老师也经常这样，导致我也养成了这个坏习惯。对了，德里克，要是有一张文凭，你就可以找到更好的工作，赚更多的钱，对吧？

德里克：是的，老板只看文凭，他们才懒得管你会干什么活儿。

布莱恩：对，我正要说这个。当教育增加你的收入时，经济学家称为"教育溢价"。

一部分溢价的存在是因为学校提高了你的实际生产力——这就是人力资本的份额。剩下的那部分溢价则来自信号——上学的经历让你的生产力看起来更高。我说的"人力资本与信号分解份额比"就是把两个份额并排放在一起：70∶30 意味着"70% 的人力资本，30% 的信号"。

辛西娅：所以你的意思是，雇主根据成绩单下招聘决定，就跟我们平时买东西时参考 Yelp 上面的评论一样？

布莱恩：很大程度上是。

德里克：Yelp 评论？像我这样的辍学生只有被歧视的份。高中辍学生找不到像样的工作，因为老板瞧不起我们。

布莱恩：可以理解，但是并不是所有的雇主都是这样。大多数雇主可能出于势利而拒绝雇用辍学者，但是，开明的雇主可以省下一大笔支出——解雇所有薪酬过高的大学毕业生，用能力相同的辍学生取而代之，然后将差额收入囊中。

辛西娅：听起来很好，但是不现实。

布莱恩：没错。虽然有一些辍学者能力很强，但在招聘过程中，雇主很难发现他们的能力，所以他们只能选择相信文凭。是的，雇主可能会错过几颗"宝石原石"，但是，他们不可能给每位申请者一个证明自己的机会，那样太麻烦了。

艾伦：嘿，如果真是这样的话，肯定有成本更低的方法。

布莱恩：联邦、州和地方政府只想竭力维持现状。如果没有每年数千亿美元的补贴，学校教育可能早已不复存在，谁知道会出现什么样的"工作者认证"制度呢？

艾伦：（满脸疑惑）所以，这一切都是政府的错？

布莱恩：不，但是政府的补贴加剧了更深层次的问题。

辛西娅：至少你没有把一切问题都归咎于公共教育政策。你说的"更深层次的问题"是指什么呢？

布莱恩：最根本的问题是，要想获得可靠的信号，人们需要付出昂贵的成本代价。钦定版圣经（*King James Bible*）上说，"因为常有穷人和你们同在"（The poor ye have always with you）。我想模仿一下这个说法，"因为常有信号与你们同在"。如果哪天钻石突然变得像塑料一样便宜，求婚者就会转向价格更高的宝石来证明他们对爱的忠诚；如果学校不复存在，社会上出现了一套创新的测试工作者能力的办法，即便其成本只有传统教育的一半，学生也会主动延长自己接受测试的年限，以此向雇主证明自己的能力。

艾伦：像你这样的人总是说，如果法院允许，雇主将不再依赖文凭，而是直接通过智商测试来招聘员工。

布莱恩："像你这样的人"？我不同意你这种归类。虽然在招聘中，

"差别影响歧视"受到明文禁止，但是相关的法律条文非常含糊，并且执行不力。如果企业认为智商测试是招到缺少文凭的优秀员工的好方法，他们早就广泛采用了，不过企业不是这么想的。

艾伦：但是，如果教育全部都是信号，智商测试将是"杀手级应用"。

布莱恩：我一直告诉你，教育并不全是信号。据我猜测，信号占80%。也就是说，如果教育只是发出智力的信号，你说的就完全正确。然而，在现实世界中，教育发出一系列信号：智力、职业道德，以及作为学习者的绝对服从力，这些都是理想中的员工拥有的特质。

艾伦：哦。那为什么像高盛这样的精英公司，不等高中毕业生一进入哈佛就挖走他们？而是傻傻地等上4年，等他们毕业之后才去招聘呢？哈佛学生的毕业率接近100%，所以，能被录取的学生，几乎肯定能毕业。

布莱恩：千万别那么急。如果高盛没有耐心的话，他们只会招到哈佛学生中的"学渣"。哈佛录取者的一生都在为进入顶尖大学而奋斗。在他们的社交圈中，上常春藤盟校是唯一的正道。什么样的哈佛新生才会考虑完全跳过大学？只有那些与哈佛格格不入的学生，或者怪咖。高盛才不想要这样的人呢！是的，高盛想要杰出的学生，但是首先，他们必须具有很强的服从力，乖乖念完4年大学。

艾伦：呃……"逆向选择"（Adverse Selection）？但是，如果你说得对，劳动力市场早就解决了这个问题。

布莱恩：真的吗？你之前还认为，失业工人中，有一千万个体格健全的人是非自愿失业的。现在呢？劳动力市场是否突然解决了大规模失业问题呢？

艾伦：（叹了一口气）失业工人即便能力再强，也得花上一段时间才能说服雇主、获得一份工作吧。

布莱恩：瞧，现在你却为逆向选择辩护了……其实你这样说也没有错。如果逆向选择可以完全阻止身体健全的工人找到工作，为什么它不能阻止有才华，但是缺少一张好看文凭的员工找到好工作呢？

聊天 #2：大学与无法摆脱的困境

吉莉安：（满脸困惑）这个观点听上去挺有趣的，但是，你们都活在过去。在线教育的受众群体正在经历爆炸式的增长。衡量工作技能的科学方法也是如此。再过几年，智商测试就会像卡式磁带一样成为老古董。

艾伦：你说的这种预测，我听了好多年了。在线教育确实在教育行业分了一小杯羹，但是，要是说在线教育能带来任何教育革命，我不同意，至少现在我看不到任何迹象。

吉莉安：当年，唱片公司和书店都是这么想的。放心，在线教育的海啸已经在酝酿了。

布莱恩：为什么你如此确定？

吉莉安：按照你们经济学的逻辑。互联网可以提供量身定制的教育，而成本只是那些千篇一律的实体学校成本的一小部分。花一点钱就能上互联网学校，为什么非要通过抵押房子、支付高额的传统学费来培养工作技能呢？

布莱恩：你知道我的答案：信号。教育之所以有回报，原因在于教育为工作者的能力提供了认证，而不是提高了他们的职场能力。

吉莉安：也许现在是这种情况，但是，这一切都会改变的。

布莱恩：你有没有亲戚在上高中呢？

吉莉安：当然有，我弟弟今年 17 岁。

布莱恩：你会建议他不上大学，而是去接受在线教育吗？

吉莉安：现在肯定不会。我们再给在线教育 5 年时间。

布莱恩：但在你看来，在线教育不是已经优于传统教育了吗？

吉莉安：在线教育是一种更好的学习方式，但是雇主目前对在线教育没有给予足够的尊重。

布莱恩：没错。雇主不会认真对待在线教育，因为"第一个吃螃蟹的人"往往被视为藐视社会习俗。

吉莉安：需要一段时间过渡。一旦在线教育主导市场，那就轮到传统学校的学生背负"不服从主流"的污名了。

布莱恩：唉，这真是一个无法摆脱的困局。在线教育在主导市场之前，不会摆脱"不服从主流"的污名，但是，如果不摆脱"不服从主流"的污名，在线教育就永远没有机会主导市场。

吉莉安：你在自欺欺人，教授。没有哪个行业能对颠覆性创新"免疫"，包括你们的学校。

布莱恩：用"免疫"这个词也许有些过头了。几个世纪以来，学校经历过太多这样那样的创新风暴，但是每一次都能够快速回弹。为什么呢？因为学校永远是主流，人们希望通过上学发出"服从主流"的信号。我希望你对未来的看法是对的，但是，自欺欺人的那个人是你。

辛西娅：你一直坚持上学是"发出服从的信号"。你错了。像我这样的老师经常鼓励学生"做自己"。我甚至给他们布置了一篇期末论文，让他们围绕爱默生那篇经典的自立励志文章写作，就是那篇叫"做人不要墨守成规"（*Whoso would be a man, must be a nonconformist*）的文章。

布莱恩：我喜欢那篇文章。告诉我，如果一个学生发自内心地认同爱默生的说法，会发生什么事呢？未经老师允许就离开座位？或者拒绝写期末论文？德里克可能知道。

德里克：真滑稽。学校里最恶心的东西就是那些愚蠢的规则。哦，还有一个也很恶心，就是假惺惺地教你去"做自己"。

艾伦：嘿，孩子，我不想在这里指责你，但是，你一直这么消极是不行的。布莱恩，如果你是雇主，你想雇用他吗？

布莱恩：德里克在过去十年里被指责得够多了，但艾伦说得很对，企业需要具备高度服从力的员工。不过，我想为德里克说一句，如果他在12岁时选择去当学徒，而不是去学校遭罪，现在根本没必要说服他服从有多么重要。他自己在工作中就会学到。

弗雷德里克：不好意思，让我插一句。布莱恩和艾伦似乎不在一个频道上。布莱恩说的是大学，大学生学习17世纪的丹麦诗歌；艾伦说的是K-12阶段的教育，孩子学习阅读、写作和数学。我想我们都同意K-12阶段能建立人力资本。现在，我们一起关注这个问题，大学教育中有多少是信号呢？

艾伦：布莱恩比你想象得更极端。他觉得信号在每一个教育阶段都很强。

布莱恩：确实如此。想想K-12阶段，孩子需要上多少非学术课程，音乐、舞蹈、艺术、体育；想想孩子要上多少在工作中用不上的学术课程，历史、外语、诗歌、公民学。我这本书的名字是《反对教育的理由》（此处指本书直译中文名），而不是《反对高等教育的理由》。不过，既然你说到大学，我不介意现在把火力对准大学。

弗雷德里克：（表情惊讶）好吧，大学里有很多没用的课程，但是，现在大学系统不是在自我改革吗？人文学科的数量急剧下降。现代的大学生普遍希望读一些能学到实用工作技能的专业。STEM是未来的趋势。

布莱恩：STEM专业的毕业生收入比非STEM专业的要高，但是，这并不是因为他们获得了出色的工作技能。大多数 STEM 专业的学生最终都从事非 STEM 工作。这很好解释，信号就是答案：不管工作需要什么具体技能，只要学生能获得 STEM 学位，就会给雇主留下深刻印象。

弗雷德里克：如果"信号是答案"，为什么你的观点如此不受欢迎？

布莱恩：社会期望偏差。自由派和保守派都极力拥护教育。人们对教育付出了大量泛意识形态的爱，导致自己的双眼被蒙蔽。任何理论，只要赞美教育，人们都迫不及待地接受；胆敢批评教育的，只会遭到人们的拒绝。

弗雷德里克：嘿，别扯到心理学上去了。我们想知道，针对信号模型，到底有哪些实质性的反对意见？

布莱恩：坦率地说，批评者对信号模型的理解太肤浅了，以至于大多数"反驳"意见都指向信号模型专门预测的事实。他们日复一日、年复一年地重复着这样的论调，"信号模型说教育不重要"或"信号模型说学生逃课无关紧要"。

艾伦：（不无讽刺地问）呃，"专门预测"。你的意思是，关于教育的一切都可以用信号解释吗？

布莱恩：我本来想这么回你一句，"你们这些人总拿人力资本来解释任何事情呢！"但是，拿唯信号论或者唯人力资本论来解读教育都是错误的。因为人力资本和信号在教育中各占一定的份额，不能厚此薄彼，也不能混为一团。我们有很多方法可以区分人力资本和信号。

弗雷德里克：比如呢？

布莱恩：我最喜欢的是"羊皮效应"。虽然社会科学家总是说"受教育年限"重要，但是，大部分的教育溢价源自那张毕业证。看看人力资本的解释，学校要等到大四才教授实用的工作技能。你觉得合理吗？相比之下，信号的解释是直截了当的。在我们的社会里，你应该完成高中和大学的学业。做不到这一点就等于向世界宣布："我缺乏满足社会期望的能力或动力。"

弗雷德里克：我明白了。我有时候还会做噩梦，梦见自己毕业前一天不小心错过了期末考试。

艾伦：什么？现在连做梦都可以拿来当"证据"了吗？"羊皮效应"可能纯粹只是个人的选择。只要你有能力从学校毕业，即使拿不到那张文凭，也许你同样会取得成功。

布莱恩：不。研究人员对学生早已存在的能力进行统计修正后发现，受教育年限和文凭的教育溢价都会下降，但两者的比例大致保持不变。不过，就算不看统计数据，"羊皮效应"也是显而易见存在的。想一想，如果你在最后一刻放弃论文答辩，你的职业生涯会变成什么样？没有博士学位，你没法进象牙塔当教授，更不用说在加州大学伯克利分校这样的名校当教授了。所以，建议你和每一个关心学生未来学习的导师一样，敦促学生完成学业，这样他们才能找到好工作。

艾伦：你喜欢用"常识"来做解释。

布莱恩：没错，"罪名成立"。与大多数研究人员不同，我总是非常严肃认真地接受外行的观察。想一想，他们每一个人都有十多年的第一手教育经验，他们的话还是有些价值的。

德里克：既然如此，你为什么又搬出那些统计数据呢？

布莱恩：与大多数外行又不同，我也非常重视研究。那些睿智的学者穷其一生精力研究的成果，你必须予以尊重。要探讨教育这个复杂的话题，最好的方法是让每个人都有"申辩"的机会，而不是拿方法做借口来否定大部分证词。

弗雷德里克：你可真是雄辩啊，不过，我采访过的其他几十位劳动经济学家，他们的观点和你的截然相反，为什么我要相信你呢？

布莱恩：重新读一下他们的原话，你就会发现他们的问题。像大多数学者一样，他们只把自己的才华局限在一些狭隘的问题上，根本没有对信号展开过深入研究。简单一点说，他们主动回避了信号的存在。

艾伦：难道信号不只是理论上存在的吗？

布莱恩：证据如此确凿，只是劳动经济学家没有将这些证据联系起来。不过，如果我没有在教育行业待足足40年的时间，我也可能这样认为。正是因为有了这40年的教育经验，我完全没法接受用唯人力资本论来解释教育。换做你，你会接受吗？

聊天 #3：教育投资价值何在？

达里亚：教授，不知道你是否介意，我们现在少谈一些学术问题。我女儿明年要申请大学。我想听听你的建议，看看怎么为她的未来投资才是最合适的。

布莱恩：非常乐意。老实说，她是一名"优秀学生"吗？

达里亚：（短暂停顿）是的。只要她愿意，她有能力获得高级学位。

布莱恩：决定上什么专业了吗？

达里亚：我推荐她上工程学，但是她自己更喜欢生物学。

布莱恩：对她个人来说，读一个四年制学位是一笔不错的投资。生物学的回报虽然没有工程学那么大，但还是颇为可观的，在修正通货膨胀率后，她的预期回报率大约为7%。

詹姆斯：那我呢？我刚刚进入了堪萨斯大学。我只是一个新生，但是我已经烦透了，没有一门课程能激励我学下去。达里亚希望她的女儿成为一名工程师，但我的父母要求不高，随便什么专业，只要我能够坚持读下来，他们都会很高兴……

艾伦：（打断了詹姆斯的话）当心，布莱恩可能会建议你退学。别听他的。

詹姆斯：为什么不能退学呢？我觉得我在大学学不到什么东西。

艾伦：詹姆斯，你的想法很糟糕，违背了现代经济的规律。每次你想辍学的时候，请你将大学毕业生的平均收入与高中毕业生的平均收入比较一下。

布莱恩：詹姆斯的想法确实违背了现代经济的规律。但是，艾伦的想法更糟。詹姆斯，如果拿你和其他高中生比，你的水平怎么样？和其他大学生比呢？

詹姆斯：（有些沮丧）高中时我的成绩比平均水平高一点点。但是现在，我感觉自己低于平均水平。

布莱恩：那么，不要将大学毕业生的平均收入与高中毕业生的平均收入进行比较。你要比较的是"大学毕业生的平均收入水准之下"和"高中毕业生的平均收入水准之上"。

艾伦：完全没有必要把问题复杂化。

布莱恩：（恼怒地说）没必要？真是荒谬。不过，假设你是对的，詹姆斯的预期回报仍然低于标准，因为像他这样的边缘学生，顺利毕业的概率很低。像詹姆斯这样的学生经常考试不及格，或者干脆辍学，之前所有的付出都付诸东流。

达里亚：你可真是斤斤计较啊！难道我们不应该降低一些标准，给每个孩子一个机会吗？

布莱恩：每个社会中，教育的机会最终都是有限的。为什么要把"上大学"变得这么容易呢？

达里亚：我知道这样说有些老套，但是浪费心智难道不是一件可怕的事吗？

布莱恩：是的，但是，浪费心智并不是唯一可怕的东西。每一种教育体系都在两种罪恶之间游走："忽视学生潜力"和"给学生带来虚假的希望"。"忽视学生潜力"的问题在于：如果教师把标准定得太高，能够达到标准的学生会很少，大量学生的潜力惨遭忽视；"给学生带来虚假的希望"的问题在于：如果教师把标准定得太低，能力不合格但是达到标准的学生就会生活在一种"虚假的希望"中，不过，这种希望总有一天会破灭，迎接他们的将是失败。为什么我们总是抱怨标准太高，而从来没想过如果把标准放低，会带来什么样的后果呢？

达里亚：所以，詹姆斯应该停止找借口，更加努力地学习。

布莱恩：如果我是詹姆斯的父亲，我会表示赞同。但是，如果我的儿子从一开始就没把心思放在学习上，我绝对不会鼓励他上大学。我的建议是基于詹姆斯的现状，而不是我们希望中的詹姆斯的样子。

艾伦：很多像詹姆斯这样的孩子都完成了大学学业。他也可以。

布莱恩：当实业家权衡是否建工厂时，你们警告他们不要抱最好的希望。当一个青少年权衡是否上学时，你却总是敦促他们抱最好的希望，这很奇怪。艾伦，你是一位如此杰出的经济学家，应该能冷静地评估这两种投资计划吧。

艾伦：我想，你是在恭维我吧。

布莱恩：（略带得意地一笑）你是一位如此杰出的经济学家，应该知道钱不是万能的吧。

艾伦：难道刚才我忘记了这一点？

布莱恩：好像有一点。垃圾清理工的年收入中位数接近 34 000 美元。许多大学毕业生会对这份薪水感到满意。你会建议詹姆斯去当一名垃圾清理工吗？

艾伦：（恼怒地说）你这样问，太傲慢了！我的答案是"不"。垃圾清理工的待遇还不错，但这份工作很恶心。

布莱恩：你有没有考虑过像詹姆斯这样的孩子的感受呢？从回报的角度说，上学有回报，做垃圾清理工能赚钱，对他们来说，两者一样恶心。

艾伦：如此比较，太荒谬了！

布莱恩：对于像我们这样的书呆子来说很荒谬。对于那些上课时无比煎熬的学生来说，这并不是那么荒谬。

詹姆斯：教授们，我听不懂你们在说什么！如果布莱恩是对的，我该怎么办？

布莱恩：从上大学开始，你就应该知道，读完大学的回报率大约是3%。从个人角度说，这个回报率没那么糟糕，但是，你有一个更好的选择。退学，找份工作，把你的积蓄投资在股票和债券上。

詹姆斯：股票和债券又不保证肯定能赚钱。

布莱恩：（激动地说）上大学也不能保证会赚钱！即使你顺利毕业，大学学位也并不能确保你找到一份面向大学生的工作。那张文凭只是一张"狩猎许可证"，你可以拿着这张证书去狩猎，但是没人保证你最终能逮到猎物。

艾伦：有一点布莱恩没有告诉达里亚或詹姆斯，他不希望孩子们上大学，即便上大学对孩子们来说是好事。所以，各位，如果他告诉你们，"从个人的角度讲，教育是一项好的投资，"他心里想的是别的，"从社会的角度来看，教育是一项糟糕的投资"。

布莱恩：这两种说法有冲突吗？送达里亚的女儿上大学对她的女儿有好处；送詹姆斯上大学对詹姆斯不利。从社会的角度说，送他俩去上大学，教育的社会投资回报率都小于零。

达里亚："社会投资回报率"是什么意思？

布莱恩：好问题。我们所说的一般意义上的（"个人"）回报，是指投资者从投资中获得的收益。社会回报衡量的是一项投资对所有人带来的收益。

达里亚：我是一名工程师。在我听来，衡量"对所有人都有益"的东西有点矫情，不现实。

布莱恩：和所有的投资预测一样，社会回报率往往是通过猜测和数学运算而得。例如，教育的一个可能好处是减少犯罪。要计算这种回报率，我们必须先计算犯罪的成本，接下来估计教育对犯罪的影响，然后将两者相乘。此外，信号的存在会降低教育的社会回报率，因为有一部分个人回报只是零和游戏，没有社会价值。

达里亚：为什么是零和游戏呢？

布莱恩：按照教育的信号模型，学生试图通过跳过一个个"学术圈"来给雇主留下深刻印象。当你跳过一个圈，而你的竞争对手没有跳过时，你看起来更优秀，他们看起来更蹩脚。你可以回想一下，过去的学士学位跟现在的学士学位，哪个含金量更高？

达里亚：我大学毕业那阵子，拥有学士学位可以找到一份优质的工作，但是现在我所在的这家公司里，连招一个秘书都要求学士学位。

布莱恩：这就是"文凭通胀"。当平均受教育程度上升时，雇主就提高学位要求。

弗雷德里克：这不是因为咱们的经济社会更加高科技化了吗？

布莱恩：工作的技术要求的确比以前高了一点，但是员工的受教育程度比以前高得多。研究人员分析了"技术变革"和"文凭通胀"的解释，得到的原因是：大概有20%是因为技术要求提高了一些，而剩下的80%是因为文凭主义的盛行。

弗雷德里克：你反对教育的理由太片面了。不管信号的份额大小，教育难道没有一些明显的正面效益吗？

布莱恩：当然。抑制犯罪就是最大的社会收益。教育还对国家财政有益——受教育程度越高，人们缴纳的税款越多，政府为他们的福利支出越少。

弗雷德里克：照你这么说，教育还是有些好处的。为什么你还坚持认为教育会造成浪费呢？

布莱恩：假设你随意发一张文凭给一个辍学生。从表面上看，社会的层面影响是良好的。凭借"新"文凭，辍学生找到一份更好的工作，赚更多的钱。当然，与此同时，他们需要缴纳的税款变多，享受到的福利会下降。很可能，他们的犯罪率也会下降——他们拥有了更好的人生，不会随意冒险去犯罪。

弗雷德里克：听起来有道理。

布莱恩：但是，如果你随意发文凭给每个辍学生，会发生什么呢？

弗雷德里克：文凭通胀？

布莱恩：答对了！

弗雷德里克：你看起来很自信，但是，你一再承认你只是在"猜测"。我觉得这很奇怪。难道你不应该花更多时间去研究怎么解决那些主要的不确定之处吗？

布莱恩：不幸的是，我可能需要好几辈子才能完成。这本书之所以能问世，是因为我引用了数百名学者努力研究的成果。他们没有完成的研究，仅凭我单枪匹马是没法达成的。

弗雷德里克：我阅读过其他研究人员的论文，他们很少分享自己的"猜测"。

布莱恩：原因很简单，打个比方，学者大都喜欢"在路灯下寻找钥匙，因为那里更亮"。他们选择去研究自己有把握找到答案的问题，而不是那些急需解决的问题。

达里亚：最后一个问题。我听说你鼓励生育，支持子女众多的大家庭，包括你自己也是4个孩子的父亲。如果我必须为自己的孩子的K-12教育付费的话，老实说，我可能最多只会生2个孩子。难道你不担心降低教育补贴会导致家庭规模变小吗？

布莱恩：当然。但是，有一个简单的补救措施：削减教育补贴，把省下来的钱拿一部分去资助生育。我支持在生育早期，政府提供大额税收减免，不过，直接发放生育补贴也能起到相同的作用。

达里亚：这些做法当真有用吗？

布莱恩：很有用。一般来说，行之有效的政策必须具有高度的前瞻性：如果我们希望人们多生孩子，国家就应该多给一些生育补贴。此外，一项质量堪称最佳的研究发现，适度的税收抵免不仅能显著提高生育率，从长远来看，这种做法更是物超所值，因为婴儿长大后会为国家贡献税收。

达里亚：说说你对自己4个孩子的教育计划吧？我简直无法想象你会告诉他们不去上大学。

布莱恩：我会根据孩子的特点给出个性化的建议。我的两个大一些的儿子成绩很优秀，所以，上大学是他们最好的出路。

艾伦："从个人回报的角度"？

布莱恩：是的，从个人回报的角度。如果我心爱的孩子们陷入了这场无休止的文凭内耗战，我不会顾虑什么社会价值，只能在一旁为他们摇旗呐喊："孩子们，加油，向前冲！"

达里亚：你小一点的孩子呢？

布莱恩：他们一个7岁、一个5岁，现在说这个还为时过早。如果他们在高中成绩一般，我会敦促他们多学习。如果最终他们的学习成绩只能排在平均水平，我会对他们说实话：咱们家不是每一个人都适合上大学。

聊天 #4：你为什么讨厌教育？

格雷琴：我不敢相信，布莱恩如此疯狂，你们居然一本正经地听他胡说八道。他嘴上说反对教育，暗地里他支持的是右翼保守派的教育"改革"运动。他的右翼同僚假装关心教育的未来，实际上他们只想用教育券制度来"改进"教育。布莱恩公开宣称讨厌教育。想一想，如果一位作者为他的书起名为《反对教育的理由》，我们不需要费功夫揣摩这本书讲的是什么，看看标题就行！

辛西娅：有时候，我们教师工会的官员告诉我们，那些批评教育的人都"讨厌教育"。这样说不公平。大多数批评家和我一样热爱教育。我们只是对教育的愿景不太一样而已。但是，布莱恩是一个例外。说实话，他看上去并不令人讨厌，但是，听一听他说的那些话，很显然他讨厌教育！

布莱恩：说真的，我不讨厌教育。我为什么要讨厌教育呢？教育系统对我非常友好。我读书的时候，老师总是夸奖我，名校给了我录取通知书，一所优秀的大学给了我一生梦想的工作。但是，为了公平地评价教育，我必须把个人感受放在一边。而我一旦仔细审视教育的方方面面，就发现，现在的教育被严重高估了。

弗雷德里克：布莱恩，教育也经常让我失望。但是，你说的那些话，听上去似乎是想破坏教育系统，而不是去想怎么修复它。

格雷琴：说真的。如果教育像他所说的那样糟糕，他为什么不提出一些改进的政策呢？我认识的研究生中，超过一半的人欠了超过 50 000

美元的学生贷款。再看看布莱恩给出了什么解决方案,"提高学费"!

布莱恩:我认为自己是一个温和派。教育受到全社会的追捧——而且得到如此慷慨的财政支持,所以,当我对教育提出质疑、建议采取教育紧缩政策时,我的建议听上去无比刺耳。假设我反对政府为兴建足球场提供补贴,人们会因此指责我讨厌足球吗?显然不会。

弗雷德里克:布莱恩,我知道什么样的人才是温和派。我自己就是一个温和派。你不是温和派。你并不是呼吁小幅削减预算。你在书中说得明明白白,第一条建议是"学校和国家分离"。还有什么比这种做法更为极端呢?

布莱恩:说得好。从性格上来说,我是一个极端主义者。

弗雷德里克:所以,你只是一个"伪装"的温和派。说说你的教育政策建议吧?

布莱恩:对于小学和中学,采取基于经济状况调查的教育券制度。这样,纳税人只需要资助贫困儿童的教育。对于非贫困儿童接受教育,完全由父母买单。

格雷琴:高等教育呢?

布莱恩:结束纳税人对教育的补贴。不过,为了确保贫困学生的入学机会,政府可以提供无补贴学生贷款,将拖欠贷款的收集工作外包给美国国税局。

格雷琴:(恼怒地叫道)你疯了吗?

布莱恩:(无语)

格雷琴:你赞成提高学费。这怎么使教育变成更好的买卖呢?

布莱恩:对谁来说是"更好的买卖"?提高学费就是有意让上大学成为一个"更坏的买卖",学生大部分时间都花在无意义的追逐文凭上,提高学费使教育变成了社会层面上"更好的买卖"。

弗雷德里克：怎么说？

布莱恩：提高学费可以促使年轻人在教育信号上浪费更少的时间，转而把更多的时间用在提高劳动力产出上。

格雷琴：（话语中带着讽刺）毫无疑问，你说的"浪费"也包括我在攻读社会学学位的时候花的时间。

布莱恩：（认真地说）我从不少社会学家那里学到了很多，衷心感谢你们这些社会学人对社会学的贡献。不过，我想知道，你学了那么多年的社会学知识，现在你拥有哪些相关的职业技能呢？

格雷琴：（停顿片刻）我知道怎么教社会学，也知道如何开展社会学研究。如果高等教育得到更多的资金支持，我觉得这些技能都能派上用场。

布莱恩：好的，看来，你已经学会了怎么当一名社会学教授。你的学习还与哪些其他工作对口呢？

格雷琴：我可以教 K-12 阶段的社会研究课；我可以为美国人口普查局工作；我知道怎么统计数据，所以，我想，我也可以担任某个地方的定量分析专家。

布莱恩：那么，你在学校接受的社会学学术培训中，有多少能用在"与教授工作无关"的职业中呢？

格雷琴：（勉强地说）只有一点点。我总不能教八年级的学生布迪厄的社会资本理论吧。

布莱恩：如果你当时知道自己最终从事的工作和学校教的东西没什么关系，你可能早几年前就离开学校了。

格雷琴：不见得。要想找一份体面的工作，我需要高级学位。

布莱恩：为什么雇主需要这些"多余"的文凭呢？

格雷琴：这很简单，用社会学常识来说，职场有一个地位等级制度，不可能每一个人都位居榜首，雇主通过文凭为员工排位置，所以文凭成了他们进行精英管理的手段。

布莱恩：这么说，我们俩还是有一些共同点的。信号是"知识强化版"的社会学常识。

弗雷德里克：继续说，洗耳恭听。

布莱恩：假设拥有高级学位的工人实际上并不比没有高级学位的员工更有生产力。每个雇主都会有一个"快速赚钱"且万无一失的方法：解雇拥有高级学位的昂贵员工，用具有相同能力但是没有高级学位的员工取而代之。

弗雷德里克：因此，拥有高级学位的员工必须更有效率，不然就麻烦大了。

布莱恩：通常来说是如此。然而，这并不意味着高级学位会提高生产力。他们可能只能证明员工"与生俱来的"能力强。

格雷琴：这和"社会学"有什么关系？

布莱恩：信号模型的解释是：从社会角度来看，文凭的高低是相对的。为了站在社会等级制度的上层，精英需要获得大多数人没有的文凭。

格雷琴：这一切都没有改变事实——年轻人需要高等教育，才能在现代经济中找到好工作。

布莱恩：暂时是。但大幅削减预算，可以大幅缓解文凭通胀。教育变得更昂贵后，受教育的人群的数量变少；学生人数一旦变少，工作者所需的教育程度就变低。

格雷琴：所以在你看来，教育成本变高，学生就会远离教育，但是，学生贷款危机难道只是我们的想象吗？

布莱恩：真正的危机是：每年有超过一百万名新生最终无法顺利毕

业。他们的失败是可以预见的——学习差、考试成绩低的学生很难获得更高级的学士学位。与其用微不足道的学生贷款来诱惑这些边缘学生，我们应该直言不讳地警告他们，大学不适合他们。

达里亚：照你这么说，所有这些"边缘"高中生在毕业后该怎么谋生呢？

布莱恩：我们不应该等到高中毕业那一年才给他们建议。相反，在那些对学业不感兴趣的孩子12岁左右，我们就应该干预，引导他们去接受职业教育。这些孩子可能永远不会找到所谓的"使命感"，但是，职业教育至少能帮他们得到一份劳有所得的工作。

达里亚：你这么说，似乎在助长社会阶级化之风。

布莱恩：（面带疑惑的表情）难道我们今天居住的社会不是阶级社会吗？

格雷琴：我们的社会非常不平等，并且情况可能会变得更糟。如果我们听你的，情况肯定会变得更糟。将所谓的弱势学生分流到职业教育，这就等于将他们排除在高端工作之外。尤其是对下层阶级和工人阶级家庭的孩子来说，他们将永远没有机会爬上更高的社会阶级。

布莱恩：一位社会学人居然忽视了社会现实，说实话我很惊讶。想想广大的美国下层阶级的人员数量。这些人中的大多数都没法从高中毕业，你当真觉得他们能顺利读完大学，从此摆脱贫困吗？

格雷琴：如果他们享受与你的孩子一样的优势就好了。

布莱恩：假设你关心一个学习差、考试成绩低的12岁男孩。他极度憎恨学校。而你不希望他最终陷入贫困。你可以把他留在传统的大学学术轨道上，或者将他"分流"到职业培训之路。你会选择哪个？

格雷琴：（长时间停顿）呃，我会建议他走职业方向。

布莱恩：因为你认为他更有可能以这种方式摆脱贫困。

格雷琴：我们的教育体系已经为孩子塑造了他们未来在资本主义体系中的角色。职业教育则进一步助长了这种迎合商业的倾向。

布莱恩：如果你是对的，为什么高中毕业生很难找到好工作？按照你的说法，商业资本家应该会毫不犹豫地去雇用高中毕业生，因为他们过去12年都在学习怎么为企业服务。

格雷琴：没有一个系统是完美的。

布莱恩：从雇主的角度来看，K-12不是"不完美的"，而是紊乱不堪的。学校几乎没有注意到雇主的人力需求。坦率地说，如果为资本主义等级制度添砖加瓦是我的目标，我会建议中小学模仿军事院校的模式。我会严格训练每个学生去学会遵守和服从，实施严厉的纪律和严格的标准。我会从课程中删除美术、文学和历史。那时，所有的社会研究都会鼓吹这样一个主题："对企业有利的，就是对国家有利的。"

格雷琴：听上去像是"反乌托邦"的样子。

布莱恩：是的。我不会把我的孩子送到这样的学校。不过，如果学校的初衷真是为了塑造孩子在资本主义体系中的未来角色，那学校本来就应该是这个样子。相比之下，职业教育的重点不是给孩子"洗脑"，逼他们接受某些不需要任何技能的工作，比如出纳员，而是教孩子一些在市场上真正有用的技能，以获得雇主的青睐。

弗雷德里克：从经济角度考虑，职业教育可能对那些孩子更好，但是，按照你的建议，孩子的童年会缩短。我们的社会足够富裕，大可以让青少年推迟一些时间参加成人工作、承担成人的责任，这些可都是苦差事呀！

布莱恩：学校的苦差事呢？

弗雷德里克：这些都是人生的一部分。

布莱恩：我们不要采取双重标准。当孩子在工作中感到无聊和怨恨时，我们会同情他们，觉得他们是受害者，并呼吁进行监管。当孩子在学校感到无聊和怨恨时，我们只会抛出一个白眼，告诉他们忍住。对于年轻学生和年轻工人来说，明智的问题是，这份痛苦是否带来足够的回报。

弗雷德里克：孩子太小了，怎么能做出明智的判断呢？

布莱恩：虽然年轻人的判断力出了名的差，但家长式作风也同样令人失望。今天的学校强迫每个孩子"为上大学做准备"，但只有 1/3 的孩子最终跨过大学的终点线。

弗雷德里克：你的改革听起来很务实，但是，我从你的话中嗅出了自由意志主义的意识形态，不是吗？

布莱恩：说起来很复杂。我对教育的"非正统"观点，早在我对政治哲学感兴趣之前就形成了。从幼儿园开始，我就开始相信类似信号之类的东西。

弗雷德里克：（讽刺地说）难怪，你说的东西很像一个 5 岁小孩编造的理论。

布莱恩：当然，我在幼儿园没有提出什么"理论"。我当时只有两个直观的感受：首先，我必须在学业上出类拔萃，才能在长大后找到一份好工作。其次，我永远不会在工作中使用大部分的书本知识。尽管我花了很多年，才发现两者之间的冲突，但是在初中的某个时候，我便开始（粗略地）用信号理论来解释我在教育上的种种困惑。凭借这些粗略的理解，我慢慢地弄懂了教育系统，于是，我开始"操纵"教育系统，我想方设法在那些既无聊又无用的课程中全都获得 A 的成绩，当然，并非我认可那些课程的价值——我采取了尽可能省时省力的方式，只要得高分就行。

弗雷德里克：所以，你是一个教育的反叛者，而不是教育的改革者？

布莱恩：对，高三之前，我算是一个反叛者。但是，在高三时，我与自由意志主义邂逅，教育改革就顺理成章成了我的追求。为什么政府要补贴造成社会浪费的教育呢？这令我着实疑惑。

弗雷德里克：那么，你承认自己的教育改革建议受到了你的意识形态影响。

布莱恩：不。我只承认我的政治哲学——你称为"意识形态"也无妨——影响了我提出的问题。

弗雷德里克：但令人惊讶的是，你做的一切与你的意识形态完全一致。

布莱恩：这点我不同意。自由意志主义者很少挑战自己拥护的教育事业。相反，他们承诺，"自由市场将使教育变得更好"。

弗雷德里克：嗯，你为什么不这么说呢？

布莱恩：因为我不相信。这种说法与我所看到的一切背道而驰。我上过公立学校，也读过私立学校。它们从本质上是一样的。

达里亚：不管你喜不喜欢，政府支持教育受到了公众的拥护。像你这样直截了当地反对教育，谁会支持你呢？

布莱恩：你可能是对的。我写过一本书，叫作《理性选民的神话》(*The Myth of the Rational Voter*)，整本书讲的都是这个主题——受欢迎的政策不好，好的政策不受欢迎。

达里亚：你对教育持愤世嫉俗的态度。

布莱恩：我更喜欢用"现实主义"来定义自己，但是，随便你怎么说都没关系。选民赞成听起来不错的政策，政府当然也会采纳，即使它们的效果不佳。这就是我所说的"社会期望偏差下的政治"。削减教育支出尽管有其优点，但听起来很糟糕，因此它不受欢迎，至今也没被尝试过。

达里亚：既然这样，为什么你还要提倡永远不会被采纳的政策？

布莱恩：作为一名经济学家，我的回答是：我们应该始终考虑"边际"，或者，简单一点说叫"余地"。我深知，我的观点不太会大幅改变教育现状，但是，如果我的努力给主张削减教育补贴的鹰派获得一点额外的知识上的支持，从而带来一点点政策上的倾斜，那就够了。不过，最终，我怀着人文主义者的情怀迎接了这项挑战。了解世界，改善世界，都是功德无量的。希望我的努力能够为社会节省时间和金钱，缓解长期受"苛捐杂税"之苦的纳税人的困境。但是，就算全世界不听我的建议，对我来说，找出最好的政策本身就是值得的。

聊天 #5：教育 VS 启蒙

辛西娅：布莱恩和艾伦在教育问题上争论得越多，我就越发觉得，他们两人都没有抓住重点。无论教育对 GDP 影响大小，教育都值得我们用心去爱。启迪求知若渴的幼小心灵是一件无比美好的事。

布莱恩：辛西娅，我和艾伦比你想象得更同步。我也是一名教师——我热爱我的工作。

辛西娅：我怎么几乎感受不到呢？

布莱恩：和艾伦这样的学者争辩是我的家常便饭。当我的同行经济学家发表一些夸大教育的经济回报的言论时，我总是努力证明他们是错的。我们都没有意识到，我们自己表现得就像那种只盯着钱看的庸俗之辈。是的，我同意，生活中还有比 GDP 更重要的事情。

弗雷德里克：既然如此，你为什么给这本书起名叫《反对教育的理由》？你应该坚持干自己的老本行——经济学。

布莱恩：因为我"违背民意"的教育观点超越了经济学范畴。与许多经济学家不同，我歌颂教育的崇高目标：启蒙思想。

弗雷德里克：那你应该更支持我们的教育事业啊，为什么我们看不到任何支持呢？

布莱恩：只要学校满足三个条件，我一定会举双手支持教育事业。但是，很少有学校能满足这三个条件。

弗雷德里克：说一说？

布莱恩：第一，教授有价值的内容。学校教的东西应该是真正值得学生学习的。

弗雷德里克：这个容易。

布莱恩：容易？你读书的时候，老师让你背过美国五十个州首府的名字吧，这样的知识值得学习吗？这个暂且不深究。我的第二个要求是高明娴熟的教学法。

辛西娅："高明娴熟"有什么标准，谁来判断呢？

布莱恩：你是老师，我相信你能做出明智的判断……不过，小心被你的同事偷听到。任何有教学经验的人都知道，老师群体中，有一些明星老师，但是其余人则无法激励学生。大学教授频频吐槽教学"重负"，这暴露了他们的心态：教育学生不是天职，而是一份苦差事。

辛西娅：你不能指望每一位老师都能"激励学生"。

布莱恩：我从未如此奢望过。只要能传授有用的技能，即便是不能激励学生的教育，也值得忍受。然而，就本质而言，只有激励学生的教育才有价值。

布莱恩：你最后一个条件是什么？

布莱恩：求知若渴的学生。命令那些心怀怨恨的孩子停止抱怨、好好学习，他们可能会学到一些在未来职场上有用的技能。然而，如果学生没有发自内心地渴求知识，教育就失去了内在价值。遗憾的是，现实世界中，求知若渴的学生很少。

辛西娅：听你这么说，你肯定在这方面有过一些糟糕的经历。不过，请你具体说一下。

布莱恩：实际上，像大多数教授一样，我很享受上课。但是，我的学生却给出了完全不同的反应。今天我上课时也不例外——大多数人的脸上都写满了乏味。

辛西娅：当然，孩子觉得上学很无聊。思想启蒙运动是一场艰苦的上坡战。

布莱恩："上坡"？你多久登上坡顶一次？

辛西娅：你想表达什么意思？

布莱恩：在上课的第一天，你的学生中有多少觉得文学课很无聊？

辛西娅：呃，80%。

布莱恩：在学期末，你的学生中有多少人仍然觉得文学课很无聊？

辛西娅：我不知道。78%？你这方面做得比我好多了吧？

布莱恩：但愿如此！但是，根据我的经验，我只能"启发"到极少数渴望得到"启发"的学生。其余的学生付出了一定的努力，通过课程考试，然后继续他们的生活。

辛西娅：有什么更好的替代方案吗？

布莱恩：只向那些求知若渴的学生传授思想文化。不强求那些心怀怨恨的学生去学习思想文化，而希望他们有一天能"醒悟"过来，主动去接受思想的熏陶。

辛西娅：如果学生觉得阅读很无聊，他们应该继续学习阅读吗？

布莱恩：是的，因为阅读是一项实用技能。即使他们现在受苦，从长远来看，他们也会受益匪浅。

辛西娅：你为什么对诗歌的态度截然相反呢？

布莱恩：因为懂诗歌不是实用的技能。绝大多数觉得学诗歌很痛苦的学生，永远不需要在未来的某一天"弥补他们错失的这项重要技能"。

辛西娅：从非物质的角度说，你是对的，但是，学习诗歌仍然丰富了他们的生活。

布莱恩：效果极小。

辛西娅：你怎么可能知道？

布莱恩：看看诗歌类书籍的销售情况就知道。几乎每个人都必须在学校学习诗歌。但是，几乎没有人在成年后自愿继续学习诗歌。诗歌是一种后天养成的人生趣味，极少有人会真正培养起对诗歌的热爱。

辛西娅：我喜欢诗歌。

布莱恩：我也是。但是，像我们这样的人只是特例，并不是将诗歌强推向每个学生的理由。

辛西娅：如果学校不教诗歌，像我们这样屈指可数的特例都会灭绝。

布莱恩：不，不会的。请记住：很多思想文化事业并没有得到纳税人的支持。公立学校不教宗教，但宗教依旧经久不衰；很少有学校推崇摇滚乐，但摇滚乐依旧蓬勃发展。在我成长的过程中，我通过在图书馆阅读各种书籍培养了许多兴趣。今天的孩子比我们那代人更幸运，他们可以享受互联网带来的"神圣的恩赐"。

弗雷德里克：你口口声声否认自己讨厌教育，但是，你的话充满了消极的情绪。

布莱恩：我只是太热爱教育了，根本无法接受当前学校采取的强制性灌输思想文化的方式。

弗雷德里克：你的标准高得不可思议。

布莱恩：不，并没有。看一看在线学习——那里有世界上最好的老师，迫切渴望接受启蒙的学生，以及无与伦比的学习材料。如果传统学校无法与之匹敌，情况就更糟了。

吉莉安：我有些不明白了。我原以为你的信号说法会否定在线教育。

布莱恩：从信号的角度说，在线教育作为一种商业模式令人悲观，但我是在线教育最大的粉丝之一。暂且不考虑未来。在线教育已经使任何能连接到互联网的人，几乎都能免费获得思想启蒙。这是人类心灵的胜利，梦幻般的胜利。

吉莉安：（面露不满）所以在线教育赢得了道德上的胜利，但传统学校仍然是主导的商业模式。

布莱恩：没错。

辛西娅：告诉我们一些关于学校的积极方面吧。教育事业看起来如此蓬勃，总得有一些值得称道的地方吧。

布莱恩：你是对的。作为四个孩子的父亲，我不断地通过孩子的眼睛来重温教育。你知道最让我印象深刻的是什么吗？

辛西娅：数学？

布莱恩：不是。是幼儿园。

辛西娅：你相信那些关于"学前教育令人终身受益"的研究吗？

布莱恩：也不是。不过，幼儿园体验给我留下了深刻的印象。幼儿学习字母和数字，这两种技能都很有用。教师让孩子参加各种各样有趣的活动。孩子有足够的时间自由玩耍。当我送女儿上幼儿园时，她欢呼雀跃——我也无比高兴。

辛西娅：我也喜欢幼儿园，但幼儿园的这种模式不能一直持续到小学和初中。

布莱恩：也不应该如此。我赞扬幼儿园的原因是幼儿园有明确的教育定位——教给孩子可能在以后的生活中用得上的技能。幼儿园让孩子"循序渐进"地体验各种丰富灵魂的活动。如果哪一项开展不顺利，没问题，停下来，干脆让孩子安静地做自己喜欢的事情。

弗雷德里克：最终的结果是，孩子对思想文化的欣赏会越来越少。

布莱恩：也许吧，但我个人对此表示怀疑。向顽固的年轻人强行灌输思想文化往往会引发怨恨，而不是欣赏。你听过闷闷不乐的高中生大声朗读莎士比亚的诗歌吗？（双肩一耸）

弗雷德里克：（耸肩以示回应）我们能有什么更好的做法呢？

布莱恩：我们得保持耐心。年轻的"庸俗之辈"有足足一辈子的时间，来重新考虑他们对思想文化的冷漠态度。

弗雷德里克：那只是一厢情愿的想法。

布莱恩：我们有免费的互联网机器，人们可以即时访问人类迄今为止全部的知识成果。人文主义者应该感恩的是，在现在这个时代，精神生活已经对所有人开放。我从不相信强制性思想启蒙有何意义，但不管怎样，它已经过时，行将淘汰。

总结

> 我既没有智慧，又没有口才，也没有本领，我也不会用行动和蛊惑人心的话语来激起人们的血性，我只不过说出我的心里话而已；我告诉你们的都是你们确实知道的东西。
>
> ——莎士比亚
> 《朱利叶斯·凯撒》

我们中的绝大多数人缺乏洞悉人类文明成果的能力。教育的重要性不言而喻。若没有教育，我们每一代人都将日复一日、年复一年地从事重复性工作。这绝非书呆子的夸大之词。无论是私营企业主，还是公共部门的雇主，都很乐意为受过教育的员工支付高额的溢价。鉴于这些事实，任何人——更不用说"象牙塔"里的教授——怎么敢提出"反对教育的理由"？

简而言之：教育的功能如此之神奇，但当前教育的实效却被严重高估。不仅在美国，而且在全球范围内，教育都被严重高估了。即使你不是大学教授，你也能清楚地发现这一点。不过，从"象牙塔"中的大学教授之口说出来，可信度也许更高一些。

从社会的角度来看，这种对教育的高估最为明显。期末考试后，学生很快便忘记了学到的大部分知识，因为在现实生活中，他们永远用不上这些知识。教育所带来的社会"红利"备受称赞，但很大程度上，只是虚幻的泡沫，一戳就破——教育产业越来越庞大，但是它并没有带来社会层面的繁荣，反倒导致学历贬值，引发了文凭通胀。在计算了教育社会回报之后我们发现，教育的投入产出比极低。说一句玩笑话，从社会的角度来说，与其把钱投入教育领域，倒不如把钱塞在床垫下。

从个人的角度来看，教育的回报似乎大了一些，但它仍然远未达到人们吹捧的程度。虽然几乎每个人上高中都能带来不错的回报，但是处于平均水平的高中生不应该上大学。甚至，处于平均水平的大学生都不应该上大学。

原因何在呢？首先是能力偏差。普通的大学毕业生之所以在职场获得成功，不仅是那一纸文凭在起作用，而是一系列重要因素"完美协作"带来的：他们不仅获得了各种漂亮的证书，自身亦拥有不错的智力水平；在学习的态度和动机上，他们同样优于常人。其次是毕业率。上大学就像创业，本质上是一场赌博——"书呆子"和"老师的宠儿"的胜算最大。实际上，从能力上看，大多数人不敢打包票说，自己100%能从大学毕业。现在，我们的社会却把大多数人推向大学，岂不是一种极大的误导？说句玩笑话，倒不如敦促他们购买彩票，一旦中了头奖，一辈子衣食无忧、坐拥富贵，这回报可比教育的回报大多了。

从人文主义或"精神"的角度来看，教育被高估的程度更为严重。虽不乏伟大的老师偶尔激发出学生对思想文化的终生热爱，但这样的老师实属凤毛麟角。这是你我都能看到的事实，无须搬出科学的统计数据来证明。在当今社会上，人们对于美术、高雅音乐和古典文学的消费需求少得可怜，因此，即便把全社会对思想文化的热爱全归功于教育，教育在塑造灵魂上的效果也不足挂齿。教育对政治和社会态度的影响也被高估了。在校学习期间，学生并不会真正受到"象牙塔"中弥漫的"左倾"思想所影响，也没有被赋予改变传统生活方式的动力。此外，在学生群体中存在着明确的同伴效应，但是，这些同伴效应对学生的影响往往违背了我们的直觉。比如，教育使学生更多（而不是更少）地欣赏资本主义。

有没有办法来救赎教育，使之不辜负我们从小到大耳濡目染的教育赞歌呢？也许有，但是别抱太大希望，引用《指环王》中伊奥默的话："不要轻信希望，它已经抛弃了这片土地。"五花八门的教育赞歌听上去鼓舞人心，然而，有关教育的种种现实却无比残酷。谨慎的做法是对已知的问题采取行动。政府应该把教育支出投在正确的地方；教育预算过于庞大，应即刻削减；教育的社会经济负担应该从纳税人转移到学生及其家庭身上；政府应狠抓职业教育，但是，全社会应该首先学会尊重职业教育，不要一听到职业教育，就本能地蹦出"滚开"之类的歧视语。如果批评者能稍稍放下一点对职业教育的偏见，职业教育将迎来蓬勃的发展。

如果你亦感同身受，请大胆发声"举证"

我的"荒诞"想法——上学是浪费时间——从何而来呢？个人经验。我们在学校学到的大部分东西与现实世界没有干系。在本书中，我虽引用了大量的科学"证词"，但从未将"常识"送上审判台——因为我从不排斥普通人的教育常识。因此，只要你不过于"浪漫"地描述自己的漫漫求学生涯，你就是一个客观的"目击证人"。

不相信我的说法？回想一下，你当年在那些用不上的知识上浪费了多少时间；回想一下，你当年有多少次问自己，"我怎样才能顺利毕业"，而不是"我怎样才能获得最多的知识"；回想一下，你当年钻教育系统的空子时，使用过哪些花招：为了考试得高分而死记硬背，或者看哪个老师给分高就去上他的课，或者因为"我已经得了 A 的成绩"而不做作业；回想一下，当年的同学中，讨论最多的问题是"这个知识点考试会考吗"，而不是"这个知识点工作中能用得上吗"；回想一下，你遇到过多少大学毕业生在餐厅当侍者或者在书店干杂活儿。学习上的反常现象屡见不鲜，你亲眼见过，也亲身经历过。而所有这些反常，信号毫不费力地给出了合理的解释。

如果研究证据和常识都站在我这一边，谁才是"被告"——真正应该接受审判的对象？答案是美国政府的教育方针：鼓吹"人人应该相信教育"的教育方针。从幼儿园开始，我们便耳濡目染了一种不理性的教育浮夸之风。"学校为我们的未来做好了准备。""学校很有趣。""没有什么比教育更重要。"我们不仅听过这些"赞美词"，自己嘴上甚至重复过类似的话语。

既然政府的教育方针如此虚伪，为何鲜有质疑之声呢？答案是社会期望偏差。要是有人胆敢把学校教育称为一场毫无意义的内耗战，他会被视为异端分子。当学生挑战政府的教育方针时，老师和家长都会跳出来横加指责。如果有毕业生提出异议，他们会被视为冒失、心智不成熟。即使有些人打心里不愿为教育唱赞歌，他们也不敢公然表达自己的态度。教育就像曾经臭名昭著的纽约黑手党头子约翰·戈蒂一样：它（他）有罪，但每个人都害怕出庭做证反对它（他）。

本书旨在安抚作为证人的你、我，以及所有亲身经历过教育之痛的人。你敢勇敢地站出来质疑教育制度吗？面对社会期望偏差，你可能会踌躇不决，此乃人之常情，但你并不孤单。人们只要反思一下自己的教育生涯，大多都会发自内心地同意你的观点。此外，经济学、心理学、社会学和教育学这四大领域的高质量研究，也为你提供了坚实的支持。看来，大胆发声，"做证反对教育"没有想象中那么可怕。

"有趣"的是，要是我提出的"反对教育的理由"，在舆论法庭上获得了芸芸众生的支持，对我个人来说最可怕的情况将会发生。我在弗吉尼亚州最大的公立大学任教，我热爱我的工作。尽管我将自己的学术职位称为"值得一辈子从事的梦幻般的工作"，但是，谁也不能保证我能"一辈子"拥有这份工作。如果纳税人投票选出一个像我一样致力于教育紧缩政策的政客，我不仅可能会与这份美满的工作说再见，甚至，我心爱的学术圈子会在教育削减的风暴下四向飘零。

既然如此，我为何要自讨苦吃，鼓励推行如此"可怕"的教育政策呢？原因在于，我对教育怀有一种复杂的情愫——既理想化，又有些悲观。从理想化的角度说，我有责任揭发我所在的行业对纳税人的财富进行大规模持续滥用的行为。选民有权知道，教育未能履行自己信誓旦旦许下的承诺——建立人力资本。如果我不站出来，谁会告诉他们呢？从悲观的角度来说，大多数人会听从我对教育的警告吗？我持怀疑态度。即便我大声疾呼教育改革，也不会为教育带来真正的刮骨之痛。悲观地说，无论我的观点多么理智，多么令人信服，普通的选民也不会投票选出一位大刀阔斧的改革派教育领袖。

教育的荒唐之处

一个古老的笑话是这样说的，"能者行之，不能者为师"（Those who can, do.Those who can't, teach）。短短一句话却暗示一个大道理：我们早就应该预料到教育系统会失败啊！因为教师——讲坛上的"圣人"，缺乏传授实用技能的能力。我们在探索了一系列的教育事实后，更多荒唐的细节浮出水面，着实令人啼笑皆非。在现实世界中，老师很少教授实用技能，因为他们自己不具备实用技能。他们只教授自己有把握但是不切实际的技能。不可否认，学校涵盖了阅读、写作和数学这些实用知识，但是，学生将大部分时间花在学习深奥的理论上，除非他们自己未来当老师，否则他们永远不会使用那些知识。既然如此，我们自然会认为，雇主和其他"实干家"早已深谙"象牙塔"内的一切，并以蔑视学历作为回应。相反，他们将学历视若珍宝，学历成了他们判定员工等级的"黄金标准"。

这一切很奇怪，但又说得通。雇主不能给每个申请人一个机会。他们需要一种"简单而直接"的方法来决定面试对象和雇用对象。在我们的社会中，学业表现是判断学生水平的主要衡量标准。就本质来说，学习具有很强的吸引力，因为要想取得优秀的学习表现，学生必须展现不凡的智力、责任心和服从力。随着时间的推移，学习的吸引力还会自我助长。教育俨然已是成人世界衡量年轻人发展潜力的方式。学业失败不仅表明缺乏才能和动力，还向外界发出了"异常"的信号。如果哪个孩子胆敢无视这种"污名"坚持辍学，他将被视为离经叛道——与此同时，雇主也会主动地避开他们。

既然如此，为何学校要浪费这么多时间呢？只要学业成功就会带来事业成功，家长和学生并无太大的动机来批评那些无用且费时的课程。学生要上哪些与现实世界毫不相干的科目呢？教育者往往会选择一个最轻松、最省力的方式：把当年自己上学学习的内容照搬给学生即可。于是，我们的课表被大量"老掉牙"的科目牢牢占据数年，甚至数十年之久，虽然我们也能看到一些没那么古老的科目，比如医学类、法律类和神学类科目，但这些课程的绝对数量不多，仅面向一小部分精英学生。

我们的教育难题有多么复杂？当前，政府每年在教育上的投入达万亿美元，我们的教育系统已经臃肿到了夸张的地步，连向前迈出几小步都异常艰难。于是，每隔上一段时间，我们的教育就会象征性地披上一件新"外衣"，给外界带来一种"与时俱进"的错觉。比如，学校时不时地微调一下课程——换上一本"新版"的历史教科书，或者将中文纳入课程目录。而说到新技术在学校的使用，情况也不乐观。教授授课时，课堂上的学生也许不会堂而皇之地掏出手机，但是，如果教授在互联网上直播讲课，在宿舍里听课的大学生便肆无忌惮地玩起了手机。纵使外表千变万化，学校教育的本质和精髓依旧：学生花了十多年的时间学习堆积如山的枯燥材料，一毕业后就扔到了一边。

有一个办法可以解决教育的难题：大幅削减政府补贴。此举并不能立刻在学校课程和现实世界之间架起一座桥，但是，学生会自动缩短他们的受教育年限。由于他们本来就没有学到很多实用知识，这种做法的主要影响不是造成"技能丧失"，而是带来学历"紧缩"。这种前所未有、闻所未闻的教育改革倡议，看似是一种"开倒车"，但是，其逻辑明确：职场上的申请人的平均受教育程度降低，雇主自然会降低招聘时的学历要求。

教育的难题终将得以解决吗？恐怕不会。我不是哗众取宠的政客和权威人士，自然，我也不期待我的教育诤言在不远的将来得到广泛认可。政府的决策常常被社会期望偏差所左右。真正好的政策不会被采纳和延续，只有"听起来很棒"的政策，才能被采纳并延续下去。虽然教育的社会回报堪称灾难，但是诸如"每个孩子都应该得到世界上最好的教育"之类的声音总是备受赞许，不仅是在美国，对全世界的公民来说，同样如此。

为什么我要与主流的政治思想作斗争呢？我本可以加入规模惊人的大众合唱团，高唱教育赞歌，呼吁更好的教育；为何我偏偏独自奏响"削减教育"的异端曲目？唉，正是我在本书中提出的种种证据，激励我做出这一悲壮之举。如你所见，我指出：我们的教育与现实严重脱节，但是其价值却被大大高估。于是，对我来说，最本能的反应是削减教育开支，把省下来的钱花在有价值的事业上——注意，这里说的"事业"，不应该是另一种形式的教育。

教育是现代生活不可或缺的一部分，我们会理所当然地认可教育的重要性。当然，年轻人必须翻过一座又一座的"学术高山"，才能在成人社会中占据一席之地。这就是文明社会的运作方式。不过，我的观点只有一句话：教育的确是现代文明社会运转的基础，但是，我们有一种更好的方式（并且实际上更文明的方式）。一旦成年人集体承认在教育上犯下的幼稚错误，我们就可以马上掉头，转向正确的方向。必须承认，学业成功是学生毕业后找到"好工作"的金字招牌。但是，即便成绩优异的学生，也没有学会如何"做好工作"。如果人人都获得了大学学位，会带来什么样的结果呢？并非人人都能获得一份好工作，而是引发失控的文凭通胀。如果全社会试图鼓励人们通过教育获得成功，最后的结果是人人追求教育，而非人人获得成功。

早在 20 世纪 80 年代,我就读的初中的主办公楼上挂着一个牌子,上面写着:"孩子们!如果你烦透了父母总是喋喋不休地催你学习,是时候'反抗'了——趁你们头脑还算明智的时候,离开家,自食其力吧!"这句俏皮话的本意是鼓励孩子好好学习,但是,我并不赞同——当时不赞同,现在依旧不赞同。一方面,诚然,孩子要学的东西很多,但是,他们不爱学习,究竟是谁之过?比起长辈,他们对于学校发生的一切有更为切身的感受,最重要的一点是,孩子知道,成年人强迫他们学习的堆积如山的乏味材料在未来派不上用场——成年人也学过同样的材料,现在呢?大多数人早已忘得一干二净!话虽如此,如果个别学生"不务正业",对学习敷衍搪塞,他们不仅会受到学校的惩罚,还会被定义为"坏学生"。但是,我们要知道,这些所谓的"坏学生"的问题,更多的来自学校,而非他们自身。另外,拿"离开家,自食其力"作为威慑来恐吓学生去好好学习,在我听来着实不妥。假如成年人愿意投票支持教育紧缩政策,孩子将普遍缩短受教育年限,提早几年进入社会,彼时,"离开家,自食其力"便是可行之选,而不只是一句听上去无比刺耳的奚落之词。

技术附录
毕业率和学生能力

"高中毕业率"。在过去的20年里,大约25%的高中生未能按时毕业。其中许多辍学生最终获得了GED证书(General Educational Development,是北美高中同等学力证书)。然而,GED证书在工作中的效力并不等同于高中文凭。甚至事实上,劳动力市场将GED证书持有者视为高中辍学生。最终,大约20%的美国成年人从未获得标准的高中文凭。

"优秀学生""好学生""中等学生"和"差学生"这4种能力原型的学生与平均水平的学生相比如何?数以百计的研究对高中毕业率进行了统计分析。不幸的是,只有极少数研究为读者按学生类型计算毕业率提供了足够的详细信息。此外,一些主要数据集通常将GED证书持有者和普通高中毕业生进行了合并统计。在最后,我采用了赫恩斯坦和默里在"全国青年纵向调查"中对高中毕业率的分析。他们的分析为计算准确的高中毕业率(并为分别计算高中辍学生和GED证书持有者的高中毕业率)提供了足够的信息。尽管这两位学者在学术圈颇有争议,但他们在这个主题上的研究结果是相当主流的。

赫恩斯坦和默里使用认知能力和父母的社会经济地位来预测:(1)高中永久辍学率;(2)获得 GED 证书而非普通文凭的概率。为了从总体未毕业率中提取出 4 年未毕业率,我假设观察到的 4 年未毕业率与总体未毕业率的比率(25%/20%=1.25)不受学生能力差异影响。

我们如何使用赫恩斯坦和默里的方程式,来计算我的 4 种原型学生的高中毕业率呢?对于认知能力指标,我插入了我的标准百分位数:"优秀学生"排在第 82 个百分位数,"好学生"排在第 73 个百分位数,"中等学生"排在第 41 个百分位数,"差学生"排在第 24 个百分位数。社会经济地位这一指标呢?据"全国青年纵向调查"发现,认知能力和社会经济地位的相关性系数为 0.55。我使用这一结果,从学生的认知能力中得出预测的社会经济地位。图 A1 汇总了所有结果。

本书在计算教育回报率时,默认男女的性别比例是"平衡"的(即男女比例各占 50%)。由于年轻男性的人数略多于女性,图 A1 列出的概率并不完全正确;我们必须分别计算男性和女性的毕业率,然后取平均值。虽然赫恩斯坦和默里没有按性别划分高中文凭持有者,但是,他们的两项预测指标——认知能力和父母的社会经济地位——都与性别无关。因此,我们可以调整他们的预测毕业率以适应"最新人群"的实际性别差距:男性低于平均水平 3.9%,女性高于平均水平 4.2%,然后取平均值以获得"平衡人群"的毕业率(见图 A2)。

"本科毕业率"。完成大学比完成高中更具挑战性。乍一看美国教育部披露的数据,似乎从大学顺利毕业乃罕见之现象。2005 年开始就读公立大学 4 年制本科的学生中,只有区区 32% 的学生按时完成学业,只有 56% 的学生在 6 年内完成学业。然而,这些数字在两个方面具有

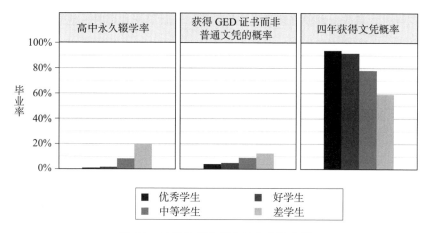

图 A1　按学生能力划分的高中毕业率

资料来源：Herrnstein and Murray 1994，pp. 146–51，597–98.

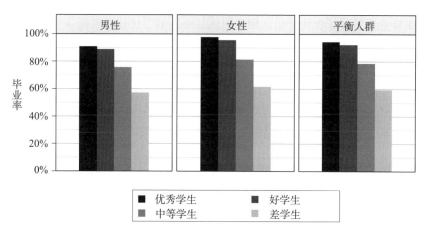

图 A2　按学生能力和性别划分的高中四年毕业率

资料来源：Herrnstein and Murray 1994，pp. 146–51，597–98，根据 Heckman and LaFontaine 2010，p.254 表 3 中的最新人群（1976—1980 年出生）的性别差距百分比进行了调整。

误导性。首先，即使许多学生中途转学，在计算毕业率时，他们仍然将这部分学生纳入他们最初上的大学中统计。其次，他们将全日制和非全日制学生混为一谈，期待兼职学生四年内获得学士学位没有任何意义。

幸运的是，几乎包括所有美国高等教育机构信息的美国学生信息中心（National Student Clearinghouse，NCS）最近创建了一个庞大的综合数据集（超过 200 万学生）来处理这两个问题。NCS 称，2007 年开始，就读于公立大学四年制本科的全日制学生中，72% 的学生在 6 年后获得了本校的学士学位，然而，还有一部分学生于他校获得了学士学位。总体上，82% 的学生在 6 年内获得了大学学士学位。这一百分比虽远高于 56%，但仍然意味着大多数全日制学生未能按时（在 4 年内）获得学位。

在此赘述一下，这只是平均值。我提出的 4 种能力原型的学生与平均水平的学生相比如何？和高中毕业率研究类似，虽然大量的研究对大学毕业率进行了统计分析，但未提供足够的细节供读者根据学生类型计算大学毕业率。即使是最好的研究，通常也将全日制和非全日制学生混为一谈。在最后，我采用了 UCLA 高等教育研究所（HERI）对 NSC 数字的分析。特别是，我使用 HERI 的简单模型作为 SAT 分数和高中平均绩点的函数，来预测全日制学生 4 年完成学业的情况。对于 SAT 成绩，我插入我的标准百分位数——"优秀学生"排在第 82 个百分位数，"好学生"排在第 73 个百分位数，"中等学生"排在第 41 个百分位数，"差学生"排在第 24 个百分位数。对于高中平均绩点，我把"优秀学生"评级为"A+/A"；"好学生"评级为"B+"；"中等学生"评级为"C+"；"差学生"评级为"D"。虽然 NSC 数据考虑了学生转学因素，但 HERI 的分析并未考虑这一点。为解决这一问题，我将 HERI 的概率提高了 14%。图 A3 报告了按性别划分的结果，以及隐含的"平衡人群"的毕业率。

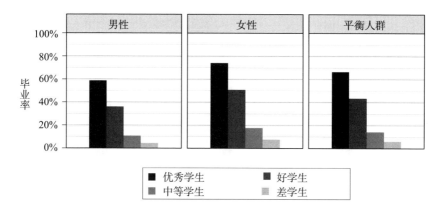

图 A3　经转学指标修正后的按学生能力和性别划分的大学四年毕业率

资料来源：DeAngelo et al. 2011, p.17 中的表 8 和模型 3；D.Shapiro et al. 2013, p.12。

"硕士毕业率"。虽然硕士毕业率数据很少，但研究生院和专业学院的总体毕业率仅为 50%。研究人员通常聚焦一些特定类型的课程，比如法律学位、医学学位和哲学博士学位。把目光放在更广泛的课程上的研究寥寥无几，且未提供足够的细节供读者根据学生类型计算硕士毕业率。

鉴于这些数据缺陷，我为"优秀学生"简单地分配 50% 的平均毕业率。这可能看起来有些奇怪。如果对攻读高级学位的学生按能力划分为"优秀""好""中等"和"差"，难道"优秀学生"不应该拥有高于平均水平的毕业率吗？但是，请记住：按照我们先前的定义，这里的"优秀学生"应符合普通高级学位持有者的特征，所以肯定还有一些学生的能力超过了"优秀学生"的能力。在填写剩余数字时，我假设高等学位毕业率与图 A3 的毕业率成正比。图 A4 汇总了计算结果。

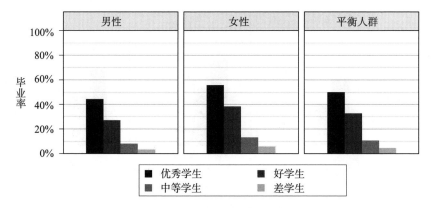

图 A4 按学生能力和性别划分的两年制硕士毕业率

资料来源:为优秀学生的平衡样本分配 50% 的平均毕业率;其他概率与图 A3 成正比。

原文注解及参考文献、索引等
请扫描以下二维码进行阅读